飞行人员
民用航空法规基础

武丁杰　郑力维　主编

清华大学出版社
北京

内 容 简 介

本书在编写时充分研究了私用驾驶员、商用驾驶员、仪表等级、航线运输驾驶员执照考试大纲相关法规要求，结合课程标准介绍了航空法的发展简史和框架、国际航空法体系、国内航空法体系、飞行人员管理相关规定、航空器与适航管理、空中航行与运行规则、搜寻援救与事故调查以及对各类航空违规行为的处罚规定，全面覆盖执照理论考试的相关内容，同时帮助飞行人员从宏观的、历史的视角理解法规条文、增强法治意识、掌握使用法规的原则与方法。

本书既可以用于高等院校民航相关专业教学，也可以用于其他成人教育的教学，还可以供民航系统在培训干部、管理人员和从业人员普法教育时使用。

本书封面贴有清华大学出版社防伪标签，无标签者不得销售。
版权所有，侵权必究。举报：010-62782989，beiqinquan@tup.tsinghua.edu.cn。

图书在版编目（CIP）数据

飞行人员民用航空法规基础/武丁杰，郑力维主编. —北京：清华大学出版社，2023.8（2025.1重印）
ISBN 978-7-302-64024-0

Ⅰ.①飞… Ⅱ.①武…②郑… Ⅲ.①民用航空—航空法—中国—教材 Ⅳ.① D922.296

中国国家版本馆 CIP 数据核字（2023）第 126248 号

责任编辑：聂军来
封面设计：常雪影
责任校对：李　梅
责任印制：沈　露

出版发行：清华大学出版社
网　　　址：https://www.tup.com.cn，https://www.wqxuetang.com
地　　　址：北京清华大学学研大厦 A 座　　邮　编：100084
社　总　机：010-83470000　　邮　购：010-62786544
投稿与读者服务：010-62776969，c-service@tup.tsinghua.edu.cn
质量反馈：010-62772015，zhiliang@tup.tsinghua.edu.cn
课件下载：https://www.tup.com.cn，010-83470410

印 装 者：三河市龙大印装有限公司
经　　销：全国新华书店
开　　本：185mm×260mm　　印　张：13.25　　字　数：321 千字
版　　次：2023 年 8 月第 1 版　　印　次：2025 年 1 月第 3 次印刷
定　　价：49.00 元

产品编号：101790-01

PREFACE 前言

党的二十大以来，中国民航深入贯彻总体国家安全观，坚守航空安全底线，坚持稳字当头、稳中求进，积极应对风险挑战，不断开创高质量发展新局面，奋力谱写交通强国建设民航新篇章。

在以新气象、新作为开启新征程的过程中，民航法规是明确底线、规范运行的基本保障，作为民航运行一线的飞行人员，了解民航法规和相关规定对于提高安全意识、保障安全运行、增强问题处置能力是十分必要的。

本书在编写时充分研究了私用驾驶员、商用驾驶员、仪表等级、航线运输驾驶员执照考试大纲，务求使涉及的法规条款完全覆盖执照理论考试，并做到重点突出、便于理解；同时将主权意识、安全意识、法治意识的构建作为课程思政的核心内容，将弘扬忠诚担当的政治品格、严谨科学的专业精神、团结协作的工作作风、敬业奉献的职业操守作为案例表述的基调。因此，本书不仅可作为民航法规的基础学习用书，更可以帮助飞行人员从宏观的、历史的视角理解法规条文、增强法治意识、掌握使用法规的原则与方法。

本书从航空法规的发展简史出发，梳理了航空法规的发展脉络，对比了国外和国内的航空法规体系，整理了部分与飞行相关的重要法规的演进过程，引用了大量相关案例。对于希望深入了解民航行业，对法规应用有一定需求的飞行人员来说，也是一本不错的参考书。

本书包含八章内容，第一章绪论主要介绍航空法规的发展简史和框架，并对比了国内和国际航空法体系；第二章对国际航空法体系进行了详细的阐述；第三章介绍了国内航空法体系；第四章介绍了飞行人员管理相关规定；第五章介绍航空器与适航管理；第六章主要介绍空中航行与运行规则；第七章主要介绍搜寻救援与事故调查；附录主要介绍对各类违规行为的处罚。

本书的内容编排和配图用语都以方便理解和记忆作为出发点，力求转变学员遇到法规就准备死记硬背的思维方式。书中对法规语言进行了重新归纳，用尽量通俗的语言解释法规的要求，用大量图表对枯燥的文字进行了概括，使各种标准可以互为参照，方便记忆。为加深理解，我们还加入了大量的扩展阅读内容，帮助学员更加方便地将法规与现实相关联。

本书编写的最大难点莫过于对严谨的法规条款进行归纳概括，尤其是条款中出现相互引用时严谨与通俗的折中，有时会选择忽略一些极少数情况，有时则是完全引用法规原文。另一个难点是我国民航法规建设之快，使本书必须关注每一个知识点的有效性。书中几部核心的法规，近几年都有新版本问世，甚至有一年一更新的情况，所以本书内容在不涉及具体条款时，都没有标注规章的版本；在引用条款时，采用的是截至2023年4月仍然有效的版本。在此特别提醒各位读者，工作中需要应用法规时，务必以当时有效的版本原文为准。

本书编写完成后，几经修订，已作为中国民用航空飞行学院飞行技术专业的校本教材使用了 3 年。在编写过程中，承蒙民航局飞行标准司、中国民用航空飞行学院教务处和空中交通管理学院等部门的领导和专家的大力支持，并给予大量合理建议，在此表示深深的感谢！

民航的发展日新月异，民航法规建设与时俱进。由于编者水平有限，书中难免存在不足之处，敬请读者批评指正。

编　者

2023 年 5 月

CONTENTS 目 录

第一章 绪论 1
第一节 航空法的概念及简史 2
第二节 航空法规的框架 10

第二章 国际航空法体系 17
第一节 芝加哥公约体系 19
第二节 华沙体系 47
第三节 航空刑法体系 52

第三章 国内航空法体系 64
第一节 中国民航法规体系 65
第二节 通用航空相关法规 72

第四章 飞行人员管理相关规定 83
第一节 飞行员执照 84
第二节 对机长的要求 102
第三节 对其他飞行人员的要求 108
第四节 健康管理 115
第五节 培训规范 120

第五章 航空器与适航管理 123
第一节 适航管理基础 123
第二节 CCAR-91部和CCAR-121部的持续适航管理要求 132

第三节　管理规范　141

第六章　空中航行与运行规则　145
第一节　空中航行与运行规则概况　145
第二节　空中航行规定　150
第三节　运行规定　172

第七章　搜寻援救与事故调查　186
第一节　搜寻援救的法规体系与基本要求　186
第二节　事件调查一般原则与程序　189

附录　违规行为处罚　198

一、《中华人民共和国刑法》中与民航相关的
　　条款　198

二、与飞行人员相关法规中的违规处理办法　200

参考文献　206

第一章 绪论

鉴于国际民用航空的未来发展对建立和保持世界各国及人民之间的友谊和了解大有帮助，而其滥用又足以威胁普遍安全；

又鉴于希望避免各国和人民之间的摩擦并促进其合作，世界和平有赖于此；

因此，下列签字各国政府议定了若干原则和办法，使国际民用航空按照安全和有秩序的方式发展，并使国际航空运输业务建立在机会均等的基础上，健康地和经济地经营；

为此目的缔结本公约。

——摘自《国际民用航空公约》序言

从第一次人类航空活动开始，人类社会的发展历史就掀开了崭新的一页。航空器的应用不但改变了传统运输业模式，也使人们的生活方式发生了巨大变化，人的活动范围更大，活动内容更加丰富，国与国之间的联系也更加紧密，人们从民用航空活动中得到了巨大的利益和便利。

航空活动发展的同时也带给人们许多前所未有的问题，诸如空气空间的法律地位问题、飞行规则问题、运行规范问题、航空运输行为规范问题、航空犯罪的问题。航空法就在航空活动的进步与发展中应运而生，到了现代社会，航空法已经不仅仅起到规范作用，它甚至已成为航空业发展的重要保障和支持。航空法的建设已经成为现代民航业的基础。飞行员作为民航运行中最重要的角色，对航空法形成系统、清晰的认识，对其保证飞行安全，提高运行效率都大有裨益。

第一节　航空法的概念及简史

一、航空法的定义

关于航空法的定义，各国学者在不同历史时期给出了不同的概括。

法国学者：航空法是一套关于飞机、空中航行、航空商业运输以及由国内、国际空中航行引起的，公法或私法的全部法律关系的国内国际规则。

阿根廷学者：航空法是一套支配由航空活动引起的或经其修改的制度与法律关系，公法与私法，国际法与国内法的原则规范。

荷兰学者：航空法是管理空气空间的使用，并使航空、公众和世界各国从中受益的一套规则。

我国学者：航空法是一套调整人类航空活动中各种法律关系的规则体系。

综合以上几种观点，可见民用航空法主要是调整民用航空活动所产生的社会关系的法律，是关于航空器及其运行的法律规则的总和，是规定领空主权、管理空中航行和民用航空活动的法律规范的总称。由于航空法的国际性，学术界并没有严格区分国际航空法和航空法。

航空法是调整因民用航空和与民用航空有关的活动而产生的各种社会关系的法律规范的总称。

二、航空法的发展简史

航空法的发展分为萌芽、活跃、不断成熟与完善三个时期。

（一）萌芽时期（1783—1914年）

第一次世界大战以前，人类的航空活动基本上处于实验阶段。当时的热气球（图1.1）、滑翔机（图1.2）、简易飞机、飞艇（图1.3）的性能还不稳定，除军事用途外，还无法胜任作为运输工具运送旅客、货物和邮件。这个时期，各国尤其是英国和法国在国内制定了一些规则，但不系统，也没有上升为法律。但航空活动的每一次进步都为后来航空法的颁布奠定了基础。

图1.1　最早的热气球

图1.2　早期的滑翔机

图 1.3　齐柏林飞艇

1783 年，历史上最早的航空活动——法国蒙特高尔夫兄弟试飞了第一个载人气球。1784 年，巴黎市政当局发布了治安法令：未经批准，不得放飞。这大概是人类历史上第一个航空法令。

1785 年，蒙特高尔夫式热气球由人驾驶，成功飞越了英吉利海峡。

1849 年，历史上最早的空袭——奥地利人把定时炸弹挂装在热气球上，袭击威尼斯。

1855 年，出现了第一个重于空气的非机动飞行器——滑翔机。

1889 年，法国政府邀请欧洲 19 个国家在巴黎召开第一次讨论航空法的国际会议，由于各国对航空法的一些基本问题意见分歧，这次会议及以后几次会议未产生任何成果。

1902 年，在国际法学会的布鲁塞尔年会上，法国著名法学家福希尔提出了人类第一部航空法典的建议草案——《浮空器的法律制度》。

1903 年，美国的莱特兄弟成功地起飞一架有动力装置的重于空气的航空器——飞机，如图 1.4 所示。

图 1.4　莱特兄弟的飞机（油画）

1904年，沙俄在其领空击毁了德国的热气球——领空主权的保护。

1909 年 9 月 21 日，中国人冯如驾驶"冯如 1 号"，如图 1.5 所示，在美国试飞，实现了对莱特兄弟首次载人动力飞行的全面超越——内燃机动力从 12 马力跃升到 24 马力，飞行距离比"飞行者 1 号"远了 1 788 英尺（约 545 米）。1910 年，冯如驾驶自己改装的飞机参加在美举办的"国际航空飞行比赛",以高度 211 米、速度 105 千米/小时、距离 32 千米的成绩,超过所有参赛飞机,夺得第一名,并打破了 1909 年在法国举办的第一届国际飞行比赛的世界纪录,被誉为"东方的莱特"。"倘若飞机不能成功,誓不复回祖国",他是第一个提出航空救国并为之奋斗终生的中国人。

航空救国思想的产生与历史沿革

图 1.5　冯如和他设计的飞机

1910 年,欧洲 19 国聚集巴黎召开第一次国际空中航行会议,因政治分歧未果,但公约草案所提出的很多关键性词汇、概念乃至条文,被后来的国际公约所采纳,至今未变。同时促使各国颁布了首批空中航行管理法令。

综上,在第一次世界大战以前,人类的航空活动基本上还处于试验阶段。航空法在这个时期还谈不上形成体系。

(二)活跃时期(1914—1944 年)

在第一次世界大战(1914—1918 年)中,飞机作为一种有效的作战工具或武器,大显神通,如图 1.6 和图 1.7 所示。受到战争刺激,各国纷纷投入科技力量对飞机性能进行了大幅度提升。以英国为例,1914 年战争刚爆发时仅有军用飞机 12 架,到 1919 年战争结束时已拥有 22 000 架飞机。各国从航空技术的进步中认识到飞机作为一种新型的运输工具,具有无限的发展前途。同时,战争的实践也对航空国际法律制度上统一认识起了重要推动作用。第一次世界大战后,随着民用航空发展前景的逐渐明朗,推动了国际航空立法的第一次革命,这个时期的航空国际文件为后来的国际航空发展奠定了良好的基础。

图 1.6　第一次世界大战时期的三翼机福克 Dr.1

图 1.7　第一次世界大战时期的代表飞机

1916 年，未参与第一次世界大战的美洲大陆各国，在智利首都圣地亚哥举行的泛美航空会议上通过了一套原则，即关于"对领土之上的空气空间拥有主权，航空器必须具有国籍，应涂有本国标记，美洲国家飞机在美洲国家间可自由航行"。

1919 年年初，第一个国际定期航班——巴黎往返布鲁塞尔定期国际航班开通；同年，巴黎—伦敦定期国际航班开通；欧洲各国首都之间的国际定期航线已建立起来；横跨大西洋的航空已实验成功；世界上最早的经营国际民用航空运输的航空公司——荷兰皇家航空公司建立。图 1.8 所示为早期的客机与现代客机的对比。

图 1.8　早期的客机与现代客机

1919 年，在巴黎和会上顺利地制定了第一个国际航空法典——《关于管理空中航行的公约》（通称 1919 年《巴黎公约》），在航空法发展史上具有开创性重要地位。该公约以英、法为代表，主要涉及"领空主权、无害通过权、航空器国籍原则、驾驶人员合格证、空中规则"。它是国际航空法的第一个多边国际公约，确立了领空主权原则，为国际空中航行的法律制度奠定了基石。它被誉为"航空法的出生证"，标志着航空法的正式形成，表明了"航空法是 20 世纪的产物"。

根据1919年《巴黎公约》成立了国际空中航行委员会，它是今天国际民航组织的前身。

1925年，以欧洲为主的43个国家在巴黎举行第一次航空私法国际会议，这次会议产生了"航空法专家国际技术委员会"，相当于现在国际民航组织的"法律委员会"。

1926年，西班牙由于不满《巴黎公约》中的某些规定，拉拢20个拉丁美洲国家，签订了《伊比利亚—美洲航空公约》，其基本规则与《巴黎公约》雷同。

1928年，美国也因对巴黎和会不满，与美洲国家签订了《泛美商业航空公约》（通称《哈瓦那公约》），除商业权利方面稍为详细外，其他基本规则与《巴黎公约》雷同。

以上三个多边国际公约后来均被1944年《芝加哥公约》所取代。

1929年9月，在华沙召开第二次航空私法国际会议，10月12日制定了《统一国际航空运输某些规则的公约》（通称《华沙公约》）。这是世界上第一个有关航空承运人的损害赔偿责任的国际公约，也是国际上第一部重要的航空私法公约。

1933年在罗马制定了《外国航空器对地（水）面第三方造成损害的公约》（通称1933年《罗马公约》）。加入的国家一直比较少，只有36个，多为欧洲国家，且英、美、苏、加等航空大国未批准，此公约不太成功。我国未加入。

（三）不断成熟与完善时期（1944年至今）

第二次世界大战（以下简称"二战"）把人类的航空科学技术推向一个更高的新阶段，如图1.9所示。美国利用其在战争中的有利地位，使其一跃而成为航空超级大国，取代了战前以欧洲为中心的局面。战后，美国的航空科学和制造远程飞机的能力在数量和质量上处于绝对领先地位。

图1.9　二战时期的典型飞机

1944年，二战虽未结束，但已胜利在望，为规划战后定然会大发展的国际民用航空事业，美国总统罗斯福出面邀请55个同盟国和中立国出席1944年11月1日至12月7日在芝加哥召开的第一届国际民航会议，52个国家的代表出席了会议，并签订了《国际民用航空公约》（通称《芝加哥公约》）以及两个附属性文件，该公约是当今国际民航的宪章性文件。当时德、意、日等国无资格参加，苏联因不满某些中立国而没有派代表出席。

1948年，《关于国际承认对飞机权利的公约》（通称1948年《日内瓦公约》），加入的国家一直比较少，只有48个，多数为欧洲国家，且英、美、苏、加等航空大国未批准，此公约不太成功。我国未加入。

1952年，在罗马制定了《外国航空器对地（水）面第三方造成损害的公约》（通称

1952年《罗马公约》)。加入的国家一直比较少，只有36个，多数为欧洲国家，且英、美、苏、加等航空大国未批准，此公约不太成功。我国未加入。

1955年《海牙议定书》、1961年《瓜达拉哈拉公约》、1966年《蒙特利尔协议》、1971年《危地马拉议定书》、1975年四个《蒙特利尔议定书》，修改补充了《华沙公约》。

1963年9月14日，在东京签订《关于在航空器上犯罪及其某些行为的公约》（通称1963年《东京公约》）。

1970年12月16日，在海牙签订《制止非法劫持航空器公约》（通称1970年《海牙公约》）。

1971年9月23日，在蒙特利尔签订《制止危害民用航空安全的非法行为公约》（通称1971年《蒙特利尔公约》）。

之后的30年，国际航空法的发展进入相对稳定和停滞阶段。

随着时间的推移，《华沙公约》中的某些规定已显陈旧，而且相关修订文件数量较多。为了使《华沙公约》及其相关文件现代化和一体化，国际民航组织（ICAO）起草和定稿了《蒙特利尔公约》，并在1999年5月在蒙特利尔召开的国际航空法大会上由参加国签署。中国和其他51个国家在该大会上签署了该项公约。

1999年的《统一国际航空运输某些规则的公约》（简称1999年《蒙特利尔公约》）以统一华沙体制下的各项公约和议定书为目标，基于航空运输中新的条件和要求对国际航空运输凭证规则和承运人责任制度进行了重大修改，取代了已适用70多年的《华沙公约》及系列公约、议定书，使规范国际航空运输的法律制度走向统一、完整。1999年《蒙特利尔公约》已于2003年11月4日正式生效，从2005年7月31日起对我国正式生效。

三、航空法的渊源

航空法是国际法的一个组成部分，依照国际法的渊源，国际民用航空法的渊源主要有多边国际公约、双边协定、国内法及法院判例、国际法的一般原则和习惯法、国际组织的立法或准立法文件、国际民间航空组织通过的决议、国际合同性协议。

（一）多边国际公约

多国政府间签订的法律文件迄今在航空界有近40个，影响大小各不相同，它们是实现统一国际规则的主要渊源。

影响大的序列包括1944年芝加哥公约为主体的序列、1929年华沙公约为主体的序列、1963年东京公约为主体的序列。

（二）双边协定

第二次世界大战后，以《芝加哥公约》《华沙公约》等公约为指导，签订了近2 000个双边协定，交换过境权和营运权，签订航路、运力和运费价格，这些协定有其共性规则和模式。著名的有《百慕大协定》。

（三）国内法及法院判例

国内法在航空刑事法、空中交通管制人员民事责任、空中相撞责任、产品责任、机场人员的责任等方面的规定居于统治地位。各国对国际法中的某些条款的解释与适用，常常要参照该国国内法。例如，在航空刑法领域，公约只规定哪些行为构成犯罪、哪些国有刑事管辖权、应不应该起诉，至于取证、量刑、判处等一系列实体法、程序法问题，各国则依照本国刑法和刑事诉讼法来进行。各国法院的判例，表明了该国对国际法中的某些条款的解释与适用。

（四）国际法的一般原则和习惯法

航空法作为国际法的一个门类，要受到国际法一般原则和习惯国际法的制约。联合国宪章、国际法中有关条约法的规则，对航空法同样适用。如条约的缔结、批准、生效、修改、加入、退出、解释等规则，以及条约的继承等问题。

国际法中与航空法有密切关系的姊妹学科，如海洋法、海商法和外空法中的许多规则被借鉴到航空法中。1919年《巴黎公约》关于"无害通过"规定、适航证与驾驶人员合格证的规定；1929年《华沙公约》关于限制责任和过失责任的规定，均是援引1924年海牙规则（国际海商法），船旗国原则被引入在公海上空飞行的航空器内刑事、民事管辖。

（五）国际组织的立法或准立法文件

《芝加哥公约》赋予国际民航组织理事会的准立法权——通过"国际标准与建议措施"并将其作为公约的附件。虽然19个附件是执行公约条款的技术性细节，但其中有些是重大的法律问题。

（六）国际民间航空组织通过的决议

国际航空运输协会（IATA）虽是各国航空公司之间的行业组织，却具有半官方地位，它所通过的决议，经有关国家批准生效后就成为重要的法律文件。国际航空运输协会的《运输共同条件》具有补充《华沙公约》的作用。

（七）国际合同性协议

1966年美国民航局与世界各大航空公司签订的《蒙特利尔协定》，将进出、经停美国的国际客运航班的责任限额提高到75 000美元，并修改了《华沙公约》的责任基础。

四、航空法的特征

（一）国际性

航空法的国际性源自人类航空活动的天然国际性。航空器速度快，对航空活动的发源地欧洲来说，中小国家林立，飞机一个小时就能穿越几个国家（与公路和水上交通有重要差别），如果不用国际统一的法律规则，而适用各国千差万别的国内法，航空活动势必障碍重重、寸步难行。为保证国际空中航行、商业运输以及其他航空活动安全、迅速、经济和便利地进行，各国对于航空活动的各项规定应尽可能地统一起来，国际航空法是统一规则的结果。

在国际上，国土广大的国家屈指可数，对于美国、苏联、加拿大、印度以及我国来说，虽然国内航空活动具有重要价值，但航空法的国际性仍然是不可忽视的。最明显的例证是制止劫机等航空犯罪问题必须求助于国际立法。

各国必须履行所缔结的国际条约，并在国内立法中加以确认。

我国民航的国内法规体系就是以国际民航五大公约、国际标准和建议措施（国际民航公约19个附件）为蓝本，在符合我国宪法和法律的前提下，结合我国的实际情况而逐步完善的。

（二）综合性（囊括公法与私法）

公法是指协调国家之间的法律规范。传统的国际法指国际公法，即协调国家之间的法律规范。

就航空活动而言，首先要解决的是公法问题，诸如主权、领土、国籍、国家关系等。《芝加哥公约》《东京公约》《海牙公约》《蒙特利尔公约》都属公法性质。而就国际私法而言，传统地称为"法律冲突法"，即一国国内法中的涉外民法。（即通过国际条约各国承担在私法某些领域中实行统一规则。）

民用航空活动还应解决私法问题，诸如财产权利、损害赔偿、合同法、侵权行为法等。在这些问题上，各国法律规则差别巨大、冲突突出。因此，国际上采取统一原则和规则是国际航空运输的前提条件。1929年《华沙公约》是解决这种差别与冲突的典型成功之作。

（三）民用性

航空法不涉及一切航空活动，而只涉及与民用航空有关的活动。即现代航空法以民用航空为主要目的，不能约束国家航空器。

《芝加哥公约》第三条规定："本公约仅适用于民用航空器，而不适用于军事、海关和警察部门的国家航空器"。（其他公约中都有类似规定。）

《中华人民共和国民用航空法》第五条规定："本法所称民用航空器是指除用于执行军事、海关、警察飞行任务外的航空器。"（其他航空法文件中也有类似规定。）

用于运送国家元首或政府首脑的专机以及各种负有国家特种使命的航空器也被认为是国家航空器，如图1.10和图1.11所示。

图1.10 专机

图1.11 现代军用飞机

（四）平时法

航空法不能约束战争时期的民用航空活动。无论其为交战国或中立国；航空法不能约束宣布其处于紧急状态的缔约国。

第二节　航空法规的框架

一、航空法规体系

航空法规的体系如图 1.12 所示。

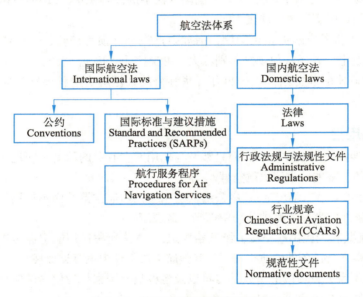

图 1.12　航空法规总体框架示意图

二、国际航空法

（一）公约

国际航空法的第一层次指，由缔约国缔结，对签字国生效，具有法律效力，是国际航空法中法律级别最高的也是最重要的部分。

但公约不是国家法之上的法律，缔约国政府批准公约则享有公约规定的权利并承担相应的义务，如果不批准或退出公约，则不享有公约规定的权利也无须承担相应的义务。

一般程序为"缔结公约—超过 K 个签字国政府批准第 L 日起正式生效—在收到后续加入国政府批准书后第 M 日起对该国生效—在收到某国政府退出通知书后第 N 日起对该国失效"。不同的公约其 K、L、M 和 N 值各不相同。

迄今在航空法方面制定的国际公约共计 36 个，其中有的已被新的公约所取代，有的因签字国太少而不具有真正的"国际法"意义，正在生效和普遍适用的只有三大系列的五个公约，如表 1.1 所示。

表 1.1　五个公约的基本情况

缔结时间	公约全名	公约简称	K/个	L/日	M/日	N/日
1944.12.07	国际民用航空公约	芝加哥公约	26	30	30	365
1929.10.12	统一国际航空运输某些规则的公约	华沙公约	5	90	90	180
1963.09.14	关于在航空器上犯罪及其某些行为的公约	东京公约	12	90	90	180
1970.12.16	制止非法劫持民用航空器的公约	海牙公约	10	30	30	180
1971.09.23	制止危害民用航空安全的非法行为公约	蒙特利尔公约	10	30	30	180

（二）国际标准与建议措施

《芝加哥公约》赋予国际民航组织理事会关于制定、通过和修改"国际标准与建议措施"的准立法权，将19方面的"国际标准与建议措施"列入《芝加哥公约》，即构成该公约的19个附件。附件具有法律效力。

（三）航行服务程序

除附件外，国际民航组织还通过诸如"航行服务程序、手册、指南"等更详细、更具操作的技术文件，它们比"国际标准与建议措施"更详细、更具体的细节描述，较之公约和附件更具有可操作性，虽然这些文件不具备法律效力，不必强制执行，但其以详细的技术细节和良好的操作性而成为世界各国民航部门制定技术规范的主要参考。当航行服务程序中的部分内容成熟到被大多数缔约国承认，专家认为其一致应用被认为是对国际飞行安全或正常所必需的，按一定的法律程序，其部分或全部内容将被上升法律等级而列入附件。

三、我国国内航空法

我国国内的民航法规体系是以国际民航五大公约、国际标准和建议措施（国际民航公约19个附件）为蓝本，在符合我国宪法和法律的前提下，结合我国的实际而逐步完善的。

我国的法规可以分为三个层次，即法律、行政法规和部门规章。除此以外，规范性文件也起着重要作用。

（一）法律

法律是由全国人民代表大会及其常务委员会制定的规范性文件，附有罚则，其效力高于其他法规和规章，目前我国民航最主要的法律依据是全国人民代表大会常务委员会1995年10月30日通过、1996年3月1日开始施行的《中华人民共和国民用航空法》，它规定了我国民用航空的基本法律制度，是制定其他民航法规规章的基本依据。

（二）行政法规和行政法规性文件

这一类主要是指国务院根据宪法和法律制定或批准的规范民用航空活动当中各主体之间法律关系的规定。目前，我国现行有效的、与民航相关的行政法规和行政法规性文件共有30部，比如《中华人民共和国飞行基本规则》《中华人民共和国民用航空安全保卫条例》

《外国民用航空器飞行管理规则》《民用机场管理条例》等。

(三) 行业规章

行业规章是指国务院各部、委员会、中国人民银行、审计署和具有行政管理职能的直属机构根据法律和国务院的行政法规、决定、命令，在本部门的权限范围内制定发布的规定。规章是民航法规体系中内容最广、数量最多的规定。按照规范对象的统一性原则及民航行业特点横向划分为不同的管理领域。民航局法规规章体系共十二部分，包括行政规则、航空器、航空人员、空中交通管理、一般运行规则、运行合格审定、学校及经审定合格的其他部门、机场、经济与市场管理、航空安全信息与事故调查、安全保卫、其他等部分，如图1.13所示。图1.13中各数字的具体含义如表1.2所示。

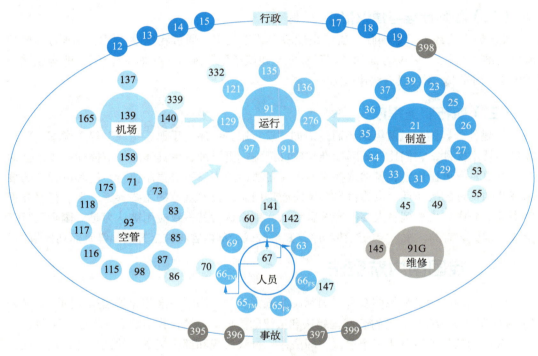

图 1.13　民航行业规章关系示意图

表 1.2　民航行业规章关系表

部　　分	规　章　名　称
行政/安全程序规则	CCAR-12 部规章制定程序规定 CCAR-13 部行政检查工作规则 CCAR-14 部行政处罚实施办法 CCAR-15 部行政许可工作规则 CCAR-17 部行政机关行政赔偿办法 CCAR-18 部中国民用航空监察员管理规定 CCAR-19 部行政复议办法 CCAR-398 部民用航空安全管理规定

续表

部　分	规章名称
初始适航设计制造	CCAR-21部产品和零部件合格审定规定 CCAR-23部正常类飞机适航规定 CCAR-25部运输类飞机适航标准 CCAR-26部运输类飞机的持续适航和安全改进规定 CCAR-27部正常类旋翼航空器适航规定 CCAR-29部运输类旋翼航空器适航规定 CCAR-31部载人自由气球适航规定 CCAR-33部航空发动机适航规定 CCAR-34部涡轮发动机飞机燃油排泄和排气排出物规定 CCAR-35部螺旋桨适航标准 CCAR-36部航空器型号和适航合格审定噪声规定 CCAR-37部材料、零部件和机载设备技术标准规定 CCAR-39部民用航空器适航指令规定 CCAR-45部民用航空器国籍登记规定 CCAR-49部航空器权利登记条例实施办法 CCAR-53部民用航空用化学产品适航规定 CCAR-55部民用航空油料适航规定
航空人员	CCAR-61部民用航空器驾驶员合格审定规则 CCAR-63部民用航空器飞行机械员合格审定规则 CCAR-65部民用航空飞行签派员执照和训练机构管理规则 CCAR-65 TM1部电信人员执照管理规则 CCAR-65 TM2部气象人员执照管理规则 CCAR-65 TM3部情报员执照管理规则 CCAR-65 TM4部情报培训管理规则 CCAR-66部航空器维修人员执照管理规则 CCAR-66TM部空中交通管制员执照管理规则 CCAR-67部航空人员体检合格证管理规则 CCAR-69部航空安全员合格审定规则 CCAR-70TM部空中交通管制培训管理规则
空域、导航设施、空中交通规则和一般运行规则	CCAR-71部民用航空使用空域办法 CCAR-73部民用航空预先飞行计划管理办法 CCAR-83部民用航空空中交通管理运行单位安全管理规则 CCAR-85部空中交通管理设备开放、运行管理规则 CCAR-86部民用航空通信导航监视设备飞行校验管理规则 CCAR-87部空中交通通信导航监视设备使用许可管理办法 CCAR-91部一般运行和飞行规则 CCAR-93部中国民用航空空中交通管理规则 CCAR-97部航空器机场运行最低标准的制定与实施规定 CCAR-98部平行跑道同时仪表运行管理规定 CCAR-115部通信导航监视工作规则 CCAR-116部民用航空气象探测设施及探测环境管理办法 CCAR-117部航空气象工作规则 CCAR-118部航空无线电管理规定 CCAR-119部外国航空运输企业不定期飞行经营许可细则

续表

部　分	规　章　名　称
民用航空企业合格审定及运行	CCAR-121 部大型飞机公共航空运输承运人运行合格审定规则 CCAR-129 部外国公共航空运输承运人运行合格审定规则 CCAR-135 部小型商业运输和空中游览运营人运行合格审定规则 CCAR-136 部特殊商业和私用大型航空器运营人运行合格审定规则 CCAR-137 部民用机场专用设备使用管理规定 CCAR-139CA 部运输机场使用许可规定 CCAR-139-II 部民用运输机场突发事件应急援救管理规则
学校、非航空人员及其他单位的合格审定及运行	CCAR-140 部运输机场运行安全管理规定 CCAR-141 部驾驶员学校合格审定规则 CCAR-142 部飞行训练中心合格审定规则 CCAR-145 部民用航空器维修单位合格审定规定 CCAR-147 部民用航空器维修培训机构合格审定规则
民用机场建设和管理	CCAR-158 部民用机场建设管理规定 CCAR-165 部运输机场专业工程建设质量和安全生产监督管理规定 CCAR-175 部航空情报工作规则
委任代表规则	CCAR-183AA 部民用航空适航委任代表和委任单位代表管理规定 CCAR-183FS 部民用航空飞行标准委任代表和委任单位代表管理规定 CCAR-183SE 部中国民用航空计量技术委任代表和委任单位代表规定
综合调控规则	CCAR-201 部公共航空运输企业经营许可规定 CCAR-209 部国内投资民用航空业规定 CCAR-212 部外国航空运输企业常驻代表机构审批管理办法 CCAR-221 部国际航空运输价格管理规定 CCAR-229 部民用航空企业及机场联合重组改制管理规定 CCAR-241 部民用航空统计管理规定 CCAR-243 部民用航空财经信息管理办法 CCAR-246 部民航企业安全保障财务考核办法 CCAR-277TR 部定期国际航空运输管理规定
航空禁止	CCAR-252FS 部民用机场和民用航空器内禁止吸烟的规定
航空运输规则	CCAR-273 部公共航空运输旅客服务管理规定 CCAR-274 部中国民用航空货物国际运输规则 CCAR-275TR 部中国民用航空货物国内运输规则 CCAR-276 部民用航空危险品运输管理规定 CCAR-277TR 部定期国际航空运输管理规定 CCAR-287 部外国航空运输企业航线经营许可规定 CCAR-289TR 部中国民用航空国内航线经营许可规定 CCAR-290 部通用航空经营许可管理规定 CCAR-300 部航班正常管理规定 CCAR-315 部外国航空运输企业在中国境内指定的销售代理直接进入和使用外国计算机订座系统许可管理暂行规定

续表

部 分	规 章 名 称
航空保安	CCAR-329 部民用航空运输机场航空安全保卫规则 CCAR-331SB 部民用机场航空器活动区道路交通安全管理规则 CCAR-332 部公共航空旅客运输飞行中安全保卫工作规则 CCAR-333 部通用航空安全保卫规则 CCAR-339 部民用航空安全检查规则 CCAR-343 部公共航空运输企业航空安全保卫规则
科技和计量标准	CCAR-375SE 部民用航空标准化管理规定 CCAR-379SE 部中国民用航空计量管理规定 CCAR-381SE 部中国民用航空部门计量检定规程管理办法
航空器搜寻援救和事故调查	CCAR-395 部民用航空器事件调查规定 CCAR-396 部民用航空安全信息管理规定 CCAR-397 部中国民用航空应急管理规定 CCAR-399 部民用航空器飞行事故应急反应和家属援助规定

（四）规范性文件

规范性文件是指民航局机关各职能厅、室、司、局，为了落实法律、法规、民航局规章和政策的有关规定，在其职责范围内制定，经民航局局长授权由职能部门主任、司长、局长签署下发的有关民用航空管理方面的文件。民航空管规范性文件包括管理程序、咨询通告、管理文件、工作手册、信息通告、表格六类。

民航领域的专门行政法规、规章，与《中华人民共和国民用航空法》共同构成了一个相对完整、有机的法规制度体系——民航法律法规规章体系。《中华人民共和国民用航空法》为统领，是下位法规规章的基础；民航法规发挥着支干功能；民航规章则是有力支撑《中华人民共和国民用航空法》实施的主体部分。我国民航法规及其体系的特点包括法规系统性比较强、安全法规数量众多、专业技术特点突出、国际化程度比较高、法规修改频率较高。

四、航空法规的作用

（一）维护领空主权

从国家安全和航空权益出发，维护国家领空主权是首要的。

《国际民用航空公约》第一部分第一章第一条："缔约各国承认每一国家对其领土之上的空气空间有完全的、排他的主权。"

《中华人民共和国民用航空法》第一章第一条："为了维护国家的领空主权和民用航空权利，保障民用航空活动安全和有序地进行，保护民用航空活动当事人各方的合法权益，促进民用航空事业的发展，制定本法。"

《中华人民共和国民用航空法》第一章第二条："中华人民共和国领陆和领水之上的空域为中华人民共和国领空。中华人民共和国对领空享有完全的、排他的主权。"

（二）确保飞行安全

我国民航工作的总方针："保证安全第一、改善服务工作、争取飞行正常。"

执照管理、适航管理、机场管理、飞行规则、航空安全保卫、反对非法干扰等绝大多数法规都体现了安全第一的原则。

（三）促进航空运行畅通

遵守统一的规则和标准，以保证提高效率和经济效益。

（四）保护各方权益

保护民用航空活动当事人各方的合法权益，促进民用航空事业的发展。

思考与练习题

（1）航空法的定义是什么？
（2）航空法发展三个时期的特征是什么？
（3）航空法的渊源是什么？
（4）航空法的特征是什么？
（5）请简述航空法规体系，并举例说明。

第二章 国际航空法体系

国际法指适用主权国家之间以及其他具有国际人格的实体之间的法律规则的总体。

国际法又称国际公法，以区别于国际私法或法律冲突，后者处理的是不同国家的国内法之间的差异。国际法也与国内法截然不同，国内法是一个国家内部的法律，它调整在其管辖范围内的个人及其他法律实体的行为。

国际法的基本原则是各国主权平等，互相尊重主权和领土完整，互不侵犯，互不干涉内政，平等互利，和平共处，和平解决国际争端，禁止以武力相威胁和使用武力，以及民族自决原则等。

目前世界上涉及国际航空方面的公约、协定、议定书等已达 50 多个，按其所调整关系的性质，这些国际公约总体上大致可以分为三大体系，具体内容如下。

1. 关于航空权利的宪章性的国际航空公法公约体系

国际航空公法公约体系即处理有关民用航空国家之间民用航空事务规范和国际民用航空关系的航空公法。此类国际公约体系是以 1944 年《国际民用航空公约》（即《芝加哥公约》）为核心，连同诸如《国际航班过境协议》《国际航空运输协议》等公约以及一系列对《芝加哥公约》进行修改和补充的议定书所形成，也称为"芝加哥公约体系"。该公约是国际民用航空的宪章性文件，也是包括国际航空运输法在内的现行国际航空法的基础。

2. 关于保障航空安全及防止航空器上犯罪的国际航空刑法公约体系

国际航空刑法公约体系即处理和防止航空器上的犯罪行为规范的航空刑法。主要是以 1963 年东京《关于在航空器上犯罪和其他某些行为的公约》为核心和基础，与 1970 年海牙《关于制止非法劫持航空器的公约》、1971 年蒙特利尔《关于制止危害民用航空安全非法行为的公约》以及其他的议定书和公约等所形成的国际航空刑法序列，也称"东京公约体系"。另外还有，2010 年《制止与国际民用航空有关的非法行为的公约》（简称《北京公约》）与《制止非法劫持航空器公约的补充议定书》（简称《北京议定书》）。这两项文件从实体法和程序法方面加强完善了现有国际航空保安公约体系，加大了打击恐怖行为的力度并增进了国际反恐合作。

3. 关于调整国际航空运输合同关系以及对地面第三者损害责任的国际航空私法公约体系（亦称国际航空民法体系）

（1）国际航空私法公约最主要的部分是处理国际航空运输中承运人和货主及乘客之间关系规范的，也即关于调整国际航空运输合同关系的国际公约。根据其对国际航空运输承运人所实行的赔偿责任限额、责任制度以及国际航空运输规则规定的不同，这些国际航空运输法公约又可以细分为两个体系，即"华沙公约体系"和"蒙特利尔公约体系"（亦称"新华沙公约体系"）。前者是由《1929年统一国际航空运输某些规则的公约》即《华沙公约》和诸如《海牙议定书》《瓜达拉哈拉公约》《危地马拉议定书》《蒙特利尔附加议定书》等一系列（主要共七份）对之修改或补充的议定书及公约所形成的规定国际航空运输中有关民事责任的规则体系。这两个体系的公约都同时包含了调整旅客运输和货物运输的规定。

（2）《外国航空器对地（水）面第三方造成损害的公约》（简称1952年《罗马公约》），是关于航空器经营人对第三方损害责任制度的国际公约。该公约是在1937年《统一有关航空器对地（水）面第三方造成损害的某些规则的公约》基础上修订并更名的，1952年10月7日在罗马签订，于1958年2月4日生效。后来，于1978年9月23日在蒙特利尔签订了《修正该外国航空器对地面（水面）第三者造成损害的公约的议定书》。最新的《关于航空器对第三方造成损害的赔偿的公约》于2009年5月2日在蒙特利尔国际航空法会议上签订。

（3）《关于国际承认飞行器权利的公约》（简称1948年《日内瓦公约》），1948年6月1日于日内瓦召开的国际民航组织大会通过并签署，于1953年9月17日生效，是关于对飞机财产权的国际承认问题的公约。

除上述公约外，在国际航空运输领域内还存在一些其他相关的协议。这些协议基本上都是以华沙公约体系为基础并与之相衔接，是对其所适用的国际各航空公司之间的协议。从这些协议的缔结、形式和适用范围看，它们的法律性质应属于民间协议或多边协定的范畴。而且，它们主要是以调整国际航空旅客运输为主要内容的。但是，这些协议对推动华沙公约体系的发展和变革，促进国际航空运输法律的完善，使之能够更加符合时代的要求，发挥了积极的作用，产生了重要影响。对我国生效的国际航空公约如表2.1所示。

表2.1 对我国生效的国际航空公约

公 约 名 称	缔约时间	生效时间
1929年《关于统一国际航空运输某些规则的公约》（《华沙公约》）	1958年7月20日	1958年10月18日
1955年《关于修改1929年10月12日在华沙签订的统一国际航空运输某些规则公约的议定书》（《海牙议定书》）	1975年8月20日	1975年11月18日
1944年《国际民用航空公约》（《芝加哥公约》）	1946年2月20日 1974年2月15日	1974年3月17日

续表

公约名称	缔约时间	生效时间
1963年《关于在航空器上犯罪和其他某些行为的公约》(《东京公约》)	1978年11月14日	1979年2月12日
1970年《关于制止非法劫持航空器的公约》(《海牙公约》)	1980年9月10日	1980年10月10日
1971年《关于制止危害民用航空安全非法行为的公约》(《蒙特利尔公约》)	1980年9月10日	1980年10月10日
1948年《国际承认航空器权利公约》(《日内瓦公约》)	2000年4月28日	2000年7月27日
1999年《关于统一国际航空运输某些规则的公约》(《蒙特利尔公约》)	2005年6月1日	2005年7月31日

第一节 芝加哥公约体系

1944年11月1日至12月7日，在美国的芝加哥召开了国际民用航空会议，如图2.1和图2.2所示。经英国的倡议，美国发起了该会议，向55个同盟国和中立国发出了邀请。会议的目的是确立第二次世界大战后世界民用航空的新秩序。当时的苏联和沙特阿拉伯因不满西班牙、瑞士和葡萄牙的出席而最终没有参加会议。泰国和丹麦只派其驻美大使参加了会议，不能行使投票权。1944年12月7日，参加芝加哥会议的52个国家正式签订了《国际民用航空公约》。该公约第91条规定，公约要在第26个国家批准或加入后，在第26件批准书交存以后第30天起在各缔约国之间生效。该公约于1947年4月4日生效。

图2.1 1944年11月1日第一次国际民航会议（芝加哥会议）开幕式

飞行人员民用航空法规基础

图 2.2　1944 年 12 月 7 日闭幕全体大会

《国际民用航空公约》的签订是国际民用航空发展史上的一个重大事件。《国际民用航空公约》确立了第二次世界大战以后国际民用航空的新秩序，它是根据1919—1944 年间的国际民用航空发展状况，总结历史经验和教训，在 1919 年《巴黎公约》和 1928 年《泛美航空公约》的基础上制定的。同上述两个国际公约相比，《国际民用航空公约》的内容更加完善，反映了当时国际航空法立法的最高水平。《国际民用航空公约》在航空技术、法律和行政管理方面都有规定并且逐步在其 19 个附件中提出了有关问题的详细标准和建议。但是，《国际民用航空公约》没有能够解决国际航空运输经营上的问题，其中最重要的一点就是业务权（商业航行权或空中自由）问题。因此，当今航空运输，特别是国际定期航班，都得依赖政府间的双边协定来解决。尽管如此，《国际民用航空公约》将国际航空运输分为定期航班和不定期飞行两种，为通过双边国际协定来管理国际航空运输奠定了基础，从而为国际航空运输有秩序发展作出了积极的贡献。

为纪念《国际民航公约》在 1944 年 12 月 7 日的签署，12 月 7 日被定为国际民航日。

《国际民用航空公约》除序言外共分四个部分、22 章、96 条。

拓展知识

《国际民用航空公约》目录

序　言

第一部分　空中航行
　　第一章　公约的一般原则和适用
　　第二章　在缔约国领土上空飞行
　　第三章　航空器的国籍
　　第四章　便利空中航行的措施
　　第五章　航空器应具备的条件
　　第六章　国际标准及建议措施

第二部分　国际民用航空组织
　　第七章　组织
　　第八章　大会
　　第九章　理事会
　　第十章　航行委员会
　　第十一章　人事
　　第十二章　财政
　　第十三章　其他国际协议

> 第三部分 国际航空运输
>   第十四章 资料和报告
>   第十五章 机场及其他航行设施
>   第十六章 联营组织和合营航班
> 第四部分 最后条款
>   第十七章 其他航空协定和协议
>   第十八章 争端和违约
>   第十九章 战争
>   第二十章 附件
>   第二十一章 批准、加入、修正和退出
>   第二十二章 定义
>   公约的签字
>
> 资料来源：中国民用航空局. 国际民用航空公约 [EB/OL].http://www.caac.gov.cn/XXGK/XXGK/GJGY/201510/t20151029_9002.html.(2015-10-29)[2023-1-10].

一、《国际民用航空公约》的主权原则

《国际民用航空公约》首先确认国家领空主权的原则，规定缔约各国承认每一国家对其领土之上的空气空间具有完全的排他的主权。主权原则使得各缔约国能对外国航空器施加种种限制，从而起到维护国家利益的作用。公约应用排除法说明民用航空器的定义，即除用于军事、海关和警察部门外的航空器被认为是民用航空器。

关于"空气空间的法律地位"，早在1919年《巴黎公约》签订之前，国际法学界就存在两种截然相反的观点：以英国为代表的"领空主权论"与以法国和德国为代表的"航空自由论"。

《巴黎公约》最早承认领空主权原则。在第一次世界大战中，几乎所有国家（包括荷兰、瑞士等中立国）都不允许外国飞机擅自飞入或飞越本国领空。由于第一次世界大战的影响，在1919年巴黎和会上缔结的第一个国际航空法典——《关于管理空中航行的公约》（《巴黎公约》），在第一条中就将领空主权宣布为一条习惯国际法规则。

美国、荷兰推行航空自由论。美国在第二次世界大战中的有利地位使得其在飞机数量和性能上超过欧洲而处于世界领先地位，美国政府意识到大战后该国的民用航空必将领先于世界；荷兰一直致力于民用航空运输的发展，荷兰皇家航空公司是世界上第一家国际航空运输企业，出于本国商业利益考虑，当时美国、荷兰及少数北欧国家极力推行航空自由论。

在第二次世界大战即将结束时签订的1944年《芝加哥公约》在第一条原文引用了《巴黎公约》提出的主权原则"缔约各国承认每一国家对其领土之上的空气空间具有完全的和排他的主权"。但是，《芝加哥公约》没有采用《巴黎公约》中的"无害通过"原则，而是以同一天另行签订的《国际航班过境协定》（通称"两种航空自由"）和《国际航空运输协定》（通称"五种航空自由"）作为弥补，满足那些承认或部分承认航空自由的国家的需要，美国、荷兰为代表的航空自由论国家与英国等主张领空主权论的国家各自作出了让步。

《国际民用航空公约》没有明确规定空气空间的范围，但是，就目前的情况来看，空气空间不包括外层空间，国家难以对外层空间行使完全的、排他的主权。科学技术的革命性发展影响了国家领土的主权原则。外层空间的自由制度是目前的明显趋势。问题的关键是国家领空的终点或外层空间的起点在哪里？关于这个问题有种种说法，尚待实践的进一步确定。

（一）领空的含义

领空：领土之上的空气空间，包括领陆和领水。领空（territorial airspace）作为国家领土的一部分处于国家主权之下已被现代国际法所确认。《国际民用航空公约》所指一国的领土，应认为是在该国主权、宗主权、保护或委任统治下的陆地区域及与其邻接的领水。

1. 领空的水平边界

一国领空从与地球表面平行方向看，止于其领土边界线的上方，即领土边界线向上立体延伸构成领空的水平扩展界限。与领空处于地球大气同一环层，并在各国领空水平界限以外的部分，主要包括专属经济区、公海和南极的上空，就其整体的法律地位而言，国际法上还没有一项专门的条约来规定，比如《联合国海洋法公约》仅规定了专属经济区和公海上空的飞越自由。一般认为，该领空外部分不属于任何国家的主权之下，对所有国家都是开放和自由的。

📖 **拓展知识**

中国领海为什么是12海里？

《中华人民共和国政府关于领海的声明》

早在中世纪时期，意大利法学家阿佐和巴托拉斯就主张任何国家都有对沿海一定范围内的海域拥有权利；16世纪的荷兰法学家真提利斯进一步主张沿海海域是毗连海岸所属国家的领土的延续。对这一概念加以确定的是1958年签署的《领海与毗连区公约》，该公约认为"国家主权扩展于其陆地领土及其内水以外邻接其海岸的一带海域，称为领海"。

1566年，西班牙国王菲利普二世规定："任何船只都不能进入我们的海岸、海湾或河流，即从我们的土地上看见的界限以内，以伺机破坏我们或我们的盟国的船只。"这就是著名的"视野说"，即以目力所及的地平线作为领海的界限，一般此距离为14海里。

随着军事工业的发展，"射程说"也就是大炮射程之内为领海开始兴起，但这一原则因各国大炮射程不一而被逐渐废弃。1756年，"3海里原则"登上历史舞台。美国在1791年对英法战争发表的声明中指出，将在海岸3海里内保持中立，此后法国在1795年与突尼斯签署的条约中也采纳了这一规则，1878年英国颁布《领海管辖法》，建立了3海里领海制度。后来，德国和日本也先后承认"3海里原则"。至此，"3海里原则"被当时的世界主要海洋大国所认可。

至于为什么要选择距离更短的"3海里原则"，美国学者罗伯特·基欧汉曾一语中的地说道："在19世纪，英国时常使用其占优势的海军力量强迫南美洲实行自由贸易，或者防止沿海国破坏海上自由……"限制他国更大宽度的领海要求，从而使英美强大的舰队自由穿行于世界上最狭窄的海峡并无限接近他国海岸，由此可见，3海里原则在本质上是西方海洋强国主宰国际海洋秩序的产物。

随着海洋科技的逐步发展，越来越多的国家主张领海宽度超过3海里。迫于压力，在1958年召开的第一届联合国海洋法会议上，美国提出沿海国可以建立6海里领海；苏联则主张领海宽度从3海里至12海里，由沿海国自己决定。这次会议仍然没有在领海宽度上达成一致，有的国家甚至主张 200 海里领海。

1958 年，著名国际法学家倪徵被邀请参与商讨我国领海问题。期间，倪徵认为领海过宽不会影响商船通行，且有利于维护国家安全。经过讨论后，专家们一致采纳苏联提出的 3 海里到 12 海里的主张。1958 年 9 月 4 日，我国公布了《中华人民共和国关于领海的声明》，宣布"中华人民共和国的领海宽度为 12 海里。""一切外国飞机和军用船舶，未经中国许可，不得进入中国领海及上空。"

至于最终为什么选择 12 海里，则和我国第一大内海渤海有关。如果沿用 1931 年确定的 3 海里领海原则，根据测算，渤海海峡的老铁山水道北起辽宁老铁山西角，南到山东北隍城岛，长度为 22 海里，远远超过两边领海宽度 6 海里，那么渤海将成为公海，依据当时国际上对公海的定义，外国商船和军舰可以在公海上畅行无阻。相反，选择 12 海里领海宽度，正好使渤海湾口领海接壤，使渤海成为内海。当然，因此成为内海（水）的还有琼州海峡和金门岛与大陆之间的海域等。

1982 年，100 多个国家在牙买加蒙特哥湾签署《联合国海洋法公约》，规定"各国有权确定不超过 12 海里的领海"。此后，大多数国家均采用了 12 海里领海制度，这也说明我国领海制度既维护了国家海洋权益又符合历史潮流。

资料来源：中国海洋发展研究中心．中国领海为什么是 12 海里？[EB/OL]. http://aoc.ouc.edu.cn/2023/0423/c15171a430270/page.htm(2023-04-23)[2023-01-10].

2. 领空的垂直边界

关于领空的垂直边界众说纷纭，争议不休，至今尚未解决，主要有以下五种主张。

 小贴士

领空的形状是一个以地心为顶点的锥体。

（1）以靠空气为依托的飞机最高飞行高度为界，一般距地（水）面 32～40 千米。

（2）以不靠空气为依托的人造地球卫星运行轨道最低点为标准，一般为 100～110 千米。

（3）以无空气存在的自然条件为标准，高度约为 16 000 千米。

（4）以地球离心力取代空气作飞行动力的高度，据物理学家冯·卡曼测算约为 83 千米。

（5）以地球引力为准。1976 年 12 月 3 日，哥伦比亚、刚果、厄瓜多尔、印度尼西亚、肯尼亚、乌干达、扎伊尔和巴西八个赤道国家发表了《波哥大宣言》，申明它们对距离地面 35 817 千米高度的"地球静止轨道"拥有主权。其理由是：地球静止轨道是地球引力形成的。

由于在缔结 1919 年《巴黎公约》和 1944 年《芝加哥公约》时，人类尚未进入外空时代，所以公约中未明确领空的上限。一般认为以 100～110 千米为上限比较有说服力。短时期内，这个问题对航空法与外空法的实施与发展并未构成大的障碍，因此国际上并不急于作出定论。

（二）领空主权的法律性质

1944 年《国际民用航空公约》第一条规定："缔约各国承认每一国家对其领土之上的空气空间享有完全的和排他的主权。"

《中华人民共和国民用航空法》第二条规定："中华人民共和国的领陆和领水之上的空域为中华人民共和国领空。中华人民共和国对领空享有完全的、排他的主权。"

领空主权的内涵包括三点：①明确宣告了领空主权原则；②领空主权原则不仅是国际条约中的规则，而且是国际习惯法的规则。因此国家普遍享有领空主权，不因是否签署公约而改变。③领空主权是"完全的"和"排他的"。这种完全和排他的主权表现在如下四方面。

1. 领空主权是自保权

自保权是指国家保卫自己的生存和独立的权利。它包括两方面的内容：一是指国家有权使用自己的一切力量，进行国防建设。防备可能来自外国的侵犯；一是指当国家遭到外国的武力攻击时，有权行使单独或集体的自卫。因此，在一国的领空范围内，该国有权禁止他国航空器进入，并有权对外来的侵害实施防御和自卫活动。

2. 领空主权是管辖权

国家的管辖权主要有两种，一种是国家对其领域内的一切人（享受豁免权者除外）和物以及所发生的事件有权按照本国的法律行使管辖，即国家拥有属地管辖权。另一种是国家有权对一切具有本国国籍的人实行管辖，不论其是否居住在国内，这种管辖也称为属人管辖。领空主权在管辖权方面主要是属地管辖权，一国有权对该国领空内的航空器、人员和事件行使管辖权。

3. 领空主权是管理权

管理权是指依据国家主权原则和保护性、普遍性管辖的原则，国家享有对本国领土范围内的和本国的位于国外的自然人、法人、其他组织和财产进行管理的权力。

在领空方面也是如此，国家有权制定航空法律以及涉及领空的海关财政、移民和卫生的法律规章，要求外国的航空器在飞经或飞入该国领空时应当遵守这些规定。如果不遵守，该国有权对外国航空器采取必要措施。但是各国在制定法律和规章时应当注意与国际技术标准和规范相一致，便于航空业务的顺利进行。同时也要注意不能实行歧视性的差别待遇。

4. 领空主权是支配权

支配权是财产所有人的一种控制、用益其拥有的财产的权利，这是民法中的概念。上升到公法的层次，则国家对领空拥有支配权，并且可以通过立法实施对领空的支配权。

（三）领空主权原则的主要体现

1. 飞经或飞入他国领空的规则

（1）国家航空器——经批准才能进入他国领空。非民用航空器，未经特别协定或许可并遵照其中的规定，不得在另一缔约国领土上空飞行或在此领土上降落。

（2）非商业性不定期飞行——自由与限制并存。一切非商业性不定期飞行，在遵守本公约规定的条件下，不需要事先获准，有权飞入或飞经其他缔约国领土而不降停，或作非商业性降停，但飞经国有权令其降落。为了飞行安全，当航空器所要飞经的地区不得进入或缺乏适当航行设施时，缔约各国保留令其遵循规定航路或获得特准后方许飞行的权利。

（3）商业性不定期飞行——受"国内运载权"限制。航空器如为取酬或出租而载运乘客、货物、邮件但非从事定期国际航班飞行，在遵守有关"国内运载权"规定的情况下，亦有上下乘客、货物或邮件的特权，但上下地点所在国有权规定其认为需要的规章、条件或限制。

（4）定期航班——签订双边协定，交换过境权、运载权。经一缔约国特准或其他许可并遵照此项特准或许可的条件，可在他国领土上空飞行或进入该国领土。

2. 关于国内载运权规则

《国际民用航空公约》第7条"国内载运权"规定："缔约各国有权拒绝其他缔约国的航空器为取酬或出租在其领土内载运乘客、邮件和货物前往其领土内另一地点。缔约各国承允不缔结任何协议在排他的基础上特准任何其他国家的空运企业享有任何此项特权，也不向任何其他国家取得任何此项排他的特权。"该规定将本国领土内的两点之间的航空运营权保留给本国，体现了尊重国家主权的原则。

3. 保护本国安全的规则

（1）空中禁区、限制区（《国际民用航空公约》第九条）。缔约各国由于军事需要或公共安全的理由，可以一律限制或禁止其他国家的航空器在其领土内的某些地区上空飞行，但对该领土所属国从事定期国际航班飞行的航空器和其他缔约国从事同样飞行的航空器，在这一点上不得有所区别。此种禁区的范围和位置应当合理，以免空中航行受到不必要的障碍。一缔约国领土内此种禁区的说明及其随后的任何变更，应尽速通知其他各缔约国及国际民用航空组织。

在非正常情况下，或在紧急时期内，或为了公共安全，缔约各国也保留暂时限制或禁止航空器在其全部或部分领土上空飞行的权利并立即生效，但此种限制或禁止应不分国籍适用于所有其他国家的航空器。

缔约各国可以依照其制定的规章，令进入上述第一款或第二款所指地区的任何航空器尽速在其领土内一指定的机场降落。

（2）货物限制（《国际民用航空公约》第三十五条）。从事国际航行的航空器，非经一国许可，在该国领土内或在该国领土上空时不得载运军火或作战物资。缔约各国为了公共秩序和安全，保留管制或禁止在其领土内或领土上空载运其他物品的权利（如毒品、走私等）。

（3）检查（《国际民用航空公约》第十六条）。缔约各国的有关当局有权对其他缔约国的航空器在降停或飞离时进行检查，并查验本公约规定的证件和其他文件，但应避免不合理的延误。

（4）指定航路和起降机场（《国际民用航空公约》第六十八条）。缔约各国在不违反本公约的规定下，可以指定任何国际航班在其领土内应遵循的航路和可以使用的机场。

（5）其他（《国际民用航空公约》第八条和第三十六条）。任何无人驾驶而能飞行的航空器，未经一缔约国特许并遵照此项特许的条件，不得无人驾驶而在该国领土上空飞行。缔约各国承允对此项无人驾驶的航空器在向民用航空器开放的地区内的飞行加以管制，以免危及民用航空器。

缔约各国可以禁止或管制在其领土上空的航空器内使用照相机。

4. 遵守当地法律的规则

根据属地管辖的原则，外国航空器飞入本国境内时，理应遵守本国的法律法规。这也是尊重领空主权的表现。《芝加哥公约》中有关遵守当地法律的规定主要如下。

《芝加哥公约》第十一条明确规定了"在遵守本公约各规定的条件下，一缔约国关于从事国际航行的航空器进入或离开其领土或关于此种航空器在其领土内操作或航行的法律和规章，应不分国籍，适用于所有缔约国的航空器，此种航空器在进入或离开该国领土或在其领土内时，都应该遵守此项法律和规章"。一方面，要求外国航空器在飞经或飞入本国时，应当遵守当地的法律法规；另一方面，也要求当地国的法律法规不得有歧视性条款，平等地适用于所有外国航空器。

同时，外国航空器还应当依据当地国的规章，在设关机场降落，受当地国的入境、放行、移民、海关及检疫等的规章的管辖。

刑事管辖权是一国领空主权的重要表现形式。但遗憾的是，对于飞入或飞经本国的航空器上发生的民事或刑事行为的管辖权问题，该公约未作任何规定，直到1963年才由航空刑法的三个公约进行了补充。

5. 其他体现领空主权的规则

《国际民用航空公约》第十四条"防止疾病传播"规定，"缔约各国同意采取有效措施防止经由空中航行传播霍乱、斑疹伤寒（流行性）、天花、黄热病、鼠疫，以及缔约各国随时确定的其他传染病"。

《国际民用航空公约》第二十五条"航空器遇险"规定了"缔约各国承允对在其领土内遇险的航空器，在其认为可行的情况下，采取援助措施，并在本国当局管制下准许该航空器所有人或该航空器登记国的当局采取情况所需的援助措施"。

《国际民用航空公约》第二十六条"事故调查"则规定"一缔约国的航空器如在另一缔约国的领土内发生事故，致有死亡或严重伤害或表明航空器或航行设施有重大技术缺陷时，事故所在地国家应在该国法律许可的范围内，依照国际民用航空组织建议的程序，着手调查事故情形。……而主持调查的国家，应将关于此事的报告及调查结果，通知航空器登记国"。

可见，不论是航空器援救还是事故调查，都是以当地国为主导，并在当地国的"当局管制下"和"法律许可的范围内"进行，这充分尊重了当地国的领土主权。

（四）"完全的和排他的主权"与人类生命安全——修改公约主权部分条款

1. 击伤、击毁民用航空器典型事例

1952年4月26日，法国航空公司从法兰克福飞西柏林航线，在飞经20英里宽的空中走廊时偏航，被苏联战斗机攻击，5名旅客受伤（2名重伤），飞机最终安全降落。

1955年7月27日以色列艾尔奥尔航空公司从伦敦经巴黎、伊斯坦布尔飞以色列的国际航空，在飞经希腊与保加利亚边界地区时，偏航入保境，被保加利亚两架战斗机击落，51名旅客和7名机组人员全部殒命。

1973年2月21日利比亚波音727客机从的黎波里飞开罗，迷航误入埃及与以色列交界的以方占领区内，被以色列战斗机击落，机上108人遇难。

1983年8月31日，韩国航空公司的KE007号B-747班机沿着R20航线作远距离飞行，执行从纽约到汉城（现称为"首尔"）的定期航班飞行任务。KE007航班机起飞后2小时开始偏离航线，进入苏联堪察加半岛以东的科曼多尔群岛上空。在9月1日凌晨6时，KE007已飞过尼皮检查站，进入苏哈林岛（库页岛）上空。而库页岛有苏联的核战略基地，苏联防空部队马上出动两架战斗机（一架SU-15和一架米格-23）进行拦截，在拦截

无效后，苏方命令 SU-15 歼击机向 KE007 连发两枚"纳布"式寻热导弹，KE007 的发动机被击毁后坠落。机上 269 人全部罹难，其中包括 29 名机组人员和来自 16 个国家和地区的 240 名旅客。

事后世界各国接连发表声明，纷纷进行谴责和提出最强烈抗议。韩国当局发表声明，指责苏联击落它的客机是"一种不可原谅的和非常野蛮的行径"，是"世界航空史上从未发生过的、最惨的悲剧，要求苏联就此事件向韩国正式道歉，并给予赔偿和惩罚有关人员"。美国国务卿舒尔茨在事件发生的当天称苏联的行动"骇人听闻"，美国将对这一事件"作出强烈反应"。1983 年 9 月 6 日，有 67 个成员单位、代表世界 57 000 名驾驶员的国际民航驾驶员组织在伦敦总部举行紧急会议，会议作出决定，要求各成员单位把飞往莫斯科的班机停飞 60 天，作为对苏联的"报复行动"。

联合国安理会草拟了一项决议，认为"对国际航空使用武力是不符合有关国际行为和基本人道考虑的规范的"，但是该决议由于苏联代表行使否决权而未通过。1983 年 9 月 15 日至 16 日国际民用航空组织召开的紧急理事会会议通过的决议中重申："这样对国际民用航空使用武力是不符合有关国际行为和基本人道考虑的规范的"，强调"拦截民用飞机不应对之使用武器"。1983 年 9 月 20 日至 10 月 7 日，国际民航组织大会举行第 24 届会议，认可了上述决议。1984 年 3 月 6 日，国际民航组织理事会通过一项决议，该项决议认为在"没有证据表明该偏航是有预谋的，或机组人员在任何时候知道该飞机偏航"的情形下，"不论造成该飞机偏离其飞行计划的航路情况如何，这种使用武力都构成违反国际法"。如此一来，理事会将问题的重心从人道主义的角度转向了国际法。因此，在一个半月后的大会 25 届特别会议上，大多数国家代表在发言中众口一致认为苏联击落 KE007 航班的行为违反了"普遍国家法"。大会经过激烈的讨论，一致通过了 A25.1 号决议，决定修改《芝加哥公约》，增加第三条分条。

2. 修订《芝加哥公约》并增加第三条分条，以保护民用航空器的安全

修改后的《芝加哥公约》第三条分条内容如下。

（1）缔约各国承认，每一国家必须避免对飞行中的民用航空器使用武器，如拦截，必须不危及航空器内人员的生命和航空器的安全。此一规定不应被解释为在任何方面修改了联合国宪章所规定的各国的权利和义务。

（2）缔约各国承认，每一国家在行使其主权时，对未经允许而飞越其领土的民用航空器，或者有合理的根据认为该航空器被用于与本公约宗旨不相符的目的，有权要求该航空器在指定的机场降落；该国也可以给该航空器任何其他指令，以终止此类侵犯。为此目的，缔约各国可采取符合国际法的有关规则，包括本公约的有关规定，特别是本条第一款规定的任何适当手段。第一缔约国同意公布其关于拦截民用航空器的现行规定。

（3）任何民用航空器必须遵守根据本条第二款发出的命令。为此目的，每一缔约国应在本国法律或规章中作出一切必要的规定，以便在该国登记的或者在该国有主营业所或永久居所的经营人所使用的任何航空器必须遵守上述命令。每一缔约国应使任何违反此类现行法律或规章的行为受到严厉惩罚，并根据本国法律将这一案件提交其主管当局。

（4）每一缔约国应采取适当措施，禁止将在该国登记的或者在该国有主营业所或永久居住的经营人所使用的任何民用航空器肆意用于与本公约宗旨不相符的目的。这一规定不应影响本条第一款或者与本条第二款和第三款相抵触。

(五)"防空识别区"

防空识别区(air defense identification zone, ADIZ)是指一国基于空防需要,单方面所划定的空域。目的是为军方及早发现、识别和实施空军拦截行动提供条件。

划设防空识别区并不意味着一国领空范围的扩大,也不影响航空器依据国际法所享有的飞越自由,而是一个国家为维护主权与安全采取的必要措施。国际法认为,一国对飞行器的定位、监视和管制,是在飞行器进入该国防空识别区之后,而并非之前。通常情况下,飞行器进入一国的防空识别区,需要向该国报告飞行计划等。该国也可以采取某种方式,如起飞战斗机,监视飞行器,但直到飞行器进入该国领空前,无权对飞行器采取迫降、击落等措施,否则将是严重违反国际法的行为。

> **拓展知识**
>
> 2013年11月23日,中华人民共和国政府根据1997年3月14日《中华人民共和国国防法》、1995年10月30日《中华人民共和国民用航空法》和2001年7月27日《中华人民共和国飞行基本规则》,宣布划设东海防空识别区。
>
> 自美国1950年首次划设防空识别区以来,截至目前,世界上已有20多个国家和地区划设了防空识别区。我国于2013年设立东海防空识别区,符合《联合国宪章》等国际法和国际惯例。我国的《中华人民共和国国防法》《中华人民共和国民用航空法》《中华人民共和国飞行基本规则》等法规对维护国家领土领空安全和空中飞行秩序都作出了明确规定。
>
> 资料来源:新京报.中国划设东海防空识别区[EB/OL]. http://politics.people.com.cn/n/2013/1124/c70731-23635702.html(2013-11-24) [2023-01-05].

二、《芝加哥公约》与航空自由

在1944年芝加哥第一届国际民航会议上,美国凭借在第二次世界大战中积累起来的经济和空运实力,主张"天空开放""自由竞争"发展航空运输,企图在法律和技术上一揽子解决通航的世界问题,以实现其主导世界民用航空业的目的;而英国则针锋相对地提出"空中秩序"的主张。这一主张的提出,是以英国在战争中元气大伤、国力削弱为背景。以英国等多数到会国家为代表的"领空主权论"与以美国、荷兰、北欧等少数国家为代表的"航空自由论"展开了激烈的争论。最后以美国的自由化政策得不到大多数国家的支持而告终。"缔约各国承认每一国家对其领土之上的空气空间具有完全的和排他的主权"写入了《芝加哥公约》的第一条,如图2.3所示。

图2.3 航空自由与航空主权的不同

就航空运输而言，芝加哥会议的成果，只是为第二次世界大战后国际航空运输建立了法律和组织框架，并没有解决航空运输的商业权利的交换以及航线、运力和运价等管理问题。《国际民用航空公约》第六条明确规定，定期国际航班只能由双边协议解决。

会议通过两种途径作出了让步以满足崇尚航空自由论的国家需要：公约第五条"对不定期飞行的权利"体现了领空主权下的航空自由；1944年12月7日，在缔结芝加哥公约的同时，部分国家缔结了《国际航班过境协定》和《国际航空运输协定》。

但是，我国未参加上述两项协定，我国给予外国国际航班的飞行权利是通过我国与这些国家政府签订的双边航空协定来具体规定的。

（一）两种航空自由——《国际航班过境协定》

两种航空自由指不降停而飞越其领土的权利和非商业性降停的权利。

至1994年年底，共101个国家加入该协定，我国未加入《国际航班过境协定》。

（二）五种航空自由——《国际航空运输协定》

1. 五种航空自由

（1）不降停而飞越其领土的权利。

（2）非商业性降停的权利。

（3）卸下来自航空器国籍国领土的旅客、货物、邮件的权利。

（4）装载前往航空器国籍国领土的旅客、货物、邮件的权利。

（5）装卸前往或来自任何其他缔约国领土的旅客、货物、邮件的权利。

2. 对以上两个协定的特别说明

（1）起降适用于民用机场。

（2）定期航班不在此列。

（3）同《芝加哥公约》一样，具有平时法的性质。

（4）遵守《芝加哥公约》中有关领空主权的限制。

《国际航空运输协定》签订的国家较少，不具有普遍国际效力。

📖 拓展知识

在现代的航空活动中，"航空自由"的概念已经越来越少提及，更多使用的是"航权"（航空权）的概念。

一、航空权

航空权是指国际航空运输中的过境权利和运输业务权利，也称国际航空运输的业务或空中自由权。它是国家重要的航空权益，必须加以维护，在国际航空运输中交换这些权益时，一般采取对等原则，有时候某一方也会提出较高的交换条件或收取补偿费以适当保护本国航空企业的权益。

第二次世界大战后，西方国家认为战争爆发时，天空的控制权非常重要。战后，于1944年在芝加哥就有关天空控制权问题签署了著名的《芝加哥协定》，该协定草议出两国间协商航空运输条款的蓝本，而有关条款仍沿用至今。

二、各类航权介绍（从本国权利角度说明）

1. 第一航权：领空飞越权

在不着陆的情况下，本国航机可以在协议国领空上飞过，前往其他国家目的地。例如：北京（中国）—旧金山（美国），中途飞越日本领空，那么就要和日本签订领空飞越权，获取第一航权，否则只能绕道飞行，增加燃料消耗和飞行时间。

2. 第二航权：技术经停权

本国航机可以因技术需要（如添加燃料、飞机故障或气象原因备降）在协议国降落、经停，但不得作任何业务性工作如上下客、货、邮。例如：北京（中国）—纽约（美国），如果由于某飞机机型的原因，不能直接飞抵，中间需要在日本降落并加油，但不允许在该机场上下旅客和货物。此时就要和日本签订技术经停权。

3. 第三航权：目的地下客权

本国航机可以在协议国境内卸下乘客、邮件或货物。例如：北京（中国）—东京（日本），如获得第三航权，中国民航飞机承运的旅客、货物可在东京进港，但只能空机返回。

4. 第四航权：目的地上客权

本国航机可以在协议国境内载运乘客、邮件或货物返回。例如：北京（中国）—东京（日本），如获得第四航权，中国民航飞机能载运旅客、邮件或货物搭乘原机返回北京。

5. 第五航权：中间点权或延远权

可以先在第三国的地点作为中转站上下客货，第五航权是要和两个或两个以上的国家进行谈判。例如：新加坡（新加坡）—厦门（中国）—芝加哥（美国），新加坡航空获得第五航权，可以在新加坡（新加坡）—芝加哥（美国）航线上在厦门经停，上下客货。

6. 第六航权：桥梁权

本国航机可以用两条航线的名义，接载甲国和乙国乘客及货物往返，但途中必须经过本国。例如：伦敦（英国）—首尔（韩国）—东京（日本），大韩航空将源自英国的旅客运经首尔后再运到东京。

7. 第七航权：完全第三国运输权

本国航机可以在境外接载乘客和货物，而不用返回本国。即本国航机在甲、乙两国间接载乘客和运载货物。例如：伦敦（英国）—巴黎（法国），由德国汉莎航空公司承运。

8. 第八航权：国内运输权

某国或地区的航空公司在他国或地区领域内两地间载运客货的权利（境内经营权）。例如：北京（中国）—成都（中国），由日本航空公司承运。

9. 第九航权：国内运输权

本国航机可以到协议国作国内航线运营。

第九航权是指上述第八航权分为连续的和非连续的两种，如果是"非连续的国内载运权"即为第九航权。值得留意的是第八航权和第九航权的区别，虽然两者都是关于在另外一个国家内运输客货，但是第八航权所谓"cabotage"，只能是从自己国家的一条航线在别国的延长。但是第九航权，所谓的"full cabotage"，可以是完全在另外一个国家开设的航线。

资料来源：中国民用航空局.航权专题[EB/OL]. http://www.caac.gov.cn/GYMH/ MHBK/HQZT/index.html.(2015-11-30)[2023-1-10].

三、《国际民用航空公约》的其他重要内容

（一）统一规则与方便航行

《国际民用航空公约》根据主权原则在规定一系列国家权利的同时，也规定了一系列相应的国家义务，以实现对各国国家权利的制约，并在此基础上力求统一国际规则，方便国际航行。

（二）遵守国际统一标准

航空活动的国际性决定了国际空中航行规则应尽可能统一，避免或减少各国国内法之间的差异或冲突。统一国际空中航行的各种规则是《国际民用航空公约》的主旨之一。

公约赋予国际民航组织理事会的准立法权：通过国际标准与建议措施，并将此种标准与措施称为公约的附件，要求各缔约国统一遵照执行。

附件是世界各国制定本国民用航空规章的技术基础，附件是《国际民用航空公约》体系的一部分。

缔约国若不能完全遵照执行，应立即向理事会通知差异；如果任何缔约国在附件修改之后，对其本国规章或措施不能作相应修改，应于国际标准修改后60天内通知理事会，或表明拟采取的行动，理事会应立即将此种差异通知所有缔约国。

（三）无差别对待原则

各缔约国根据主权权利对航空器施加的条件或限制，应对本国公民和外国人，本国与外国航空器、航空企业一视同仁，实行无差别对待。

（四）便利空中航行的措施

便利空中航行的措施主要是指制定相关的简化手续和便利措施。

1. 简化手续

简化手续包括简化移民、检疫、海关、放行手续。（《国际民用航空公约》第二十二条）。

缔约各国同意采取一切可行的措施，通过发布特别规章或其他方法，以便利和加速航空器在缔约各国领土间航行，特别是在执行关于移民、检疫、海关、放行等法律时，防止对航空器、机组、乘客和货物造成不必要的延误。

2. 便利措施

便利措施包括免纳关税、搜寻援救、事故调查、扣押航空器、提供机场通信导航

气象。

（1）关税（《国际民用航空公约》第二十四条）。航空器飞抵、飞离或飞越另一缔约国领土时，在遵守该国海关规章的条件下，应准予暂时免纳关税。一缔约国的航空器在到达另一缔约国领土时所载的燃料、润滑油、零备件、正常设备及机上供应品，在航空器离开该国领土时，如仍留置航空器上，应免纳关税、检验费或类似的国家或地方税款和费用。此种豁免不适用于卸下的任何数量的物品，但按照该国海关规章允许的不在此列，此种规章可以要求上述物品应受海关监督。

运入一缔约国领土的零备件和设备，供装配另一缔约国的从事国际航行的航空器或在该航空器上使用，应准予免纳关税，但须遵守有关国家的规章，此种规章可以规定上述物品应受海关的监督和管制。

（2）航空器遇险（《国际民用航空公约》第二十五条）。缔约各国承允对在其领土内遇险的航空器，在其认为可行的情况下，采取援助措施，并在本国当局管制下准许该航空器所有人或该航空器登记国的当局采取情况所需的援助措施。缔约各国搜寻失踪的航空器时，应在按照本公约随时建议的各种协同措施方面进行合作。

（3）事故调查（《国际民用航空公约》第二十六条）。一缔约国的航空器如在另一缔约国的领土内发生事故，致有死亡或严重伤害或表明航空器或航行设施有重大技术缺陷时，事故所在地国家应在该国法律许可的范围内，依照国际民用航空组织建议的程序，着手调查事故情形。航空器登记国应有机会指派观察员在调查时到场，而主持调查的国家，应将关于此事的报告及调查结果，通知航空器登记国。

（4）不因专利权的主张而扣押航空器（《国际民用航空公约》第二十七条）。一缔约国从事国际航行的航空器，被准许进入或通过另一缔约国领土时，不论降停与否，另一缔约国不得以该国名义或以该国任何人的名义，基于航空器的构造、机构、零件、附件或操作侵犯航空器，或对该航空器的所有人或经营人提出任何权利主张，或进行任何其他干涉。缔约各国同意在任何情况下，航空器所进入的国家对航空器免予扣押或扣留时，均不要求缴付保证金。

（五）不订立与公约相抵触的协议

《国际民用航空公约》第四部分"最后条款"中规定缔约各国退出《巴黎公约》和《哈瓦那公约》，现行其他不抵触协定应向理事会进行登记、其他抵触协定应废除、以后所签新的合法的协定应向理事会登记。

缔约各国承允，本公约生效时声明退出《巴黎公约》和《哈瓦那公约》，在各缔约国间，本公约即代替上述《巴黎公约》和《哈瓦那公约》。

本公约生效时，一缔约国和任何其他国家间，或一缔约国空运企业和任何其他国家或其他国家空运企业间的一切现行航空协定，应立即向理事会登记。

缔约各国承认本公约废除了彼此间所有与本公约条款相抵触的义务和谅解，并承允不再承担任何此类义务和达成任何此类谅解。一缔约国如在成为本组织的成员以前，曾对某一非缔约国或某一缔约国的国民或非缔约国的国民，承担了与本公约的条款相抵触的任何义务，应立即采取步骤解除其义务。任何缔约国的空运企业如已经承担了任何此类与本公约相抵触的义务，该空运企业所属国应以最大努力立即终止该项义务，无论如何，应在本公约生效后可以合法地采取这种行动时，终止此种义务。

任何缔约国在不违反前条的规定下，可以订立与本公约各规定不相抵触的协议。任何此种协议，应立即向理事会登记，理事会应尽速予以公布。

四、国际民用航空组织及其技术规范

《国际民用航空公约》的另一项重要内容是规定建立国际民用航空组织，英文简称 ICAO（International Civil Aviation Organization），1947 年 5 月 13 日，国际民用航空组织成为联合国的一个专门机构，该组织的标志如图 2.4 所示。

（一）背景

根据 1919 年巴黎公约，成立的国际空中航行委员会是国际民航组织（ICAO）的前身。

图 2.4　国际民航组织标志

《国际民用航空公约》第四十三条至第六十六条规定成立国际民航组织。但是，根据《国际民用航空公约》的规定，只有在 26 个国家批准了该公约之后，公约才能正式生效，在公约缔结后的六个月即 1945 年 6 月 6 日，成立了一个只有咨询权力的临时组织——临时国际民航组织（Provisional International Civil Aviation Organization，简称 PICAO）。据此国际民用航空组织于 1947 年 4 月 4 日《国际民用航空公约》生效时才宣告正式成立。

考虑到与联合国成立的历史悠久性之比较，ICAO 称"《国际民用航空公约》的缔结日就是国际民航组织的诞生日"，并将 12 月 7 日定为"世界民航日"。目前 ICAO 缔约国有 191 个（截至 2016 年）；理事国有 36 个（2016—2019 年）。总部所在地为加拿大蒙特利尔（Montreal）。

（二）国际民航组织的性质

国际民航组织是联合国系统 19 个专门机构之一，是负责处理国际民航事务的政府间组织。

拓展知识

同联合国建立关系的政府间机构有 18 个，包括 16 个联合国宪章所称的"专门机构"、国际原子能机构、关税及贸易总协定。联合国专门机构同联合国不是隶属关系。它们是根据各国政府间的协定而设立，并以特别协定与联合国发生关系的专门性国际组织。它们是自治的组织，各有自己的成员、立法和执行机构、秘书处和预算，其会员国和联合国的会员国不完全相同。它们通过经社理事会的协调机构，同联合国以及它们彼此之间在工作上互相配合和联系。它们与联合国之间需要互派代表（无表决权）列席对方会议，经常交换情报和文件。它们每年向经社理事会提交工作报告。

（1）联合国各组织：国际劳工组织（International Labour Organization，ILO）、联合国粮食及农业组织（Food and Agriculture Organization of the United Nations，FAO）、

联合国教育、科学及文化组织（United Nations Educational, Scientific and Cultural Organization, UNESCO）、世界卫生组织（World Health Organization, WHO）、国际货币基金组织（International Monetary Fund, IMF）、国际开发协会（International Development Association, IDA）、国际复兴开发银行（世界银行）（International Bank for Reconstruction and Development, IBRD）(World Bank)、国际金融公司（International Finance Corporation, IFC）、国际民用航空组织（International Civil Aviation Organization, ICAO）、万国邮政联盟（Universal Postal Union, UPU）、国际电信联盟（International Telecommunication Union, ITU）、世界气象组织（World Meteorological Organization, WMO）、国际海事组织（International Maritime Organization, IMO）、世界知识产权组织（World Intellectual Property Organization, WIPO）、国际农业发展基金会（International Fund for Agricultural Development, IFAD）、联合国工业发展组织（United Nations Industrial Development Organization, UNIDO）、国际原子能机构（International Atomic Energy Agency, IAEA）、世界旅游组织（World Tourism Organization, WTO）。

（2）与国际民航组织密切相关的非政府间组织（民间组织）：国际航空运输协会（International Air Transport Association, IATA）、飞行员协会国际联合会（International Federation of Air Line Pilots' Associations, IFALPA）、管制员协会国际联合会（International Federation of Air Traffic Controllers' Associations, IFATCA）、国际机场理事会（Airports Council International, ACI）。

（3）与国际民航组织密切相关的区域性政府间民航组织：非洲民航委员会（African Civil Aviation Commission, AFCAC）、拉丁美洲民航委员会（Latin American Civil Aviation Commission, LACAC）、欧洲民航委员会（European Civil Aviation Commission, ECAC）。

国际航空运输协会是一个由世界各国航空公司所组成的大型国际组织，其前身是1919年在海牙成立并在第二次世界大战时解体的国际航空业务协会。1944年12月，出席芝加哥国际民航会议的一些政府代表和顾问以及空运企业的代表聚会，商定成立一个委员会为新的组织起草章程。1945年4月16日在哈瓦那会议上修改并通过了草案章程后，国际航空运输协会成立。总部设在加拿大蒙特利尔，执行机构设在日内瓦。

资料来源：李东燕. 联合国[M]. 2版. 北京：社会科学文献出版社，2018.

拓展知识

国际航空运输协会简介

国际航空运输协会（International Air Transport Association, IATA, 简称国际航协）于1945年4月19日在古巴首都哈瓦那成立。总部设在加拿大蒙特利尔，执行总部设在瑞士日内瓦。现有来自120个国家的290家会员航空公司。目前中国大陆有29家会员航空公司。中国国际航空公司、中国东方航空公司和中国南方航空公司于1993年作为首批中国会员航空公司加入国际航协。

协会中的会员航空公司定期国际航班客运量约占全球总客运量的82%。国际航协是非政府、非营利性的航空公司行业协会，是全世界有影响力的航空运输组织，其宗旨是代表、引领和服务航空运输业。该协会服务对象还包括480家战略合作伙伴及近10万家代理人。

国际航协在全球设有五个地区办事处，分别是：北亚地区（北京）、亚洲太平洋地区（新加坡）、非洲中东地区（安曼）、欧洲地区（马德里）和美洲地区（迈阿密）。此外，国际航协还在全世界53个国家设有56个办事处，分别接受相应地区的办事处领导。

国际航协最高权力机构是全体会员大会（annual general meeting，AGM），每年召开一次。理事会是协会的最高管理执行机构。国际航协下设9个行业咨询委员会，分别为：行业事务、金融分销、行业财务、货运、数字转型、法务、安全飞行及地面运行、安保、可持续性及环境委员会，其成员为会员航空公司相关领域的专家或部门领导。会员航空公司通过这些行业委员会，向国际航协反映运行中的问题及建议，委员会则致力于提供解决方案及研究制定相关的行业标准。

国际航协的愿景是通过共同努力缔造安全、可靠和可持续的航空运输业的未来发展，使其连接并丰富我们的世界。

资料来源：中国民用航空局. 国际航空运输协会简介 [EB/OL]. http://www.caac.gov.cn/XXGK/XXGK/DWGX/201601/t20160112_26497.html.(2017-04-21)[2023-01-10].

（三）国际民航组织的宗旨和目的

1. 宗旨
在于发展国际航行的原则和技术，并促进国际航空运输的规划和发展。

2. 目的
（1）保证全世界国际民用航空安全和有秩序地发展。
（2）鼓励研发为和平用途的航空器的设计和操作技术。
（3）鼓励发展国际民用航空的航路、机场和航行设施。
（4）满足世界人民对安全、正常、有效和经济的航空运输的需要。
（5）防止因不合理的竞争造成经济上的浪费。
（6）保证缔约各国的权利充分受到尊重，每一缔约国均有经营国际空运企业的公平的机会。
（7）避免缔约各国之间的差别待遇。
（8）促进国际航行的飞行安全。
（9）普遍促进国际民用航空在各方面的发展。

（四）国际民航组织的机构和职能

国际民航组织由大会、理事会和秘书处三级框架组成，如图2.5所示。

1. 大会
大会是国际民航组织的最高权力机构，由全体成员国组成。大会由理事会召集，一般情况下每三年举行一次，遇有特别情况时或经五分之一以上成员国向秘书长提出要求，可以召开特别会议。大会决议一般以超过半数通过。参加大会的每一个成员国只有一票表决权。但在某些情况下，如《国际民用航空公约》的任何修正案，则需三分之二多数票通过。

大会的主要职能为选举理事会成员国，审查理事会各项报告，提出未来三年的工作计划，表决年度财政预算，授权理事会必要的权力以履行职责，并可随时撤回或改变这种权力，审议关于修改《国际民用航空公约》的提案，审议提交大会的其他提案，执行与国际组织签订的协议，处理其他事项等。

大会召开期间，一般分为大会、行政、技术、法律、经济五个委员会对各项事宜进行讨论和决定，然后交大会审议。

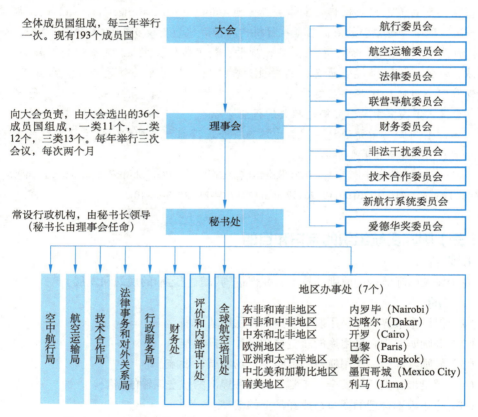

图 2.5 国际民用航空组织机构示意图

2. 理事会

理事会是向大会负责的常设机构，由大会选出的 36 个缔约国组成。根据《国际民用航空公约》第五十条规定，国际民航组织理事国分为三类：第一类是在航空运输领域居特别重要地位的成员国，第二类是对国际航空运输的发展有突出贡献的成员国，第三类是区域代表成员国。

理事会设主席一名。主席由理事会选举产生，任期三年，可连选连任。

理事会每年召开三次会议，每次会议会期约为两个月。理事会下设财务、技术合作、非法干扰、航行、新航行系统、运输、联营导航、爱德华奖八个委员会。每次理事会开会前，各委员会先分别开会，以便将文件、报告或问题提交理事会。

理事会的主要职责包括执行大会授予并向大会报告本组织及各国执行公约的情况；管理本组织财务；领导属下各机构工作；通过公约附件；向缔约各国通报有关情况，以及设立运输委员会，研究、参与国际航空运输发展和经营有关的问题并通报成员国，对争端和违反《国际民用航空公约》的行为进行裁决等。

理事会具有准立法权、准司法权和管理权，前两项权力是联合国其他14个专门机构不具有的。准立法权指有权制定、修改、通过"国际标准和建议措施"作为公约之附件。准司法权指当缔约国之间遇到争端时，充当缔约国之间的仲裁机构。管理权表现在机场与航行设施的筹资修建与维护，各缔约国的空运企业向理事会送交运输报告、成本统计及财务报告。

拓展知识

国际民航组织第41届大会上中国再次当选一类理事国

2022年10月1日，在加拿大蒙特利尔举行的国际民航组织第41届大会上，中国连任一类理事国。这是自2004年以来，中国第七次当选一类理事国。当天参加投票的国家共有170个，除中国外，澳大利亚、巴西、加拿大、法国、德国、意大利、日本、英国、美国也同时当选一类理事国。中国自1974年恢复参加国际民航组织活动以来，曾连续10次当选二类理事国，并于2004年竞选成为一类理事国并连任至今。

在这场全球各国相聚、共商行业发展的国际会议上，中国民航以专业、自信、开放、包容的姿态，全面展示和充分诠释了全球民航治理领域的中国立场、中国理念、中国实践和中国倡议，提出的倡议和建议得到了成员国和大会的广泛关注和支持，为全球民航业发展提供了新的思路，注入了新的活力。在备受国际关注的理事国选举中，中国再次成功连任一类理事国，并获颁国际民航组织杰出资源贡献奖，充分表明各国对中国民航在全球民航治理中继续发挥重要作用的认可和期待。大会期间，中国还与沙特阿拉伯共同签署了关于扩大航权的谅解备忘录，与欧盟安全委员会就落实双边适航合作项目达成共识，与塞内加尔、委内瑞拉就签署双边航空运输协议形成一致意见，与埃塞俄比亚、赞比亚等国就飞行员电子执照管理合作开展交流，与相关国家就加强国际航空减排务实合作深入交换意见，并与多个国家就有序增加双边航班安排进行积极磋商。

多年来，中国民航始终坚持安全第一，着力推动绿色高质量发展。2019年以来，行业新增400余架飞机投入商业运营，北京大兴机场等18个新建机场投入使用，5G、大数据、无人机、北斗卫星导航等新技术加快应用，空中航行服务效率不断提升，始终坚持绿色低碳发展。2021年，中国运输总周转量达到856.9亿吨公里，在国际民航组织成员国的排名连续16年位居前两位，连续多年对全球航空运输增长的贡献率超过20%。作为国际民航组织的创始国之一，中国始终恪守《国际民用航空公约》的宗旨和目标，致力于国际民用航空安全、有序、高效、环保和可持续发展，积极落实全球发展倡议及国际民航组织"不让一个国家掉队"的倡议，加快实现联合国2030可持续发展目标。

> 资料来源：[1] International Civil Aviation Organization. Assembly 41st Session[EB/OL]. https://www.icao.int/Meetings/a41/Pages/election-of-the-council_zh.aspx.(2022-10) [2023-01-01].
>
> [2] 中国民用航空局. 中国再次连任国际民航组织一类理事国 [EB/OL]. http://www.caac.gov.cn/PHONE/XWZX/MHYW/202210/t20221002_215529.html. (2022-10-02) [2023-01-01].
>
> [3] 中国民用航空局. 国际民航组织第41届大会闭幕 中国代表团取得丰硕成果 [EB/OL]. http://www.caac.gov.cn/PHONE/XWZX/MHYW/202210/t20221008_215541.html. (2022-10-08) [2023-01-01].

3. 秘书处

秘书处是国际民航组织的常设行政机构，由秘书长负责保证国际民航组织各项工作的顺利进行，秘书长由理事会任命。

秘书长是国际民用航空组织的首席执行官，领导该组织日常执行机构——秘书处的工作，带领该组织的国际职员开展国际民用航空领域的工作，定期向理事会汇报工作进展。

秘书处下设五个局和七个地区办事处。地区办事处直接由秘书长领导，主要任务是建立和帮助缔约各国实行国际民航组织制定的国际标准和建设措施以及地区规划。

五个局为航行局（航行局下现设有21个临时性研究小组）、运输局、技术合作局、法律局、行政服务局。

七个地区办事处为东非和南非地区，内罗毕；西非和中非地区，达喀尔；中东和北非地区，开罗；欧洲地区，巴黎；亚洲和太平洋地区，曼谷；中北美和加勒比地区，墨西哥城；南美地区，利马。

为应对亚太地区尤其是东北亚地区日益增长的民用航空运输的需求，国际民航组织2011年决定在亚太地区设立分办事处。中国、韩国、新加坡、印度等国分别参与竞办。2012年7月至10月，国际民航组织分别对北京、首尔、新加坡、新德里等候选城市进行了实地考察，经过全面评估，2012年11月，国际民航组织正式决定将亚太地区分办事处设在北京。2013年6月27日，国际民航组织设立的第一个地区分办事处亚太地区分办事处在北京成立。

亚太分办事处主要按照国际民航组织空域管理标准，负责改善亚太地区的空域组织和管理，加强对亚太地区各国空域规划、组织和管理能力的支持，提高各国空域使用效率和容量，实现地区空中交通管理效绩的最大化。

4. 各种专门委员会

专门委员会是理事会的助手和参谋机构，现有九个：航行委员会、航空运输委员会、法律委员会、联营导航委员会、财务委员会、非法干扰委员会、技术合作委员会、新航行系统实施委员会、爱德华奖委员会。

航行委员会由19名"在航空科学知识和实践方面有合适的资格和经验"的人员组成，由缔约国提名，理事会任命。针对航行领域存在的技术问题，委员会可决定设立专家组，该委员会下现设有13个专家组。

航行委员会向理事会报告工作并负责审议、协调和规划国际民航组织在航行领域中的所有工作,最主要的职责是对秘书处航行局及航委会专家组修订的附件和航行服务程序进行审议,并建议理事会通过或批准。在《国际民航公约》的19个附件中,有17个是由航行委员会负责的(《附件9 简化手续》《附件17 安全保卫》分别由航空运输委员会和非法干扰委员会负责)。

《国际民用航空公约》第十章第五十六、五十七条专门规定了航行委员会的提名、任命和职责,其他委员会则没有在公约中明确规定,而是将设立和撤销权力赋予理事会,由此可见航行委员会的突出地位。

(五)中国政府在 ICAO 的历史

中国是《国际民用航空公约》创始缔约国之一,1946年成为正式成员。1971年11月,国际民航组织理事会通过决议,承认中华人民共和国政府的代表为中国驻国际民航组织的唯一合法代表。1974年2月,中国政府正式恢复参加该组织并于当年当选为二类理事国后一直连任。2004年第35届大会上,中国当选为一类理事国并连任至今。

2015年3月11日,国际民航组织第204届理事会选举产生下任秘书长。中国政府提名的候选人柳芳成功当选。2018年3月16日,柳芳在国际民航组织第213届理事会上成功连任。柳芳是国际民航组织历史上首位中国籍秘书长,也是首位女性秘书长。

📖 拓展知识

在国际民航组织第41届大会上取得的丰硕成果是中国民航务实推进对外交往的一个缩影,有力推动了国家战略的落地实施,更在国际民航舞台展现了日益强盛的大国形象和国家实力。民航局强调要以习近平新时代中国特色社会主义思想为指引,全面贯彻落实党的二十大精神,坚定践行总体国家安全观,扎实做好新时代中国民航对外工作,服务民航高质量发展,为全面推进中国特色大国外交作出新贡献。

一要充分认识当前民航外事工作的形势要求,不断增强工作的责任感和使命感。胸怀"两个大局",深刻理解和全面把握"百年未有之变局",深入学习贯彻习近平新时代中国特色社会主义思想,运用其中蕴含的立场、观点、方法提高识变能力、提升应变本领、增强求变勇气,以高度的责任感使命感做好民航对外工作。二要深入学习贯彻习近平外交思想,准确把握新形势下民航对外工作的主要任务。认清形势任务,做好应对风险挑战的准备,主动服务外交大局和国家发展战略全局;勇担历史使命,构建民航国际合作新格局,在推动行业高质量发展、服务国家高水平开放方面有所作为;保持战略定力,集中力量办好自己的事,建立高度协调的工作体系,提高自主可控水平,在实践中培养高素质国际人才队伍。三要落实责任要求,切实提升民航对外工作的质量水平。坚持党对外事工作的集中统一领导,把"党管外事"的原则贯穿于民航外事工作的全过程各方面;加强统筹协调,注重科学谋划;增强斗争意识,提高斗争本领;坚持底线思维,善抓主要矛盾;严守外事纪律,强化规矩意识;做好涉外安全教育，加强外事队伍建设。

资料来源：中国民航局. 民航局外事工作会暨对外交流合作研讨会召开 [EB/OL]. http://www.caac.gov.cn/XWZX/MHYW/202305/t20230512_218589.html. (2023-05-12) [2023-05-20].

（六）国际民航组织的技术规范

国际民航组织的航行技术规范包括公约—附件—航行服务程序—地区补充规定—航行规划—技术手册—指南—通告。

附件（annex）是当今指导各国民航发展的最主要的 ICAO 技术规范，即"国际标准与建议措施（standards and recommended practices，SARPs）"，通常由定义、标准、建议措施、规定、表格与数字、附录等部分组成。用英、法、俄、西四种文字通过。迄今为止，ICAO 一共在 19 个领域给出了相关国际标准和建议措施。具体为：附件一 人员执照的颁发、附件二 空中规则、附件三 国际空中航行的气象服务、附件四 航图、附件五 空中和地面运行中所使用的计量单位、附件六 航空器的运行、附件七 航空器国籍与登记标志、附件八 航空器的适航性、附件九 简化手续、附件十 航空电信（卷一与卷二）、附件十一 空中交通服务、附件十二 搜寻与援救、附件十三 航空器失事调查、附件十四 机场、附件十五 航行情报服务、附件十六 环境保护（卷一和卷二）、附件十七 安全保卫——国际民用航空防止非法干扰行为的安全保卫、附件十八 危险货物的安全空运、附件十九 安全管理。

标准是指物理特性、构形、材料、性能、人员或程序的任何规范，其一致应用被认为是对国际飞行安全或正常所必需的，缔约国根据公约要符合要求；在不能符合时，必须根据公约第三十八条的规定通知理事会。

建议措施是指物理特性、构形、材料、性能、人员或程序的所有规范，其一致性应用被认为对国际飞行安全、正常或效率是有好处的，缔约国应按照公约力求符合规定。

除附件外，国际民航组织还通过诸如"航行服务程序（procedures for air navigation services，PANS）、手册、指南"等更详细更具操作性的技术文件，虽然这些文件不具备法律效力，不必强制执行，但其技术权威性使得各国民航当局纷纷效仿。例如：DOC4444—空中规则和空中交通服务—补充附件 2 和附件 11；DOC8168—航空器运行—补充附件 6；DOC8126—航行情报服务手册—补充附件 15。

当航行服务程序中的部分内容成熟到被大多数缔约国承认，专家认为其一致应用被认为是对国际飞行安全或正常所必需的，按一定的法律程序，其部分或全部内容将被上升到法律等级而列入附件。

📖 拓展知识

国际民航公约附件简介

附件一　颁发人员执照

规定关于颁发飞行组人员（驾驶员、领航员、飞行工程师）、空中交通管制员和维修技术员执照的标准与建议措施，有关的训练手册向会员国提供训练课程范围、深度的指南，这将保证本公约和附件一所意欲建立的对空中航行安全的信心。这些训练手册也提供训练其他航空人员（如机场应付紧急情况人员、飞行签派员、无线电通信员以及其他有关职能人员）的指南。现在，附件一已经过大大小小近200次修订。

附件二　空中规则

空中航行安全而高效的运行，需要一套国际上统一的空中规则：一般规则、目视飞行规则和仪表飞行规则。这些规则在公海上一律适用。在各国领土上，在不与所飞越国家的规则相抵触的范围内适用。航空器的机长负责遵守空中规则。

在一切情况下，拦截民用航空器都有潜在的危险。国际民用航空组织理事会在附件二中提出了特别建议，敦促各国通过适当的规章和管理措施来实施这些特别建议。

附件三　国际空中航行的气象服务

驾驶员需要了解所飞航线和其目的地机场的天气情况。

在附件三中所简述的气象服务的目的是为空中航行的安全、有效和正常作出贡献。为达到这一目的，应向经营人、飞行组人员、空中交通管制单位、搜寻援救单位、航站管理部门以及其他与航空有关的部门提供所需的天气情报。

附件四　航图

使用按照国际民用航空组织采纳的标准所绘制的航图，有利于空中交通的安全、有效的流动。国际民用航空组织的系列航图有13种，每种航图都有其特殊用途。它们的范围从个别的机场详图到供作飞行计划用的小比例尺航图。

13种航图分别为：小比例尺航图、1∶1 000 000比例尺航图、1∶500 000系列航图、无线电领航图、终端区域航图、仪表进近图、进近平面图、剖面图、着陆图、机场图、机场障碍物图、跑道的平面图和剖面图。

附件五　空中和地面运行中所使用的计量单位

在《国际民用航空公约》缔结后的40多年来，对附件五作了多次修订，最终引用了国际单位制作为民用航空采用的基本的标准制，如米、公里、公里/小时、百帕等。另外，也承认一些在航空方面尚有特殊地位的非国际单位制，如升、摄氏度、计量平面角的"度"、毫巴、海里、节、英尺等。经多次修订，非国际单位制的成分已大大减少。

要使计量单位标准化很不容易，需要与其他国际组织（如世界气象组织、世界卫生组织等）进行协调、取得一致。所以，真正的完全统一还需要相当长的时期。

附件六　航空器的运行

附件六的第一部分为国际商业空运；第二部分为国际通用航空。

附件六的实质是，从事国际空运的航空器的运行必须尽可能标准化，以保证最高水平的安全与效率。

在航空器运行的各个阶段，最低标准是最可能被接受的折中办法。被全部会员国接受的这些标准遍及许多方面，如航空器运行、性能、通信与导航设备、维修、飞行文件、飞行人员的职责等。

由于引用快速远程与近程航空器，产生了与之有关的、较低空的续航性问题，在此燃油消耗成为一个主要因素——飞行性能计算。

关于适合各航空器和各个机场环境因素的飞行最低标准，现已有明确规定的国际标准与建议措施。航空器经营人要考虑所使用的机型、机载设备的先进程度、进近与跑道设备的特性、机组人员在各种天气条件下执行程序的操作技能，这些都要由经营人国家批准。

对于安全有效地实施航空器的运行，人的因素是一个重要的组成部分。附件六规定了国家对其经营人，特别是对于飞行组人员的监督责任。主要的规定要求建立监督飞行操作的方法，以保证持续安全运行的水平。它要求每一机型要有一本使用手册（operations manual），并使每一经营人负责保证一切运行人员受到关于其职责以及这些职责与航空公司运营的整体关系的教育。

机长对确认飞行准备齐全并符合一切要求负有最后责任。在对航空器的适航以及对仪表、维修、载重平衡（以及货物捆绑牢固）和航空器的使用限制等符合其他方面的标准都认为满意后，要求他签署飞行准备表格。

附件六所包括的另一重要方面是航空公司制定飞行组人员的飞行时间和飞行勤务时间的限制规则。该同一标准也要求经营人保证飞行组人员有足够的休息时间以消除每次飞行或在一段时间连续飞行中所产生的疲劳而不危害飞行安全。

每一型别的航空器的使用限制的知识是其安全运行的关键。本附件的第五章规定了各种现在使用的航空器的最低性能使用限制。本章中的标准考虑了可以影响很多种航空器性能的一些重要因素，如飞机的重量、标高、温度、机场天气条件、跑道情况以及包括在一台或多台发动机失效的情况下起飞与着陆速度。

附件七　航空器国籍与登记标志

该附件述及航空器的国籍和登记标志，并在另一张表中，按其如何保持在空中飞行而把航空器予以分类。

附件八　航空器的适航性

为了安全，航空器必须具备的第一个文件是适航证。该证表明该航空器适合飞行。但在发给该证之前，必须证实该航空器的设计、构造和使用性能是符合登记国的有关适航要求的。

为了便于输入和输出航空器以及为租赁、包用或交流而调换航空器和为了便于国际空中航行的航空器的运行，《国际民用航空公约》第33条规定登记国承担辨认和认可其他会员国发给的适航证，但发给或认可该证的适航要求，须相等或高于国际民航组织根据本公约随时制定的最低标准。这些最低标准载于附件八，名为航空器的适航性。

附件八包括一些主要的标准，以供各国适航性当局应用。它规定会员国为其他会员国的航空器飞入和飞越其领土而认可适航证的最低基础，以达到保护其他航空器、第三方人员与财产及其他目的。人们认识到国际民用航空组织的标准不能代替本国的条例，并认识到需要本国的适航性法规（其中包括各国自己认为需要的完整详细内容）以作为给每架航空器发证的根据。每个国家可以自由地制定其自己的完整详细的适航性法规，或选用其他缔约国所制定的完整详细的法规。需要由国家法典予以保持的适航性水平由附件八的主要标准所示明。需要时，由《适航性技术手册》中的指导性材料加以补充。

附件八分为三个部分。第一部分包括定义；第二部分述及发给适航证与确定航空器持续适航的管理程序；第三部分为发给新飞机设计证书的技术要求。

适航标准涉及性能、飞行质量、结构设计与制造、发动机与螺旋桨的设计与安装、仪表与设备的设计与安装和使用限制，包括飞机飞行手册中所要提供的程序和一般资料。

附件九　简化手续

《国际民用航空公约》附件九的作用是将一次飞行起止点的许多手续简化，因此该附件也被称为"简化手续"。它致力于加速航空器、人员、货物和其他物品在国际机场的进出。附件九也包括一些规定，它们是关于航空器内的除虫、文件错误（以及对这些错误的处罚）、便利搜寻援救、失事调查和抢救以及自然灾害援救飞行和国际卫生条例的实施。

附件九的本质，反映在规定中所述："必须以这样的一种办法来应用并执行放行以保持空运所固有的速度优点。"如航空器的装卸与服务的安排；出境旅客、机组人员和行李；入境旅客、机组人员和行李；旅客与机组人员的过境与换乘；货物、邮件处理与放行设施以及在航站旅客楼内的杂项设施与服务；实施公共卫生措施的设施和紧急医疗救护的规定等。同时也要求国际民用航空组织的会员国在国际机场张贴关于款项兑换条例的告示，并设有兑换设施——这是受旅行公众所欣赏的附件九中所提供的许多便利之一。

附件十　航空电信

国际民用航空最复杂的组成部分之一就是今日航空器运行服务所用的电话、电报和通信导航。公约的附件十包括这个组成部分。

附件十分为两卷。卷一规定设备、系统和无线电频率。卷二制定在国际民用航空运行中所使用的通信程序。

用于国际民用航空的有两大类通信。它们是地面诸点之间的航空固定服务（aeronautical fixed service，AFS）和飞行中的航空器与地面诸点之间的航空移动服务（aeronautical mobile service，AMS）。航空移动服务向飞行中的航空器提供一切所需的情报以便安全实施飞行，使用语音和数字数据。航空固定服务的一个主要组成部分是航空固定电信网（aeronautical fixed telecommunication network，AFTN），那是一个世界范围的网络组织以符合国际民用航空的特殊要求。在航空固定电信网这一类里，地面上的一切主要诸点，包括机场、空中交通管制中心、气象室之类，都用适当的线路连接起来，在此网络上任何一点发出的电文都是例行地发到一切实施安全飞行所需要的地点。

附件十一　空中交通服务

今天，空中交通管制、飞行情报和告警三种服务组成空中交通服务，在全世界保证空中交通运行安全与效率所必需的地面保证设施中名列前茅。《国际民用航空公约》

附件十一，给空中交通服务下了定义并说明适用于全世界的提供这些服务的标准与建议措施。

天空是无限的，但对空中交通而言却不尽然。因为越来越多的航空器充满拥挤的航线，空中交通管制的概念、程序、设备、规则将不断改进，而本附件的规定也将随之不断改进。

附件十二　搜寻与援救

搜寻援救工作的根据是已知或假定航空器遇险并且有可能帮助它。出于迅速找到失事航空器幸存者的需要，一套国际上同意的标准与建议措施被编入了《国际民用航空公约》的附件十二——搜寻与援救。

本附件制定了可适用于国际民用航空组织会员国在其领土和公海上空设置、保持和施行搜寻援救服务的规定（由两本涉及搜寻援救的组织和搜寻援救程序的《搜寻援救手册》补充）。

该附件包括五章，详细说明了识别紧急情况的性质、搜寻援救工作所需的组织与合作要求、在失事现场和截获遇险电信的机长所要采取的行动、搜寻援救中所采用的信号等。扼要提出所需的准备措施并制定在紧急情况下搜寻援救服务的工作程序。

附件十三　航空器失事调查

必须迅速识别、查明导致航空器失事的原因以防止再次发生同样失事。

失事调查牵涉范围很广，甚至包含：规定可以参加调查的国家（如所在国、登记国、经营人国家和制造国）及有关权利和责任的分配。当需要规定在航空器失事调查中设置权威时各种牵涉到的问题就交织到一起。

本附件包括定义、适用范围、总则、调查的目的、保护证据、失事现场所在国监护移动航空器的责任、通知所涉及的一切国家的程序，以及所在国如何处理登记国、经营人国家和制造国提出的要求。

附件十三常常用来作为失事现场的现场参考文件——以迅速明确责任，《航空器失事调查手册》是它的补充资料。该手册也是由国际民用航空组织制定的。

特别令人关切的失事的最后报告，编入国际民用航空组织的《航空器失事摘录》。国际民用航空组织也出版了《防止失事手册》，该手册选出防止失事的重要措施，它也丰富了"系统方法"，被认为是防止失事的基础。

附件十四　机场

附件十四的内容，在不同程度上反映了机场的四个不同方面：规划、设计、运行和机场设备。

机场的心脏是宏大的机动区，自跑道展伸，沿滑行道直至停机坪。今天，巨大的新型航空器需要将这些设施设计得更加精确。关于它们的特征，即它们的宽度、坡度和它们与其他设施间的间距，形成本附件的主要部分。

规划空域以便航空器进近或飞离。显然，为了飞行安全，需要没有障碍物。规定这个空域的范围也很重要，它使机场可以得到保护，以保证它的继续发展与存在，或者如本附件中所说的："防止由于障碍物的增长使机场变得不能使用，……应规定一系列的障碍物限制面,这些限制面规定物体可以突出到空域内的极限。"在本附件内,把规定特定的障碍物限制面和这些限制面的尺度的要求,按照跑道种类进行分类。公认有六种不同跑道:非仪表进近跑道,非精密进近跑道,Ⅰ、Ⅱ、Ⅲ类精密进近跑道和起飞跑道。

飞行区的各种标志和新型高强度灯光对昼间及夜间运行都很有效,对于它们的使用,在本附件中也有规定。

对于任何机场运营都非常重要的是援救与消防服务。按照附件十四,一切机场都要有援救与消防服务。本附件规定了所要使用的灭火剂,它的数量和时限,在该时限内灭火器必须被提供到航空器失事的地点。

附件十五　航行情报服务

国际航行通告是一个词组,它导致产生早期的航空缩略语"NOTAM"(notices to airmen 的缩写)。

这些情报最明显的用户是准备飞行的驾驶员和与航空器运行有关的任何其他人员。

对于这种情报的理解,重要的一点是:传达情报的方式和所用文字的简明。附件十五明确规定情报应简要,用便于使用的格式提供,并且包括有关下一飞行航段的与标准不相符的任何事项。

航行通告分为两级,即一级和二级,按全世界、全国和地区的范围分发。一级航行通告采用直接的电信手段;不很紧急的二级航行通告采用邮寄或其他分发办法。两级航行通告都包括有关任何航空设施、服务、程序或险情的设置(存在)、情况或变化——对于与飞行业有关的人员来说,及时了解这些是至关重要的。

国际民用航空组织也采用一种雪情通告(SNOWTAM)。它是一种编有特殊序号的航行通告,用以通知由于机场的航空器活动区内有雪、冰、雪浆或积水而存在的险情或这一险情的排除。

如果没有航行情报服务,驾驶员将飞行在情况不明之处。

附件十六　环境保护

国际民用航空公约的附件中有两个不是针对航空安全和运行效率的,其中之一是附件十六(另一个不直接与安全有关的附件是附件九:简化手续)。该附件是从航空器的噪声与航空器发动机排放物的影响论及环境的保护——当签订《国际民用航空公约》时,这是两个几乎想不到的问题。

附件十六分为卷一和卷二。卷一包括关于航空器噪声的规定,卷二包括关于航空器发动机排放的规定。

附件十七　安全保卫——国际民用航空防止非法干扰行为的安全保卫

在20世纪60年代后期,对于航空安全不利的暴力犯罪显著增加,导致1970年6月国际民用航空组织举行一届特别大会。那次大会的决议之一,要求在《国际民用航空公约》现有的或新的附件中,载有规范以特别处理非法干扰(劫持)问题。国际民航组织的后续行动导致1974年通过了附件十七。该附件为国际民用航空组织的民用航空安全保卫方案奠定了基础并寻求办法以反对非法干扰行为来保卫民用航空及其设施的安全。

附件十七和其他附件中的航空安全保卫规范，由一本广泛而详细的《安全保卫手册》所扩充。

在签订《国际民用航空公约》时尚无这些文件，也不能预料对于这些文件的需要。1963年、1970年、1971年缔结的航空刑法体系的三个国际公约适应了航空发展的需要。1974年滞后通过的附件十七虽然法律约束力不如航空刑法的三个公约，但使得《国际民用航空公约》的"国际标准与建议措施"更加完整。

附件十八　危险货物的安全空运

世界上由一切运输方式所载运的货物，一半以上是危险品——爆炸、腐蚀、可燃、有毒甚至是放射性的。这些危险品，对于全球种类广泛的工业、商业、医药以及研究的要求与工序来说，是至关紧要的。

因为空中运输的有利条件，很多危险品是由航空器载运的。

国际民用航空组织承认这类货物的重要性，并采取步骤以保证可以安全载运这些货物。通过附件十八和《安全空运危险货物技术说明》以及提供相应的训练而达到安全载运危险货物的要求。

附件十九　安全管理

随着SMS以及SSP等安全管理理念的引入，国际民航界提出了将各附件中有关安全管理的条款整合、完善后形成一个新的附件的要求。

本附件当中的规定是为回应全球航空安全战略的民航局会议（2006年3月20日至22日，蒙特利尔）（DGCA/06）和高级别安全会议（2010年3月29日至4月1日，蒙特利尔）（HLSC/2010）提议需要制定一份专门针对航空安全的附件。空中航行委员会在确认这些问题范围足够广阔及其重要性之后，同意建立一个安全管理专家组（SMP）为制定新附件提供建议。

本附件的标准和建议措施旨在协助各国管理航空安全风险。鉴于全球航空运输系统日益复杂和为确保航空器安全运行所需的航空活动之间的相互关联性，本附件支持积极策略的不断演变，借以提高安全绩效。这种积极主动的安全策略的基础是基于实施国家安全方案（SSP）来系统地解决安全风险。

国家安全方案的有效实施是一个渐进过程，需要一段时间才能充分成熟。影响制定国家安全方案所需时间的因素，包括航空运输复杂性以及国家航空安全监督能力的成熟程度。

本附件汇集了现有附件中与国家安全方案、安全管理体系的相关材料，以及收集及使用安全数据和国家监督安全活动的相关要素。将这些材料汇集在一个单一附件的有利之处是将国家的注意力放在对安全管理活动加以整合的重要性上。它还将促进安全管理规定的发展。

2011年9月　　成立专家组。

2012年4月　　专家组提交附件十九草案。

2013年1月　　航委会审议提交给理事会的附件草案。

2013年3月　理事会批准附件十九，同时出版经修订的《安全管理手册（SMM）》。
2013年7月　附件十九生效。
2013年11月　附件十九适用。
资料来源：中国民用航空局官方网站.

第二节　华沙体系

《统一国际航空运输某些规则的公约（华沙公约）》（Convention for the Unification of Certain Rules Relating to International Carriage by Air）及随后的八个修订补充文件构成了华沙体系。

一、《华沙公约》

（一）缔结必要性（历史根源）

统一国际航空运输凭证，解决国际航空运输过程中旅客、行李与货物损害事故（即民事责任），是国际航空的一项重要课题，也是航空法的一项基本内容。

航空活动的国际性，决定了存在大量的国际航班，各航班上有不同国籍的旅客，一旦发生航空事故，在管辖法院与适用法律的选择上势必会引起复杂的法律冲突，正是预见到这一点，1925年，在巴黎召开第一次航空私法国际会议，由此产生的"航空法专家国际委员会"花了三四年时间议定民事责任法律条文，终于在1929年10月12日华沙第二次航空私法国际会议上，通过了《统一国际航空运输某些规则的公约》（通称《华沙公约》），这是第一部国际统一的航空民事责任法典。

公约共分5章41条，对国际运输的定义、运输凭证和承运人责任作了明确的规定。公约规定：在运输中由于承运人的过失使旅客、托运人或收货人遭受损失，承运人应承担赔偿责任。采用这种方法的赔偿制度为过失责任制，又称主观责任制。公约还规定了承运人应承担的赔偿责任限额，如死亡一名旅客赔偿12.5万法国金法郎（约为8 300美元）。

《华沙公约》于1933年2月13日生效，后经多次修改。我国于1957年7月加入，1958年10月对我国生效。

（二）公约的适用范围

只适用于它专门定义的"国际运输"（详见公约第1条1～3款），即是以始发地、经停地点和目的地是否在两个缔约国境内为标准的，与承运人的国籍或旅客、托运人的国籍无关。

（三）主要内容和结构

运输凭证（《华沙公约》第3～11条）：统一规定了飞机票、行李票与运货单的内容、规格及在运输合同中的法律地位，为实施国际统一的华沙责任规则奠定了基础。

责任制度（《华沙公约》第17～25条）：承运人"有过失、无过失、故意行为"所造成的损害赔偿责任和赔偿限额截然不同,这是《华沙公约》实体性规则的主体,一套独具特征的国际航空承运人责任规则,包括以下三条内容。

1. 推定过失责任制(《华沙公约》第17~18条)

承运人主观上没有过失是指为避免损害,承运人已经采取一切必要措施,或不可能采取此等措施。公约规定,证明"承运人是否有过失"的法庭举证由承运人提供,即除非承运人能举证证明其主观上没有过失,否则就依法推定承运人主观上有过失而承担损害赔偿责任。(对旅客有利)

2. 限制承运人的责任(《华沙公约》第22~23条)

《华沙公约》规定,承运人对用户的损害赔偿责任是有限制的,赔偿数额一般不得超过公约规定的最高限额,第22条规定对旅客赔偿限额125 000法郎(8 300美元),行李每千克250法郎,随身行李每人5 000法郎,限制责任在一定程度上也保障了用户的索赔权利(第23条)。

3. 不限制承运人的责任的特定条件

(1)承运人未交给客票、行李票或航空运货票或所开票据不合格(《华沙公约》第3、4、9条)不限责任是作为对承运人和遵守条约规定的一种有效制裁措施。

(2)承运人有意或不顾后果的不法行为造成损害(《华沙公约》第25条)。

(四)管辖法院和诉讼时限(《华沙公约》第28、29条)

关于有权受理诉讼四种法院的规定(承运人住所地、主营业地、办理合同的承运人营业机构所在地、目的地)由原告选择(《华沙公约》第28条),诉讼时限为到达目的地之日起,两年内提出,否则即到期消失(《华沙公约》第29条)。

《华沙公约》制定了相当完整的一套国际航空运输民事责任规则体系,1933年正式生效以来,至今缔约国已有130多个,许多国家修订入国内法中使之适用于国内航运。实践证明,其基本规则是公平与公正的,对国际航运发展发挥了积极有益的作用,被誉为在国际私法领域实行国际统一规则的成功范例。

(五)1955年《海牙议定书》

第二次世界大战后加入《华沙公约》的国家越来越多,使得公约的实施遇到越来越大的矛盾和冲突,矛盾焦点:责任限额的高低问题,美国与其他国家产生严重分歧(案例:罗斯诉泛美案件)。

1955年海牙外交会议,拟定《海牙议定书》,全称是《修改一九二九年十月十二日在华沙签订的统一国际航空运输某些规则的公约的议定书》,对《华沙公约》的修改有三方面。

(1)将承运人对每位旅客的责任限额提高一倍(250 000法郎,即16 600美元)。

(2)重新修订第25条(不限制承运人和其受雇人或其代理人的故意行为造成损害的赔偿)。

(3)简化了关于运输凭证的规定,以国际航空协会制定的统一"共同条约"为依据。

除以上三点重要修改外,《海牙议定书》还在不少细节条文上修订了原《华沙公约》的缺陷。

中华人民共和国政府于 1975 年 8 月 20 日批准《海牙议定书》。

1993 年，我国中国国际航空股份有限公司，中国东方航空集团有限公司、中国南方航空股份有限公司正式加入了国际航空运输协会。中国西南航空公司也已提出了加入协会的申请。

（六）1961 年《瓜达拉哈拉公约》

该公约没有规定从事国际航空运输的非缔约承运人的责任。1961 年 9 月 18 日，在墨西哥瓜达拉哈拉城通过了《统一非缔约承运人所办国际航空运输某些规则以补充华沙公约的公约》，规定了"缔约承运人"和"实际承运人"的责任，补充《华沙公约》之不足。此公约于 1964 年 5 月 1 日起生效，截至 1982 年 2 月 18 日已有 60 个缔约国。

（七）1966 年《蒙特利尔协议》

1966 年《蒙特利尔协议》又称《蒙特利尔临时协议》，是美国民航委员会和以世界各大航空公司为一方，于 1966 年 5 月 13 日所达成的具有合同性质的协议。该协议主要规定了进出和经停美国的航班对旅客伤亡的赔偿责任限额为 75 000 美元，并对承运人实行了无过失责任制（或称"完全责任制""客观责任原则"）。至今该临时协议仍是约束进出和经停美国航班的主要规则。

（八）1971 年《危地马拉议定书》

1971 年 3 月 8 日签订《危地马拉议定书》，对旅客的赔偿责任限额提高到 150 万金法郎，并将对旅客的赔偿责任制度由主观责任制改为客观责任制，即只要旅客死伤不是由其本身原因造成的，承运人不论有无过失，都要承担赔偿责任。但此议定书迄今未生效。

（九）1975 年四个《蒙特利尔议定书》

1975 年 9 月 25 日签订的《1～4 号蒙特利尔附加议定书》规定"特别提款权"（国际货币基金组织于 1969 年 9 月创立的一种记账单位）和原来的金法郎共同作为赔偿的计算单位。此外，还将货物运输的责任赔偿制度由主观责任制改为客观责任制。我国未加入。

小贴士

特别提款权（special drawing right，SDR），又称为"纸黄金"，是国际货币基金组织于 1969 年创设的一种储备资产和记账单位，最初是为了支持布雷顿森林体系而创设，后称为"特别提款权"。最初特别提款权的价值由 16 种货币决定，经过多年调整，目前以美元、欧元、日元和英镑四种货币综合成为一个"一篮子"计价单位。成员国拥有的特别提款权可以在发生国际收支逆差时，用来向基金组织指定的其他会员国换取外汇，以偿付国际收支逆差或偿还基金组织贷款。特别提款权还可与黄金、自由兑换货币一样充作国际储备。但由于其只是一种记账单位，不是真正货币，使用时必须先换成其他货币，不能直接用于贸易或非贸易的支付。因为它是国际货币基金组织原有的普通提款权以外的一种补充，所以被称为特别提款权。2015 年 12 月 1 日，国际货币基金宣布，人民币将纳入 SDR 货币篮子，2016 年 10 月 1 日正式生效，成为可以自由使用的货币。

二、1999 年《蒙特利尔公约》

（一）华沙体制存在的问题

由 1929 年《华沙公约》及后续八个协定书或修补文件组成的"华沙体制"，主要问题是九个文件并存造成冲突。因为，一个国家不一定批准或加入所有文件，各文件的缔约国也不大可能是整齐划一的，于是可能经常出现一种复杂且不合理的情况是，乘坐同一飞机旅客，如果飞机失事，就会因出发地、目的地或经停地点不同，而适用不同的责任规则和责任限额，其所得赔偿也可能大不一样（如典型案例 1974 巴黎空难案）。在另一方面，现实生活中还有仅批准《华沙公约》而未批准《海牙议定书》等修订文件的国家（如美国），还有仅批准了《海牙议定书》的国家（如韩国），那么这两国之间，适用的《华沙公约》无从谈起。

（二）1999 年《蒙特利尔公约》缔结的背景

鉴于存在以上弊端，1975 年通过一项决议，要求国际民航法律委员会起草一个合并所有华沙体制文件的统一文本，以求实行统一规则。

在 21 世纪的今天，支离破碎的"华沙体系"已捉襟见肘，越来越无法适应国际航运业空前发达的新形势。在此背景下，整合、完善原有的法律规则，实现"华沙体系"的现代化与一体化，确保消费者的利益，以实现国际航空运输的有序、健康发展以及旅客、行李和货物通畅流通就构成了 1999 年《蒙特利尔公约》的主要目标。

1995 年 9 月召开的国际民航组织大会第 31 届会议要求加快华沙体制现代化的进程。1997 年 5 月，国际民航组织法律委员会第 30 次会议讨论通过了公约草案。1999 年 5 月 10 日，"航空法国际会议"外交大会在蒙特利尔召开，121 个国际民航组织成员国、1 个非成员国、11 个国际组织的代表参加了会议，大会于 5 月 28 日通过了《统一国际航空运输某些规则的公约》。公约以统一国际航空运输规则和国际航空运输承运人责任为主要内容，是在对华沙体制下的各项公约和议定书规定的国际航空运输规则和承运人责任制度进行重大修改的基础上形成的。

其主要改动内容有以下三方面。

（1）对运输凭证规则的改动，恢复了运输凭证的正常功能。

（2）对客货运均采取完全责任制度（客观责任制度）。

（3）增加了所谓"第五种管辖权"（有五个管辖法院）同 1971 年危地马拉城议定书。

《统一国际航空运输某些规则的公约》（以下称 1999 年《蒙特利尔公约》）于 2003 年 11 月 4 日生效。2005 年 7 月 31 日对我国生效。

（三）承运人对旅客伤亡承担的赔偿责任制度与限额

1999 年《蒙特利尔公约》最大的亮点与特色是通过建立双梯度责任制度提高赔偿金

额。"双梯度（two-tier）"责任制度是指将承运人对旅客伤亡承担的赔偿责任分为两级。每位旅客提出的在 10 万特别提款权（约合 13.5 万美元）以下的人身伤亡赔偿为第一梯度。该梯度实行"严格责任制"，不论承运人有无过错，均不能免除或限制其责任，除非承运人证明伤亡是由旅客本人的原因造成的；每位旅客在 10 万特别提款权以上的索赔部分为第二梯度，适用"过错推定责任制"，即如果承运人不能证明自己没有过错或者伤亡系由第三人的过错造成，则推定其有过错，必须承担赔偿责任。由于第二梯度的赔偿数额没有上限，从这个意义上说，公约确立的是一种无限额赔偿的责任制度，这是对"华沙体系"限额责任制度的一大突破。需要指出，由于公约以"恢复性赔偿原则"为基础，所以并非一发生损害，承运人就当然地承担 10 万特别提款权的赔偿责任。旅客能得到多少赔偿，取决于其举证证明的实际损失。

（四）承运人对延误、行李和货物损害承担的赔偿责任与限额

1999 年《蒙特利尔公约》另一个亮点是具体规定了对旅客延误的赔偿限额：4 150 特别提款权（约合 5 600 美元）。这里的 4 150 特别提款权是最高限额，即旅客的实际损失如果小于该限额，按实际损失赔偿；如果大于该限额，超出的部分不予赔偿。在行李赔偿方面，公约规定在运输中造成行李毁损、遗失、损害和延误的，承运人的赔偿责任以每位旅客 1 000 特别提款权（约合 1 350 美元）为限。在货物运输中，承运人对货物毁损、遗失、损害或延误的责任限额为每千克 17 特别提款权（约合 23 美元）。

（五）承运人对旅客造成伤害承担赔偿责任的范围

在"航空法国际会议"上，关于旅客并未遭受到身体伤害时，可否主张精神损害而起诉要求获得赔偿的问题上，各国发生了激烈交锋。最终，公约规定，精神伤害不能作为一个独立的可赔偿诉由；可赔偿的精神伤害仅限于与身体伤害相关联的，或者对旅客产生持久、明显的严重情感伤害的范围内。

（六）司法管辖权

1999 年《蒙特利尔公约》最为重要的创新之处是对"华沙体系"规定的四种管辖权进行了扩展，创设了"第五管辖权"。在"华沙体系"下，损害赔偿诉讼必须在一个当事国的领土内，由原告选择，向承运人住所地、主要营业地或者订立合同的营业地的法院，或者向目的地点的法院提起。在公约的谈判过程中，美国为扩大本国法院管辖权，极力主张建立"第五管辖权"，即在上述四种管辖权外，原告还可以选择在其主要和永久居所所在国的法院提起诉讼。公约最终虽采纳了美国的建议，但在其他国家，尤其是以中国为代表的广大发展中国家的大力争取下，对"第五管辖权"作出了严格限制。这主要表现在：①"主要且永久居所"系指事故发生时旅客的那一个固定和永久的居住地；②只有因旅客死亡或者伤害而产生的损失，才能在其主要且永久居所所在国的法院起诉；③在确定旅客固定和永久的居住地时，其国籍不得作为决定性的因素。由此可见，准确地说，公约确立的是有限的"第五管辖权"。

（七）先行给付与强制保险制度

在国际航空运输实践中，航空事故发生后，旅客往往在经济上处于窘迫境地。为此，

1999年《蒙特利尔公约》规定，承运人在其国内法有规定的情况下，应当不迟延地向索赔人先行付款，以满足其经济方面的需求。此外，为确保承运人承担其赔偿责任，公约还设立了强制保险制度，即规定当事国应当要求承运人就其在本公约中的责任进行充分保险。

（八）电子客票合法化

近年来，随着高新技术在航空运输中的应用和推广，电子客票大量出现。为弥补电子客票出现后法律上的空白，公约创设"运输凭证"的法律概念，从而使电子客票合法化。这不仅便利了旅客，也使航空运输业与高新技术产业保持了同步发展。

（九）其他比较著名的国际航空民法

1974年《马耳他协议》是由西欧的国家和日本等国政府的代表于1976年7月1日在马耳他签订的。此后各缔约国分别通过本国的立法或由本国的航空公司自行决定，提高了承运人的赔偿责任限额。最初将承运人对旅客伤亡承担的损害赔偿限额大幅提高至5.8万美元（不包括法律费用），后来又将责任限额提高到100 000特别提款权。与蒙特利尔临时协议不同的是，它对承运人所实行的责任制仍与《华沙公约》保持一致，即仍然适用推定过失责任制；以及，其适用范围仅限于本国航空公司。

《关于华沙公约限制损害赔偿责任的协议》简称《华盛顿协议》，是国际航空运输协会（IATA）的67家成员航空公司为再次大幅提高对旅客伤亡的损害赔偿金最高限额于1995年6月25日在美国华盛顿签订的。该协议将承运人的最高赔偿限额提高为38.2万美元。

《国际航空运输协会关于旅客责任的承运人间协议》简称《吉隆坡协议》，是1995年10月30日在吉隆坡召开的国际航空运输协会年度大会上，由从事国际运输的航空公司的代表，在华沙公约体制的基础上，为提高承运人对旅客的责任限额采取一致行动，所通过的一项承运人间的协议。该协议无须政府批准即可生效。协议对于承运人对旅客伤亡的赔偿责任采用了双梯度责任制，大幅提高了赔偿限额，规定：承运人对于100 000特别提款权（SDR）以下的索赔，实行严格责任制；对于100 000特别提款权以上的索赔则实行无限额的推定过错责任制。同时，还增加了第五管辖权法院，即第五管辖权。

《关于实施国际航空运输协会承运人间协议的措施的协议》简称《迈阿密协议》，是国际航空运输协会于1996年2月14日在迈阿密形成的旨在实施国际航空运输协会承运人间协议的措施的协议。由于《吉隆坡协议》仅仅是一个目的声明，为了使其得以实施而签订了《迈阿密协议》。《迈阿密协议》特别规定，承运人不得援引《华沙公约》第22条第1款规定的对第17条所指的可获得的赔偿金的责任限额；对不超过100 000特别提款权的索赔，不得援引公约第20条第1款规定的任何抗辩。要求签字的承运人同意在其运输条件和运价规章中加入上述两个强制性条款。

第三节　航空刑法体系

刑法是规定犯罪与刑罚的法律规范的总和，是惩治犯罪、保护人民、维护社会稳定的基本法律。

随着人类航空活动的大量增加以及国际局势的演变，包括劫机在内的各种各样的航空犯罪事件也日益增多，通过国际立法来制止航空犯罪成为必然，芝加哥公约主要从技术方面规范航空活动从而实现保证飞行安全的目的，航空刑法则是从制止航空犯罪来促进航空安全。

20世纪60年代后期，国际上航空暴力事件不断增加，1970年6月，国际民航组织举行特别大会，要求在《芝加哥公约》的附件中增加有关处理非法干扰（劫持）问题，使国际民航公约更加完整，1974年最终通过了《国际民航公约附件17——安全保卫》。该附件主要包括管理和协调，但内容远不及刑法体系的几个公约详细和有力。

一、关于保障民用航空安全的刑法渊源

1. 一般刑法

一个国家的一般刑法中也会有关于航空的规定，如1997年的《中华人民共和国刑法》。

2. 航空法中的刑事法律规范

一个国家的航空法中的刑事法律规范或者保障民用航空安全的单行法规，如《中华人民共和国民用航空法》和《中华人民共和国民用航空安全保卫条例》。

3. 国际航空刑法

国际航空刑法是国际刑法的一部分，包括航空刑事实体法和程序法的法律规范，主要渊源于国际条约（五大公约）。国际航空刑法和国际刑法一样，其实施需以国内法为基础，通过国内法起作用。国际法上关于防止危害国际航空安全犯罪的国际条约主要有四个。

（1）1963年9月14日在东京签订的《关于航空器内的犯罪和其他某些行为的公约》（*Convention on Offences and Certain Other Acts Committed on Board Aircraft*）（简称《东京公约》）。

（2）1970年12月16日在海牙签订的《关于制止非法劫持航空器的公约》（*Convention for the Suppression of Unlawful Seizure of Aircraft*）（简称《海牙公约》）。

（3）1971年9月23日在蒙特利尔签订的《关于制止危害民用航空安全的非法行为的公约》（*Convention for the Suppression of Unlawful Acts Against the Safety of Civil Aviation*）（简称《蒙特利尔公约》）。

（4）1988年2月24日在蒙特利尔签订的《制止在用于国际民用航空的机场发生非暴力行为以补充一九七一年九月二十三日订于蒙特利尔的制止危害民用航空安全的非法行为的公约的议定书》（*Protocol for the Suppression of Unlawful Acts of Violence at Airports Serving International Civil Aviation*）（简称《蒙特利尔公约补充议定书》）。该议定书补充了《蒙特利尔公约》的不足，规定了危害国际机场内的人员、设备及其未使用的航空器的犯罪，然而，由于批准及加入的国家不够法定数而没有生效。

2010年《制止与国际民用航空有关的非法行为的公约》（简称《北京公约》）与《制止非法劫持航空器公约的补充议定书》（简称《北京议定书》），这两项文件从实体法和程序法方面加强与完善了现有国际航空保安公约体系，加大了打击恐怖行为的力度并增进了国际反恐合作。

这五个公约是各国制定本国保护国际民用航空安全法律的主要渊源。五个公约最重要的作用是划定了危害国际航空安全犯罪的类别，明确了危害国际航空安全犯罪一些概念的界定。例如，将危害国际航空安全的犯罪确定为三类：其一，劫持航空器罪（《海牙

公约》）；其二，危害航空器飞行安全罪（《蒙特利尔公约》）；其三，危害国际民用航空机场安全罪（《蒙特利尔公约补充议定书》）。在三类罪的基础上，五个公约又将其分为八种行为方式：①劫持航空器；②对飞行中的航空器内的人从事暴力行为；③破坏航空器；④在使用中的航空器内放置危及飞行安全的装置和物质；⑤破坏、损害或妨碍航行设备危及飞行安全；⑥传送虚假的情报；⑦在机场内对人实施暴力行为；⑧破坏机场设备。

二、《东京公约》

（一）缔结背景

1. 传统国际法的领土管辖（域内管辖）造成航空犯罪管辖缺口

20世纪50年代初，英、美两国发生了几起著名的在飞机上犯罪却无人管的案件。

（1）"美国诉科多瓦"案。1948年8月2日，美国公民科多瓦与桑塔诺看完足球后乘美国某航空公司飞机从波多黎各（加勒比海岛屿，美国属地）返回纽约，行至公海上空时，两人酗酒后争吵并在机舱尾部斗殴，许多乘客拥至机舱尾部围观而造成机身倾斜，前来制止事端的机长和女乘务员遭科多瓦殴打（乘务员重伤）。飞机降落后，科多瓦被逮捕提交法院审理。结果，受理此案的法官们查遍美国所有相关法律，却找不到对此案管辖的根据。原来，其刑罚的域内原则只限国内或（依海洋法的船旗国原则）公海海面，而达不到公海上空。最终不得不将案犯释放。

（2）"英国诉马丁"案。1955年，在巴林飞新加坡的英国某飞机上，发现机组人员马丁贩运鸦片。当航班返英后，检察官对马丁起诉，但当时巴林和新加坡未独立，都是英国的殖民地。根据英国1951年《危险毒品条例》和1949年《民航法》其法律效力仅限于英国境内而达不到殖民地，最终宣布英国法院无管辖权。

2. 并行管辖引起管辖冲突

例如，在甲国登记的飞机，飞经乙国领空时，机上丙国旅客对丁国旅客犯罪。依各国国内法，四国都可以主张管辖，可能引起管辖冲突。此种情况，由哪国优先管辖呢？

为解决以上两大问题，从1956年到1962年，法律委员会草拟的公约草案共有1959年慕尼黑稿、1962年3月蒙特利尔稿和1962年9月罗马稿，几经修改，由国际民航组织于1963年9月14日在东京国际航空法会议上签订，同年12月4日生效。已有100多个国家参加这个公约。该公约于1979年2月12日对我国生效。签订这个公约是为了统一国际飞行中在飞机上发生劫持等非法暴力行为的处理原则。为此，公约对航空器内的犯罪行动，包括对航空器内违反刑法的罪行以及危害航空器及其所载人员或财产的安全、危害良好秩序和纪律的行为管辖问题作了规定。

（二）适用范围

（1）违反刑法的犯罪。

（2）可能或确已危害航空器或其所载人员或财产的安全。

（3）危害航空器内的正常秩序和纪律的行为。

《东京公约》适用于航空器在飞行中或在公海表面或非主权领土上所犯刑事罪，以及可能并非刑事罪但仍可能危及航空器的安全或航空器上的良好秩序和纪律的行为。航空器必须在某一缔约国进行登记。

除航空器前一起飞地点或预定的下一降落地点不在登记国领土上，或航空器继续在非登记国领空中飞行，而罪犯仍在航空器内的情况外，《东京公约》不适用于航空器在登记国领空、公海上空或不属于任何国家领土的其他地区上空飞行时，在航空器内所发生或行将发生的犯罪和行为。

（三）管辖权

1. 登记国管辖权

登记国管辖权是一种新型的、自成一类的域外管辖权。这是公约的关键条款，避免了以往管辖死角或缺口。

（1）司法管辖：航空器登记国有权对在该航空器内的犯罪和行为行使管辖权。

（2）立法管辖：要求每一缔约国在其国内立法中确认此类犯罪性质并给予惩罚（处罚）。

"浮动领土"——在一缔约国登记的航空器内的犯罪，为引渡的目的，应看作不仅是发生在犯罪地点，而且是发生在航空器登记国领土上。

2. 并行管辖体制

国际上刑事管辖的基本原则有四个：属地管辖原则；属人管辖原则；保护管辖原则；普遍适用管辖原则。公约第四条规定下列非登记国的缔约国也有管辖权。

（1）犯罪在该国领土上具有后果。

（2）犯罪人或受害人为该国国民或在该国有永久居所。

（3）犯罪危及该国的安全。

（4）犯罪违反了该国有关航空器飞行或运转的现行规则或规章。

（5）为确保该国遵守其在多边国际协定中所承担的任何义务，有必要行使管辖权。

因各国意见不统一，公约未能规定以上管辖权的优先顺序，并行管辖引起管辖冲突的事情不可避免，这是《东京公约》的不足。

（四）机长的权力

1. 为使机长权力延伸，把机长权力范围扩大到如下范围

（1）装载完毕机舱外部各门关闭时起，到打开任何一扇机舱门以卸载时止。

（2）航空器被迫降落时，到主管当局接管该航空器及机上人员与财产的责任时止。

2. 机长的权利内容

（1）治安权力。只要机长有正当理由认为某人在航空器内已经或即将实施公约所指的犯罪或行为时，为保护航空器或者所载人员或财产的安全，维持航空器内的正常秩序和纪律，使他能够按照公约规定将此人移交主管当局或使此人下机，就可以对案犯采取包括看管在内的必要的、合理的措施。

但看管措施通常应于航空器在任何地点降落后终止施行，除非遇有下列情况：①在非缔约国领土上降落，而该国当局不允许此人下机，或者，此看管措施更能便于移交案犯给主管当局；②航空器被迫降落，而机长不能将此人移交给主管当局；③此人同意在受看管的条件下被继续向前运送。④机长可以要求或授权其他机组成员进行协助，并可以请求或授权（但不得强求）旅客给予协助，来看管他有权看管的任何人。

任何机组成员或旅客如果有正当理由认为为保护航空器或者所载人员或财产的安全必须立即行动时，无须经过上述授权，也可采取合理的预防性措施。

航空器在一国领土降落前，机长应在可能的情况下，尽速将该航空器内有人受看管的事实及其理由通知该国当局。

（2）使某人下机权。机长如果有正当的理由认为某人在航空器内可能或确已存在公约规定的"行为"，不论此种行为是否构成犯罪，为保护航空器或者所载人员或财产的安全，维持航空器内的正常秩序和纪律，可在航空器降落的任何国家领土上，令其下机，并应将其下机的事实和理由通知该国当局。

（3）移交案犯权。机长如果有正当的理由认为，某人在航空器内实施的行为，在他看来，按照航空器登记国刑法已构成严重犯罪时，可以将该人移交给航空器降落地的任何缔约国的主管当局。并应在可能的情况下，尽速将其移交意图和理由通知该国当局，同时提供其依据航空器登记国的法律合法掌握的证据和情报。

（4）免除责任权。对于依据本公约所采取的行动，无论是航空器机长、任何其他机组人员、任何旅客、航空器所有人或经营人，还是为其利益进行此次飞行的人，在因被采取行动的人的待遇遭到损害而提起的诉讼中，都不能被宣布负有责任。

尽管有这条保护措施，机长仍应注意犯罪的事实、行为的轻重、采取行动的必要与合理、证据的提供与保存，同时不能伤及第三者。否则，难免被起诉。

（五）缔约国的权力与责任

如果降落地国是《东京公约》的缔约国，则有以下权力与责任。

（1）准许机长提出的让案犯（扰乱行为者）下机的请求。

（2）接受机长移交的案犯（严重违反刑法的犯罪）。

（3）采取拘留或其他措施，以保证被指控犯了劫机罪的任何人和移交给它的任何人能随时被传唤到场。

 小贴士

这种拘留和其他措施应符合该国的法律规定，并不得超过提起刑事诉讼或进行引渡程序所必要的期限。

对上述准许下机、接受移交、拘留的人，在保护和安全方面所给予的待遇不得低于在类似情况下给予其本国国民的待遇。

（4）协助被拘留的人，立即与其国籍国最近的合格代表（领事馆）取得联系。

（5）对拘留的严重犯罪和劫机者，应立即对事实进行初步调查。

（6）应将拘留该人和应予拘留的情况立即通知航空器登记国和被拘留人的国籍国，如果认为适当，并通知其他有关国家。按照本条第四款规定进行初步调查的国家，应尽速将调查结果通知上述各国，并说明是否行使管辖权。

（7）视不同情况将案犯遣返到其国籍国，或者到其有永久居所的国家，或者到其开始航空旅行的国家。

（8）无论是下机、移交、拘留、遣返或其他措施，都不得视为违反该缔约国关于人员入境或许可入境的法律。本公约的各项规定均不影响缔约国关于将人驱逐出境的法律。

2014年，《蒙特利尔议定书》对该公约进行了修订。2014年3月26日至4月4日，国际民航组织在其总部召开了1963年《关于在航空器内的犯罪和其他某些行为的公约》（1963年《东京公约》）修订外交会议，共有来自100个国家和9个国际组织的422名代表出席了会议。此次外交会议的主要目标是找到解决日益升级的违规旅客问题的应对之道。在会议闭幕当天，有76个国家在最后文件上签字，有24个国家在《关于修订〈关于在航空器内的犯罪和其他某些行为的公约〉的议定书》（2014年《蒙特利尔议定书》）上签字。中国代表团参加会议并在最后文件和议定书上签字。到目前为止，我国政府尚未批准本公约。

三、《海牙公约》

劫机犯罪是发生在航空领域内的一种特殊犯罪，表现为犯罪分子采用暴力胁迫或其他方法劫持飞机，危害公共安全的行为。由于这种犯罪是发生在航空领域中，它们侵害的特定对象是航空器，因此这种犯罪对人的生命和财产造成的危害是一般刑事犯罪无法比拟的。这种犯罪已被国际社会公认为是一种国际性的刑事犯罪，目前世界各国都采取相应的防范措施并制定出有关的法规来防止和惩罚这种犯罪。

（一）缔结背景

20世纪60年代末70年代初"空中劫持"事件大量增加，1968—1970年达200多起。

1963年《东京公约》制止劫机事件不力。1963年《东京公约》第十一条虽然规定了制止劫机的条款，但力度远远不够，它只要求"缔约国恢复或维持合法机长对航空器的控制，准许旅客和机组人员尽快继续其旅行，并将航空器和所载货物交还给合法的占有人"。而没有把劫机行为宣布为犯罪，也没有规定惩治措施，使20世纪六七十年代劫机猖獗，某些国家为政治目的而包庇劫机犯。1970年12月9日，又发生了震惊全球的同一天劫持四架从欧洲飞纽约的大型客机并扣押几百名旅客作为人质的事件，在一片声讨劫机恐怖主义气氛中，在美国的倡议下，1970年12月6日，国际民航组织在荷兰的海牙召开了国际航空法外交会议，讨论有关空中劫持飞机的问题，有76个国家参加。会议于12月16日签订了一项公约，名为《关于制止非法劫持航空器的公约》，简称《海牙公约》。

《海牙公约》的第一条规定："凡在飞行中的航空器内的任何人：（甲）用暴力或用暴力威胁，或用任何其他恐吓方式，非法劫持或控制该航空器，或企图从事任何这种行为；或（乙）是从事或企图从事任何这种行为的人的同犯，即是犯有罪行。"这就是公约对于非法劫持航空器所下的定义。

《海牙公约》的第二条规定："各缔约国承允对上述罪行给予严厉惩罚。"

对于劫持飞机的罪犯的引渡问题是这次会议争论的焦点。美国和苏联都主张应将劫机罪犯遣送给飞机登记国。然而，很多国家则认为劫机多数是为了政治上的目的，因此，不同意规定引渡。但是，与会国一致同意对劫机犯给予严惩。结果，《海牙公约》对引渡劫机罪犯的问题没有作出硬性的规定。尽管如此，有一点是明确的，公约规定了劫持飞机是一种严重犯罪，对于劫机罪犯的处理办法是：要么引渡，要么按罪犯所在国的法律起诉判刑。

到1983年,《海牙公约》已有100多个缔约国。该公约于1980年10月10日对我国生效。

(二)犯罪定义

(1)用暴力或用暴力威胁,或用其他精神胁迫方式,非法劫持或控制该航空器。
(2)此类任何未遂行为。
(3)以上两项的共犯。

 小贴士

《海牙公约》中关于犯罪定义的缺陷:犯罪定义偏窄,犯罪过程限制在飞行中,犯罪行为未考虑勾结机长、贿赂收买机组人员以及诈骗等方式。

 小贴士

1. 民用航空器

劫持非缔约国的民用航空器同样被认为是犯罪(与《东京公约》不同)。

2. 飞行中

(1)装载完毕机舱外部各门关闭时起,到打开任何一扇机舱门以卸载时止。
(2)航空器被迫降落时,到主管当局接管该航空器及机上人员与财产的责任时止。

《海牙公约》比《东京公约》"飞行中"范围宽,而与《东京公约》"机长权力延伸范围"相同。

起飞地点或实际降落地点是在该航空器登记国领土以外,不论该航空器是从事国际飞行或国内飞行。

(三)管辖权

(1)航空器登记国。
(2)降落地国,而所称案犯仍在飞机上。
(3)在干租(不带机组租赁)航空器内发生犯罪,承租人的主营业所在国或者其永久居所国。
(4)逃往他国的罪犯,如果未被引渡给以上三类国家,该缔约国应同样采取必要措施,以确立其对犯罪的管辖权。
(5)不排除根据本国法行使任何刑事管辖权。

前三类国家有"主要管辖权"("较强管辖权"),后两类国家有"辅助管辖权"("较弱管辖权"),比《东京公约》那种完全的并行管辖前进了一步。

(四)引渡或审判原则(不引渡则起诉)

庇护权是国家主权权力之一,《海牙公约》签订之前,以"政治庇护"甚至"人道庇护"为由包庇劫机犯的现象普遍存在。在"成立'国际刑事法院'直接审判罪犯"这一超越国家主权的建议未被采纳的情况下,本公约规定即使罪犯逃往无管辖权的国家,该国也应引渡罪犯至有管辖权的国家或起诉审判罪犯。天网恢恢,使劫机犯无处安身。

（五）缔约国的权力与责任

（1）恢复、维护合法机长对航空器的控制、返还航空器、机组旅客继续旅行等（同《东京公约》，参见《东京公约》第11条）。

（2）确定劫机构成严重犯罪、对罪犯拘留、初步调查、引渡或审判（比《东京公约》更有力）。

（3）将犯罪情况、本国对以上两项的执行情况尽快报告ICAO理事会。

《海牙公约》国内法确认见《全国人大常委会关于惩治劫持航空器犯罪分子的决定》。

> **小贴士**
>
> 《全国人大常委会关于惩治劫持航空器犯罪分子的决定》（1992年12月28日全国人大常委会通过，主席令第67号发布）
>
> 为了惩治劫持航空器的犯罪分子，维护旅客和航空器的安全，特作如下决定：以暴力、胁迫或者其他方法劫持航空器的，处十年以上有期徒刑或者无期徒刑；致人重伤、死亡或者使航空器遭受严重破坏或者情节特别严重的，处死刑；情节较轻的，处五年以上十年以下有期徒刑。根据《中华人民共和国刑法》（1997年修订），本决定已纳入1997年修订的《中华人民共和国刑法》或者已不适用，自1997年修订的《中华人民共和国刑法》施行之日起，予以废止。

四、《蒙特利尔公约》

该公约1971年9月23日订于蒙特利尔，1973年1月26日生效，于1980年10月10日对我国生效。

由于《海牙公约》专门针对空中劫持的犯罪行为，而实际上还有一些危害国际民用航空的严重犯罪行为尚未规定进去，因此，处理此类犯罪就没有国际刑法的依据。就在国际民航组织正在草拟《海牙公约》时，1970年2月21日就发生了两起犯罪分子向飞机秘密放置炸弹引起空中爆炸事件。这使得国际社会进一步意识到只有一个《海牙公约》还不足以有效地惩治各种危害民用航空安全的犯罪行为，还需要制定一个内容更广的国际公约。因此，1970年9月，在伦敦召开了国际民航组织法律委员会第十八次会议，拟出了公约草案。1971年9月，在蒙特利尔外交会议上，产生了《关于制止危害民用航空安全的非法行为的公约》。

（一）缔结背景

（1）爆炸、袭击民用航空器的事件猖獗。1970年2月至5月在欧洲各大机场发生6起地面爆炸、袭击民用航空器的暴力事件（多起未遂）。

（2）《东京公约》《海牙公约》犯罪定义的狭窄。

（3）犯罪定义：任何人非法地和故意地实施下列行为，即为犯罪。

① 对飞行中的航空器内的人实施暴力行为足以危及该航空器的安全。

② 破坏使用中的航空器使其不能飞行或足以危及其飞行安全。

③ 破坏或损坏航行设施或扰乱其工作足以危及飞行中航空器的安全。

④ 传送他明知是虚假的情报，由此危及飞行中的航空器的安全。

⑤ 以上未遂行为。

⑥ 1～5 项的共犯。

 小贴士

犯罪的三个特征：非法、故意、危害航空安全。

（二）适用范围

1. 民用航空

民用航空器及用于国际航行的航行设施（机场、通信、导航、气象服务等）。

2. 在飞行中

（同《海牙公约》）。

3. 在使用中

地面人员或机组为某次飞行而进行飞行前准备时起，到任何降落后 24 小时止。"使用中"应包含"飞行中"定义的时间段。

起飞地点或实际或预定降落地点是在该航空器登记国领土以外，不论该航空器是从事国际飞行或国内飞行、犯罪过程发生在航空器登记国域外、在航空器登记国内犯罪但罪犯逃往国外。（如果被破坏的航行设施仅用于国内航行，则不适用此公约，这是《蒙特利尔公约》的缺陷之一。）

（三）管辖权

在《海牙公约》的基础上增加一个有主要管辖权的国家——"在该国域内犯罪的国家"（其余五类有管辖权的国家参见《海牙公约》）。

（四）缔约国权利与责任

缔约国权利与责任的其他规定，如或引渡或起诉原则类似于《海牙公约》之规定。

五、1988 年《蒙特利尔公约补充议定书》

该议定书 1988 年 2 月 24 日订于蒙特利尔，1989 年 8 月 6 日生效，于 1999 年 4 月 4 日对我国生效。

1971 年 9 月 23 日签订的《蒙特利尔公约》虽然较《海牙公约》扩大了罪行范围，使其包括"在飞行中"的航空器内所犯罪行，也包括"在使用中"的航空器内所犯罪行；既包括直接针对航空器本身的罪行，也包括针对航空设备的罪行。但该公约没有包括犯罪分子危害机场安全的犯罪行为。例如，1973 年 8 月，在希腊雅典机场，正当旅客排队经过安检准备登机的过程中，两名恐怖分子投掷手榴弹，当场炸死 5 人、炸伤 55 人。为了弥补这个缺陷，1988 年 2 月 24 日，国际社会又在蒙特利尔签订了《蒙特利尔公约补充议定书》，将危害国际民用航空机场安全的暴力行为宣布为一种国际犯罪。

《蒙特利尔公约补充议定书》针对 20 世纪七八十年代恐怖主义活动将《蒙特利尔公约》的犯罪定义增加了两条，弥补了《蒙特利尔公约》中的漏洞。

《蒙特利尔公约补充议定书》规定任何人使用一种装置、物质或武器，非法地、故意地做出下列行为，即为犯罪：①在用于国际民用航空的机场内，对人实施暴力行为，造成或足以造成重伤或死亡者；②毁坏或严重损害用于国际民用航空的机场设备或停在机场上不在使用中的航空器，或者中断机场服务以至危及或足以危及机场安全者。

六、2010 年《北京公约》与《北京议定书》

"9·11"恐怖事件之后，国际民航组织大会指示国际民航组织理事会审查现存的航空安全公约，用于解决民用航空紧急危险的充分性。对航空安全公约的复审在 2010 年 10 月的北京外交会议上达到顶峰。

2010 年 8 月 30 日至 9 月 10 日，中国民用航空局在北京成功承办了国际航空保安公约外交大会。经过与会各国的共同努力，外交大会出台了新的国际公约正式文案，会议闭幕当日有近 20 个国家的代表签署了新产生的 2010 年《制止与国际民用航空有关的非法行为的公约》（《北京公约》）和 2010 年《制止非法劫持航空器公约的补充议定书》（《北京议定书》），这不仅是国际航空立法史上也是我国国际法史上第一个以中国城市命名的国际公约，成为国际反恐公约中的重要组成部分，对有效保护旅客的生命和财产安全，打击针对民航的非法干扰行为提供了强有力的法律保障。

《北京公约》和《北京议定书》在已有立法的基础上增加了五种新型犯罪，内容如下。

（1）任何人利用使用中的航空器造成死亡、严重人身伤害或对财产或环境的严重破坏。

（2）任何人从使用中的航空器内释放或排放生化核武器或者其他危险物质，造成或可能造成死亡、严重人身伤害或对财产或环境的严重破坏。

（3）任何人对一使用中的航空器或在一使用中的航空器内使用生化核武器或者其他危险物质造成死亡、严重人身伤害或对财产或环境的严重破坏。

（4）任何人在航空器上运输、导致运输或便利运输炸药、放射性材料、生化核武器以及原材料、特殊裂变材料以及辅助设备、材料等物品。

（5）任何人威胁实施或非法和有意地造成任何人受到这种威胁。

《北京公约》充分考虑了新型恐怖主义的犯罪行为，纳入了与民用航空器可能有关的犯罪行为，并且《北京议定书》将其他未来可能出现的犯罪方式涵盖在"以任何技术手段"的犯罪中。《北京公约》和《北京议定书》另一个突破性的规定是对共同犯罪人作出了统一的规定，联合国的现代反恐怖主义的国际公约中规定的共同犯罪人主要包括恐怖主义犯罪的组织指挥者、参与者及资助者等。北京协议吸收了国际反恐怖公约的新成果，对组织或指挥他人实施公约所规定的犯罪行为者、协助犯罪行为人逃避调查、起诉或惩罚国际航空犯罪行为的协助实施者等共同犯罪人作了系统的规定，并且首次将"与他人商定实施公约所规定的犯罪行为者"纳入公约惩治的范围。

七、我国关于危害国际航空安全犯罪的规定

除了对《海牙公约》第 12 条第 1 款和《蒙特利尔公约》第 14 条第 1 款声明保留外，我国已先后加入了上述四个国际条约。根据我国法律规定，国际条约需转化为本国法才能在我国适用，所以我国在签署条约后开始逐步完善我国的航空安全立法。

我国现行刑法并没有系统地规定国际空中犯罪，没有为危害航空安全犯罪单设一章，而是将3类罪、8种行为分化到刑法分则各章之中。

（一）直接相关的规定

（1）劫持航空器罪。《中华人民共和国刑法》第121条规定，以暴力、胁迫或者其他方法劫持航空器的，处10年以上有期徒刑或者无期徒刑；致人重伤、死亡或者使航空器遭受严重破坏的，处死刑。

（2）暴力危及飞行安全罪。《中华人民共和国刑法》第123条规定，对飞行中的航空器上的人员使用暴力，危及飞行安全，尚未造成严重后果的，处5年以下有期徒刑或者拘役；造成严重后果的，处5年以上有期徒刑。

（3）重大飞行事故罪。《中华人民共和国刑法》第131条规定，航空人员违反规章制度，致使发生重大飞行事故，造成严重后果的，处3年以下有期徒刑或者拘役；造成飞机坠毁或者人员死亡的，处3年以上7年以下有期徒刑。本罪的主体是特殊主体，即航空人员。

（4）破坏交通工具罪。《中华人民共和国刑法》第116条规定，破坏航空器，足以使航空器发生倾覆、毁坏危险，尚未造成严重后果的，处3年以上10年以下有期徒刑。

（5）破坏交通设施罪。《中华人民共和国刑法》第117条规定，破坏机场、航道、灯塔、标志或者进行其他破坏活动，足以使航空器发生倾覆、毁坏危险，尚未造成严重后果的，处3年以上10年以下有期徒刑。

（6）聚众扰乱公共场所秩序、交通秩序罪。《中华人民共和国刑法》第292条规定，聚众扰乱车站、码头、民用航空站或者其他公共场所秩序，聚众堵塞交通或者破坏交通秩序，抗拒、阻碍国家治安管理工作人员依法执行职务，情节严重的，对首要分子，处5年以下有期徒刑、拘役或者管制。

还要一些罪名便是刑法没有明文规定，而是通过《中华人民共和国民用航空法》第十五章"法律责任"援引了刑法的有关条文。

（二）间接相关的规定

非法携带枪支、弹药、管制刀具、危险物品危及公共安全罪、故意杀人罪、故意伤害罪、故意毁坏财物罪、破坏电力设备罪、破坏易燃易爆设备罪、投放虚假危险物质罪、编造和故意传播虚假恐怖信息罪、玩忽职守罪等。

2015年8月，《中国民用航空局公安局关于维护民用航空秩序保障航空运输安全的通告》（下称《通告》）发布，再次明确旅客、货物托运人和收货人以及其他进入机场的人员，应当遵守民用航空安全管理的法律、法规和规章。民航公安机关将继续按照从重从快的原则，严厉打击危害民航运输秩序的各类违法犯罪行为。

（三）机场内和航空器内严禁以下11种行为

（1）在机场内，堵塞、强占、冲击值机柜台、安检通道及登机口（通道）。

（2）违反规定进入机坪、跑道和滑行道。

（3）强行登（占）、拦截航空器，攀（钻）越、损毁机场防护围界及其他安全防护设施。

（4）在航空器内，冲闯航空器驾驶舱。

（5）对机组人员实施人身攻击或威胁实施此类攻击。

（6）盗窃、故意损坏或者擅自移动救生物品等航空设施设备或强行打开应急舱门。

（7）妨碍机组人员履行职责。

（8）在使用中的航空器内使用可能影响导航系统正常功能的电子设备。

（9）抢占座位、行李舱（架）。

（10）吸烟（含电子香烟）。

（11）使用火种。

《通告》明确禁止的三类扰乱公共航空运输企业运营秩序的行为包括：使用伪造、变造的居民身份证或冒用他人居民身份证购票、登机；使用伪造、变造的身份证明文件或冒用他人身份证明文件购票、登机；利用客票交运或者捎带非旅客本人的行李物品。

思考与练习题

（1）芝加哥体系的构成包括哪些文件？

（2）《芝加哥公约》解决了哪些问题？

（3）国际民航组织的机构是如何设置的？

（4）国际标准与建议措施是什么？

（5）华沙体系的主要内容是什么？解决了哪些问题？

（6）航空刑法体系包括哪些文件？解决了什么问题？

（7）与本章列出的国际法相对应的国内法是什么？

（8）你认为中国应列为第几类理事国？请对中美航空发展情况进行分析，可参考近年《民航行业发展统计公报》。

第三章 国内航空法体系

成立于1949年11月的中国民航伴随着祖国的发展从无到有，由小到大，由弱到强。纵观我国民航的发展历程，民航行业的发展离不开制度的保障、法制的健全。我国民航法规体系的建立与完善，为民航行业的安全和发展提供了有力的制度保障。中华人民共和国成立后，民航立法大体有三个发展阶段。

1. 1949—1979年，中国民航立法的摸索阶段

1949年11月2日，中共中央政治局会议决定，在人民革命军事委员会下设民用航空局，受空军指导。民用航空局成立之后，其领导体制又几经改变，大部分时间是在空军领导之下，再加上正处在我国政治和经济发展百废待兴的特殊时期，受国内外种种因素的影响，民航立法工作并未得到充分的重视，民航的制度建设主要依据是规范性文件，真正意义上的法规在这一时期并不多见。

2. 1979—1989年，中国民航立法的奠基阶段

1978年，邓小平同志指示："民航在现代社会是不可缺少的部门。民航的服务不好，就没有竞争能力。要改进一下，业务要大大开展。按经济的办法来管理经济；要按企业来办。要把军队的一套改过来。"由此，中国民航开始脱离军队建制，开始了企业化管理改革的进程。与此同时，中国民航法制建设也开始提上议事日程。1979年2月23日，国务院发布《外国民用航空器飞行管理规则》，标志着中国民航立法揭开了新的篇章。在这一阶段，国务院总共颁布了17部与民航行业相关的行政法规性文件，中国民航局颁布了91个规章性文件。这些法律文件为中国民航的改革与发展奠定了良好的制度基础。

3. 1990年至今，中国民航立法的快速发展阶段

1990年4月29日，中国民航局颁布《中国民用航空局法规起草、制定程序的规定》（民航局令第1号）。该规定的颁布具有划时代的意义，标志着中国民航立法走上科学化、规范化、制度化的道路。1990年至今，民航立法工作快速发展，取得令人瞩目的成绩。

（1）颁布了民航领域的根本法律——《中华人民共和国民用航空法》。1995年10月30日第八届全国人民代表大会常务委员会第十六次会议通过的《中华人民共和国民用航空法》是我国民航领域第一部专门法律，为我国民航法律体系的建立奠定了基础。

（2）民航行政法规得到进一步的丰富和完善。《中华人民共和国民用航空器适航管理条例》《中华人民共和国飞行基本规则》《通用航空飞行管制条例》《民用机场管理条例》等一系列重要的行政法规都是在这一时期颁布的，这为民航规章的充实与健全提供了上位法依据。

（3）民航规章得到快速健全。从《中国民用航空局法规起草、制定程序的规定》颁布开始，中国民航的规章制定工作进入快速发展阶段。从1990年到现在，民航局一共颁布了两百多部规章，这些规章的颁布极大地推动了民航法规体系的建设与完善。

第一节　中国民航法规体系

一、我国航空法规的层次

目前，我国已初步形成了以《中华人民共和国民用航空法》为基础的民航法规体系，我国的民航法律、法规和规章正在不断丰富和完善中。我国民航法规体系框架分为四个层次。

（一）法律

法律是由全国人大及其常委会制定的规范性文件，其效力高于其他法规和规章，目前我国民航最主要的法律依据是全国人大常委会1995年10月30日通过、1996年3月1日开始施行的《中华人民共和国民用航空法》，它规定了我国民用航空的基本法律制度，是制定其他民航法规规章的基本依据。

（二）行政法规和行政法规性文件

这一类主要是指国务院根据宪法和法律制定或批准的规范民用航空活动中各主体之间法律关系的规定。目前，我国现行有效的行政法规和行政法规性文件共有27个，如《中华人民共和国飞行基本规则》《中华人民共和国民用航空安全保卫条例》《外国民用航空器飞行管理规则》《民用机场管理条例》等。

（三）行业规章

行业规章是指国务院各部、委员会、中国人民银行、审计署和具有行政管理职能的直属机构根据法律和国务院的行政法规、决定、命令，在本部门的权限范围内制定发布的规定。规章是民航法规体系中内容最广、数量最多的规定，截至目前，现行有效民航规章共114部。民航规章涉及民用航空活动的方方面面，是民航主管部门实施行业管理的重要依据。根据规范事项内容，从横向类别来看，可将民航法规体系分为行政程序规则，航空器，航空人员，空域、导航设施、空中交通规则和一般运行规则，民用航空企业合格审定及运输，学校、非航空人员及其他单位的合格审定及运行，民用机场建设和管理，委任代表规则，航空保险，综合调控规则，航空基金，航空运输规则，航空保安，科技和计量标准，航空器搜寻援救和事故调查等十五类。

（四）规范性文件

规范性文件指民航局各职能厅、室、司、局机关，为了落实法律、法规、民航局规章和政策的有关规定，在其职责范围内制定，经民航局局长授权由职能部门主任、司长、局长签署下发的有关民用航空管理方面的文件。民航空管规范性文件包括管理程序（aviation procedure，AP）、咨询通告（advisory circular，AC）、管理文件（management document，MD）、工作手册（working manual，WM）、信息通告（information bulletin，IB）等。

二、中国民用航空局

中国民用航空局简称民航局（Civil Aviation Administration of China，CAAC），标志如图3.1所示，是中华人民共和国国务院主管民用航空事业的部委管理的国家局，由交通运输部管理。其前身为中国民用航空总局，于2008年3月改为中国民用航空局。

图3.1 中国民航标志

（一）中国民航局简史

1949年11月2日民航局成立，建制属中央军委，行动上由空军司令部指挥，业务上归中央财政经济委员会领导；民航局自成立以来，领导体制经过9次变动。

1952年5月7日，建制改属空军，各项工作均由空军领导。

1954年11月10日，改为国务院直属局，由空军和国务院第六办公室分工领导。

1958年2月27日，改为交通部部属局，由空军和交通部分工领导。

1962年4月15日，又改为国务院直属局，由空军和国务院有关部委分工领导。

1969年11月20日，划归中国人民解放军建制，成为空军的组成部分，各项制度按军队的执行。

1980年3月5日，再次改为国务院直属局，由国务院直接领导。

1993年12月20日，国务院决定，中国民用航空总局的机构规格由副部级调整为正部级。

2008年3月11日，改为由交通运输部管理的国家局。

图3.2为中国民航系统管理机构示意图。2009年3月2日，由正部级调整为副部级。

（二）主要职责

中国民用航空局的主要职责如下。

（1）研究并提出民航事业发展的方针、政策和战略；拟定民航法律、法规草案，经批准后监督执行；推进和指导民航行业体制改革和企业改革工作。

（2）编制民航行业中长期发展规划；对行业实施宏观管理；负责全行业综合统计和信息化工作。

（3）制定保障民用航空安全的方针政策和规章制度，监督管理民航行业的飞行安全和地面安全；制定航空器飞行事故和事故征候标准，按规定调查处理航空器飞行事故。

（4）制定民用航空飞行标准及管理规章制度，对民用航空器运营人实施运行合格审定和持续监督检查，负责民用航空飞行人员、飞行签派人员的资格管理；审批机场飞行程序

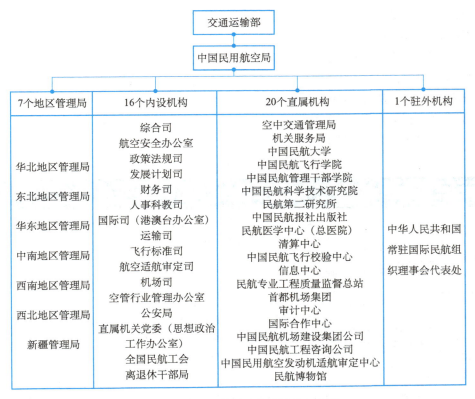

图 3.2　中国民航系统管理机构示意图

和运行最低标准；管理民用航空卫生工作，与飞行人员密切相关的国内航空法规及规范性文件如表 3.1 和表 3.2 所示。

（5）制定民用航空器适航管理标准和规章制度，负责民用航空器型号合格审定、生产许可审定、适航审查、国籍登记、维修许可审定和维修人员资格管理并持续监督检查。

（6）制定民用航空空中交通管理标准和规章制度，编制民用航空空域规划，负责民航航路的建设和管理，对民用航空器实施空中交通管理，负责空中交通管制人员的资格管理；管理民航导航通信、航行情报和航空气象工作。

（7）制定民用机场建设和安全运行标准及规章制度，监督管理机场建设和安全运行；审批机场总体规划，对民用机场实行使用许可管理；实施对民用机场飞行区适用性、环境保护和土地使用的行业管理。

（8）制定民航安全保卫管理标准和规章，管理民航空防安全；监督检查防范和处置劫机、炸机预案，指导和处理非法干扰民航安全的重大事件；管理和指导机场安检、治安及消防救援工作。

（9）制定航空运输、通用航空政策和规章制度，管理航空运输和通用航空市场；对民航企业实行经营许可管理；组织协调重要运输任务。

（10）研究并提出民航行业价格政策及经济调节办法，监测民航行业经济效益，管理有关预算资金；审核、报批企业购买和租赁民用飞机的申请；研究并提出民航行业劳动工资政策，管理和指导直属单位劳动工资工作。

（11）领导民航地区、自治区、直辖市管理局和管理民航直属院校等事业单位；按规定范围管理干部；组织和指导培训教育工作。

（12）代表国家处理涉外民航事务，负责对外航空谈判、签约并监督实施，维护国家航空权益；参加国际民航组织活动及涉民航事务的政府间国际组织和多边活动；处理涉香港特别行政区及澳门特别行政区、台湾地区的民航事务。

（13）负责民航党群工作和思想政治工作。

（14）承办国务院交办的其他事项。

表 3.1 与飞行人员密切相关的国内航空法规

层级	规章名称	颁布目的	生效时间	颁布部门
法律	中华人民共和国民用航空法	维护国家的领空主权和民用航空权利；保障民用航空活动安全和有秩序地进行；保护民用航空活动当事人各方的合法权益；促进民用航空事业的发展	1996年3月1日	全国人民代表大会常务委员会通过
行政法规及法规性文件	中华人民共和国飞行基本规则	维护国家领空主权，规范中华人民共和国境内的飞行活动，保障飞行活动安全有秩序地进行	2007年11月22日（R2）	国务院、中央军委
行政法规及法规性文件	通用航空飞行管制条例	为了促进通用航空事业的发展，规范通用航空飞行活动，保证飞行安全	2003年5月1日	国务院、中央军委
行业规章	民用航空器驾驶员合格审定规则（CCAR-61部）	规范民用航空器驾驶员的合格审定工作	2016年3月28日（R4）	中国交通运输部
行业规章	一般运行和飞行规则（CCAR-91部）	规范民用航空器的运行，保证飞行的正常与安全	2022年7月1日（R4）	中国交通运输部
行业规章	民用机场飞行程序和运行最低标准管理规定（CCAR-97部）	提高民用飞机全天候运行的安全水平和航行的标准化程度，规范机场运行标准和实施程序	2017年1月1日（R3）	中国交通运输部
行业规章	民用航空人员体检合格证管理规则（CCAR-67部）	保证从事民用航空活动的空勤人员和空中交通管制员身体状况符合履行职责和飞行安全的要求	2012年8月1日（R2）	中国交通运输部
行业规章	运输类飞机适航标准（CCAR-25部）	用于颁发和更改运输类飞机型号合格证的适航标准	2011年12月7日（R4）	中国交通运输部
行业规章	民用航空器事件调查规定（CCAR-395部）	规范民用航空器事故和事故征候调查	2020年4月1日（R2）	中国交通运输部

表 3.2　与飞行人员密切相关的民航规范性文件

编号	标题
AC-61-01	国际民航组织缔约国航空器驾驶员执照转换或认可说明
AC-61-02	对具有国家航空器驾驶员经历的人员办理民用航空器驾驶员执照有关问题的说明
AC-61-03	关于飞行人员执照有关问题的说明
AC-61-04	关于换发民用航空器驾驶员执照等有关问题的说明
AC-61-05	关于 ICAO 英语语言能力等级测试有关问题的说明
AC-61-06	型别教员等级
AC-61-07	关于执照换发或新颁发有关问题的补充通知
AC-61-08	通用航空飞行人员执照和训练的管理
AC-61-09	航空器驾驶员执照理论考试
AC-61-10	驾驶员实践考试标准
AC-61-11	飞行考试员工作手册
AC-61-12	航空器型别等级和训练要求
AC-61-13	多人制机组驾驶员执照训练和管理办法
AC-61-14	民用航空器驾驶员执照理论考试点要求
AC-61-15	飞行人员英语语言等级考试点要求
AC-61-16	关于运动、基础和仪表飞行教员以及航空知识教学人员有关问题的说明
AC-61-17	飞行经历记录本标准格式及填写要求
AC-61-18	关于部分直升机特殊训练和经历要求的说明
AC-61-19	特殊机动飞行训练
AC-61-20	民用无人驾驶航空器系统驾驶员管理暂行规定
AC-61-21	运动驾驶员执照有关问题的说明
AP-61-1	民用航空器驾驶员执照颁发管理程序
AC-63-01	直升机飞行机械员执照训练和考试要求
AC-67-02	私用驾驶员执照申请人和持有人体检鉴定及体检合格证管理
AC-91-16	航空器运营人全天候运行要求
AC-91-17	飞行表演
AC-91-18	航空器驾驶员低温冰雪运行指南
AC-91-19	特技飞行

续表

编号	标 题
AC-91-20	航空器驾驶员指南——雷暴、晴空颠簸和低空风切变
AC-91-22	直升机安全运行指南
AC-91-23	航空器驾驶员指南——地面运行
AC-91-27	飞行程序
AC-91-28	航空器驾驶员指南——尾流和平行跑道运行
AC-91-30	复杂状态预防和改出训练
AC-91-31	轻小无人机运行规定（试行）
AP-91-1	CCAR-91 部合格审定程序
AP-91-1 OPSPECS	91 部运行规范
AC-121-21	高原机场运行
AC-121-22	机组标准操作程序
AC-121-24	使用英语通信的有关要求以及对 CCAR-121 部第 479 条的偏离限制
AC-121-25	交叉机组资格和混合机队飞行
AC-121-36	进入副驾驶训练人员的资格要求
AC-121-47	航空公司基于计算机的记录系统的申请和批准
AC-121-48	运输飞行员注册、记录和运行管理
AC-121-126	运输航空副驾驶预备课程
AC-141-01	运输航空公司外送学生飞行训练的要求
AC-141-02	高性能多发飞机训练要求
AC-141-03	关于启用新版《中国民用航空规章第 141 部训练规范标准格式》的通知
AC-141-04	关于对 CCAR-141 部附件 B 第 4（c）(ⅱ) 款和附件 C 第 5（a）(1) 和（b）(1) 款豁免的条件
AC-141-05	基于计算机的飞行训练记录系统的申请和批准
AP-183-01	民用航空飞行检查委任代表管理程序
AC-141-06	驾驶员学校辅助基地的设立和管理
AC-121/135FS-46	连续下降最后进近（CDFA）
IB-FS-2015-01	飞行员心理健康指南

编号	标题
AP-21-AA-38	套材组装轻型运动航空器特许飞行证和限用类特殊适航证颁发和管理程序
AP-21-AA-39	自制航空器特许飞行证和限制类特殊适航证颁发和管理程序
AP-21-AA-40	用于航空比赛和展览的航空器特许飞行证颁发和管理程序
IB-FS-3	直升机防撞线机载设备信息
AC-97-1	民用航空机场运行最低标准制定与实施准则

三、相关法律与航空法规之间的关系

（1）《中华人民共和国宪法》是国家的根本大法——国内民航法律不能与之冲突。

（2）《中华人民共和国民用航空法》——我国民用航空的母法。

（3）《中华人民共和国刑法》《中华人民共和国民事诉讼法》等国内法律涉及民航的条款——民用航空法正常实施的保障。

（4）国务院颁发的行政法规——约束与民航有关的部门。

（5）《中华人民共和国飞行基本规则》——国家空中航行法，统一全国飞行。

（6）与军队系统的协调——以适应国防建设的需要。

（7）调整国内法使之与所缔结的国际法相适应。

①《芝加哥公约》——国际民用航空的宪章。

②调整刑法、刑事诉讼法条款——以适应航空刑法三个公约。

③调整民法条文——以适应华沙体制。

④调整民航法律——以适应《芝加哥公约》等五个公约。

⑤修改行业规章（CCAR）——以适应"国际标准和建议措施"。

四、《中华人民共和国民用航空法》简介

《中华人民共和国民用航空法》第一条：为了维护国家的领空主权和民用航空权利，保障民用航空活动安全和有秩序地进行，保护民用航空活动当事人各方的合法权益，促进民用航空事业的发展，制定本法。

1995年10月30日第八届全国人民代表大会常务委员会第十六次会议通过了《中华人民共和国民用航空法》，1995年10月30日中华人民共和国主席令第五十六号公布，自1996年3月1日起施行。根据2021年4月29日第十三届全国人民代表大会常务委员会第二十八次会议《关于修改〈中华人民共和国道路交通安全法〉等八部法律的决定》第六次修正。

《中华人民共和国民用航空法》的主要内容很好地与民用航空三大系列的五个国际公约接轨，在遵从《中华人民共和国宪法》这一根本大法的前提下和与刑民法协调一致的基础上，使国际法的规定在国内法中得以确认和实施。

《中华人民共和国民用航空法》共16章213条，作为中国民用航空的"母法"，它规范的内容涉及民航的方方面面。《中华人民共和国民用航空法》的章节内容如表3.3所示。

表 3.3 《中华人民共和国民用航空法》的章节

章号	章名	章号	章名
第一章	总则	第九章	公共航空运输
第二章	民用航空器国籍	第十章	通用航空
第三章	民用航空器权利	第十一章	搜寻援救和事故调查
第四章	民用航空器适航管理	第十二章	对地面第三人损害的赔偿责任
第五章	航空人员	第十三章	对外国民用航空器的特别规定
第六章	民用机场	第十四章	涉外关系的法律适用
第七章	空中航行	第十五章	法律责任
第八章	公共航空运输企业	第十六章	附则

关于《中华人民共和国民用航空法》的具体内容将在后面的章节中分别介绍。

第二节　通用航空相关法规

通用航空是民用航空的重要组成部分，一国民航业的健康协调发展离不开通用航空。由于通用航空具有飞行作业项目多样化、航空器品种繁杂、空域使用随意性大、使用机型多、飞行时间不确定等基本特征，这就决定了管理通用航空在很多方面与管理公共运输航空有较大的区别，因此需要用专门的通用航空法律法规和标准来规范通用航空活动。

一、通用航空的定义和范围

《中华人民共和国民用航空法》第 145 条规定，通用航空是指使用民用航空器从事公共航空运输以外的民用航空活动，包括从事工业、农业、林业、渔业和建筑业的作业飞行以及医疗卫生、抢险救灾、气象探测、海洋监测、科学实验、教育训练、文化体育等方面的飞行活动。

《中华人民共和国通用航空飞行管制条例》是我国颁布的第一部有关通用航空方面的飞行管理条例，第 3 条规定本条例所称通用航空，是指除军事、警务、海关缉私飞行和公共航空运输飞行以外的航空活动，包括从事工业、农业、林业、渔业、矿业、建筑业的作业飞行和医疗卫生、抢险救灾、气象探测、海洋检测、科学实验、遥感测绘、教育训练、文化体育、旅游观光等方面的飞行活动。这里的定义比《中华人民共和国民用航空法》关于通用航空的定义更具体，但内容并无实质变化。

《一般运行和飞行规则》把民用航空分为三部分：公共运输航空、通用航空及航空作业，但未对通用航空进行明确定义。该规则从运营人角度把通航企业分为商业非运输运营人及私用大型航空器运营人、航空器代管人，从业务上分为一般商业飞行、训练飞行、空中游览、农林喷洒作业飞行、旋翼机机外载荷作业飞行等，对于超轻型飞行器的运行要求，定义为由单人驾驶、仅用于娱乐或体育活动、不需要任何适航证的小型空中飞行器具。

《国际民用航空公约》附件 6 ——《航空器的运行》采用排除法对通用航空加以定义。通用航空运行是指除商业航空运输运行或航空作业（GA/AM）运行以外的航空器运行。航空作业是指航空器用于专门的服务，诸如农业、建筑、摄影、测量、观察与巡逻、搜寻与援救、空中广告等运行活动。由 GA/AM 提供的为获取报酬进行的航空活动，为人们提供了不可或缺的服务和安全有效的生活。附件 6 第Ⅱ部分是涉及国际通用航空的固定翼飞机。第Ⅲ部分包括了直升机的国际商业运输飞行和通用航空飞行。

我国关于"通用航空"的概念与国际民用航空组织的定义是有区别的，《中华人民共和国民用航空法》对于通用航空活动的定义较为笼统，通用航空的范围比《国际民用航空公约》附件 6 的规定要宽，并未将作业飞行从通用航空中区别开。航空作业运行与其他的通用航空运行有相同之处，但航空作业运行是以"出租和报酬"为目的，而通用航空大多不以"出租和报酬"为目的，因此世界上大多数国家不将航空作业作为通用航空对待，并且一般不对通用航空运行颁发"航空运营人合格证"，而对航空作业运行进行管理并颁发航空运营人合格证。另外，国际民航组织的航行委员会认为航空作业运行与其他的通用航空运行在本质上有较大的不同，不具有国际性，没有必要制定航空作业的标准和建议措施。因此公约附件 6 第Ⅱ部分不适用于航空作业，一般由各国自己制定法规规章进行规范。

二、我国的通用航空立法

总体而言，我国的通用航空立法还处于初始阶段，除《中华人民共和国民用航空法》对通用航空有专门规定外，近年来，我国制定并颁布了一系列有关通用航空市场准入、运行标准以及外商投资通用航空业等方面的法规、规章等，成为规范通用航空活动的法律依据，初步形成了通用航空法律法规体系。

2019 年，为贯彻《国务院办公厅关于促进通用航空业发展的指导意见》（国办发〔2016〕38 号）精神，落实"分类管理、放管结合、以放为主"的要求，更好地鼓励和推动通航发展，积极支持社会资本投资通航产业，民航局研究制定了通用航空法规体系重构路线图，形成了通航业务框架和通航法规框架，形成了开展中国民航通航政策法规体系重构的总体性文件，明确了未来一段时间中国通用航空整体政策走向、立法思路和制度设计需要遵循的基本原则和具体要求。

（一）法律

《中华人民共和国民用航空法》第十章第 145～150 条对在中国从事通用航空活动须具备的法定条件作出了规定，设定了通用航空的定义以及从事通用航空活动的条件，明确提出保障飞行安全，保护用户、地面第三人以及从事通用航空活动的单位和个人的合法权益。

（二）行政法规

（1）《中华人民共和国飞行基本规则》由国务院与中央军委颁布施行，是中国境内凡辖有航空器的单位、个人和与飞行有关的人员及其飞行活动必须遵守的规则。

（2）《国务院关于通用航空管理的暂行规定》（国发〔1986〕2 号），1986 年 1 月 8 日发布。该规定首次将"专业航空"更名为"通用航空"，明确了通用航空行业管理机构、从事通用航空活动需履行的报批手续、从事通用航空经营活动的审批管理程序等。在《中华人民共和国民用航空法》出台之前，该规定为通用航空行业管理提供了法规依据。目前该规定仍作为实施通用航空企业赴境外开展经营活动的行政许可的法律依据。

（3）《通用航空飞行管制条例》（国务院、中央军委第 371 号令），2003 年 1 月 10 日由中华人民共和国国务院、中华人民共和国中央军事委员会联合颁布，2003 年 5 月 1 日起施行。该条例是管理通用航空飞行活动的基本依据，在通用航空飞行的空域管理、服务保障、审批手续等方面做了进一步调整，规范了从事通用航空飞行活动的单位或个人向当地飞行管制部门提出飞行计划申请的程序、时限要求；明确了一些特殊飞行活动所需履行的报批手续和文件要求。它是中国颁布的第一部有关通用航空方面的飞行管理条例，为中国长期处于瓶颈状态的通用航空事业注入了活力，也是对通用航空活动依法管理的重要举措，对于合理开发和充分利用国家空域资源，保障飞行安全和通用航空事业的发展具有积极的促进作用。

（4）《通用航空飞行任务审批与管理规定》，2013 年 11 月 6 日由总参谋部和民航局联合下发。其中首次明确了除九种情况外，通用航空飞行任务不需要办理任务申请和审批手续。

（三）部门规章

目前涉及通用航空的民航规章共 30 多部，内容包括经济管理、安全运行、执照管理、作业标准等方面。根据 2019 年通航法规框架，目前主要规章可根据内容分类如下。

1. 航空器

涉及航空器类的规章有：《民用航空产品和零部件合格审定规定》（CCAR-21 部）。

2. 航空人员

涉及航空人员类的规章有：《民用航空器驾驶员合格审定规则》（CCAR-61 部）、《民用航空空中交通管制员执照管理规则》（CCAR-66TM）、《民用航空人员体检合格证管理规则》（CCAR-67FS）。

3. 一般运行规则

涉及一般运行规则类的规章有：《民用航空导航设备开放与运行管理规定》（CCAR-85 部）、《民用航空通信导航监视设备飞行校验管理规则》（CCAR-86 部）、《一般运行和飞行规则》（CCAR-91 部）。其中，《一般运行和飞行规则》于 2004 年 6 月 1 日开始施行。该规章适用于在中国境内的所有民用飞行以及使用在中国登记的民用航空器所执行的所有运行。它不仅完善了对公共航空运输运行的管理，而且对更广泛主体的飞行和运行活动进行了规范，如对中国分布广泛和日益普及的农林喷洒作业和旋翼机机外载荷作业飞行作出详细规定，为规范这两种作业提供了可遵循的法规依据。这部规则整合了各种复杂的飞行、运作等规定，形成了通用航空的一个基础性规章，标志着通用航空立法走上了规范化轨道。其中，《一般运行和飞行规则》的发布对中国广泛分布和日益普及的通用航空和航空作业飞行运行提供了管理依据，为中国通用航空和航空作业飞行的系统化、法制化管理奠定了基础。

4. 航空企业合格审定及运输

涉及航空企业合格审定及运输的规章有：《小型航空器商业运输运营人运行合格审定规则》（CCAR-135 部）、《特殊商业运行合格审定规则》（CCAR-136 部）、《通用机场管理规定》（CCAR-138 部）。

5. 学校、航空人员及其他单位合格审定及运行

涉及学校、航空人员及其他单位合格审定及运行的规章有：《民用机场运行安全管理规

定》(CCAR-140 部)、《民用航空器驾驶员学校合格审定规则》(CCAR-141 部)、《民用航空器维修单位合格审定规定》(CCAR-145 部)。

6. 机场建设和管理

涉及机场建设和管理的规章有：《民用机场建设管理规定》(CCAR-158 部)。

7. 综合调控规则

涉及综合调控规则的规章有：《民用航空企业及机场联合重组改制管理规定》(CCAR-229 部)。

8. 航空运输规则

涉及航空运输规则的规章有：《非经营性通用航空登记管理规定》(CCAR-285 部)、《通用航空经营许可管理规定》(CCAR-290 部)。该规章规范了行业管理部门对通用航空经营的行政许可行为，规定了设立通用航空企业的条件、经营项目、申报文件要求、审批程序等。

9. 航空安保

涉及航空安保的规章有：《民用航空运输机场航空安全保卫规则》(CCAR-329 部)、《通用航空安保管理规则》(CCAR-333 部)、《公共航空运输企业航空安全保卫规则》(CCAR-343 部)。

10. 航空器搜救与事故调查

涉及航空器搜救与事故调查的规章有：《民用航空器事故和飞行事故征候调查规定》(CCAR-395 部)。

（四）通用航空作业标准

为保证通用航空作业质量，引导和规范通用航空企业开展作业项目，自 1986 年以来，国内先后发布了下列通用航空的标准。

标准包括：《飞机播种造林技术规程 GB/T（15162—1994）》《1：5 000、1：10 000、1：25 000、1：50 000、1：100 000 比例尺地形图航空摄影规范 GB/T（15661—2008）》《民用航空器飞行事故等级 GB（14648—1993）》《航空摄影产品注记、包装规范 GB/T（16176—1996）》《通用航空机场设备设施 GB/T（17836—1999）》《航空摄影技术设计规范 MH/T（1009—2000）》《1：500、1：1 000、1：2 000 比例尺地形图航空摄影规范 GB（6962—1986）》等。

民航行业标准包括：《航空摄影技术术语 MH/T（0009—1996）》《农业航空技术术语 MH/T（0017—1998）》《农业航空作业质量技术指标 MH/T（1002—1995）》《农业航空作业事故等级 MH/T（1003—1996）》《彩红外航空摄影影像质量控制 MH/T（1004—1996）》《民用航空摄影测量用航空摄影仪的技术要求 MH/T（1005—1996）》《航空摄影仪的检测技术规范 MH/T（1006—1996）》《飞机喷施设备性能技术指标 MH/T（1008—1997）》《航空物探飞行技术规范 MH/T（1010—2000）》等。

（五）指导我国现阶段通用航空发展的重要文件

2016 年 5 月 13 日，国务院办公厅印发了《关于促进通用航空业发展的指导意见》（以下简称《意见》），是在对通用航空业发展规律科学判断的基础上，立足国情、全面统筹、科学布局，对通用航空业与经济融合发展作出的总体谋划和系统部署，具有重大而深远的意义。

1. 立足民生与培育消费，深度挖掘市场潜能

"保障和改善民生没有终点站只有新起点""培育新消费形成新供给新动力"是我国新常态下经济社会发展的重要战略举措。目前我国通用航空作业总量80%以上来自飞行培训和工农林航空作业，通用航空具有的交通、应急救援、消费等基本功能应用严重不足，市场结构性失衡明显。随着我国民生保障体系不断完善，快速进入消费需求持续增长、消费结构加快升级、消费拉动经济作用明显增强的重要阶段，对通用航空多样化需求日益增强。《意见》坚持需求导向，以服务民生、培育新消费为重点，着力培育和挖掘市场潜能，努力提升通用航空业的规模经济、范围经济与网络经济效应。

《意见》提出充分发挥通用航空交通功能，回归交通属性，即发挥好通用航空短途运输"三小"（小机型、小航线、小航程）、"一低"（低门槛）、"一灵活"（组织灵活）特征，满足支线航空难以到达、交通不便的偏远地区交通出行需求，逐步实现常态化运输，成为干支线航空的重要补充，完善综合运输体系，建设"民生航空"；发挥公务航空的商务出行功能，提升出行效率；充分挖掘通用航空应急救援速度快、机动灵活、对地面设施依赖小、突破空间障碍能力强等优势，鼓励政府购买服务，在自然灾害、事故灾难、社会卫生和群体性事件常发地区，积极开展通用航空抢险救灾、医疗救助等业务，加快形成国家航空应急救援体系的社会化力量；不断扩大通用航空农林工作业规模，提升公益服务能力；促进通用航空与旅游、体育及互联网、创意经济的融合，挖掘多样化的通用航空消费潜能，更好地发挥新消费引领作用，推动经济结构优化升级。

2. 适度超前建设通用机场，有效解决"落地难"问题

通用机场作为重要的公共基础设施，是通用航空业的发展基础、低空经济发展的重要平台。目前我国通用机场总量少（巴西的1/8、墨西哥的1/3）、分布不均衡（具有消费潜力的城市周边和东中部地区数量少）、发展缓慢，成为通用航空器转场飞行与作业飞行困难的痛点以及产业发展的短板。《意见》提出合理规划布局我国四类通用机场：在地面交通不便的偏远地区和1 000万人次枢纽机场周边建设通用机场满足运输需求；在自然灾害多发地区和地面交通拥堵城市建设通用机场保障航空应急救援飞行；在制造业集聚区、农林业主要地区建设通用机场提供生产服务；在旅游资源富集地区、国家体育产业基地建设通用机场促进航空消费，为我国通用机场建设提供科学导向。

《意见》明确了通用机场规划建设审核程序，落实简政放权，解决通用机场建设面临的程序不清晰、操作不规范等问题；并将研究建立通用机场升级转换为运输机场的机制，为我国通用机场与运输机场实现功能转换、促进通用机场融入国家综合机场体系提供了窗口。针对我国区域经济蓬勃发展、新型城镇化战略深入实施，《意见》鼓励在城镇密集区建设综合性枢纽机场、支线机场建设通用航空设施、引导相邻地区共建共用通用机场等，推动处理好运输机场"两端"的通用航空业务，促进运输机场与通用机场协调发展，注重发挥通用机场的区域功能，成为通用机场建设的亮点。

3. 制造运营融合集聚，促进产业转型升级

制造业是立国之本、兴国之器、强国之基，制造、运营与服务等融合发展是产业转型升级的重要途径。《意见》结合我国通用航空制造业整体水平滞后、产业带动不强的特点，提出着力提升自主创新能力，鼓励通过投资并购、联合研制、集成创新、引进消化吸收再创新等多种方式发展市场价值高、经济效益好的航空器制造业，加快提升我国制造水平。针对我国通用航空产业集聚区空心化、同质化、单一化的发展格局，《意见》提出，重点培育具有国际先进水平的通用航空制造龙头企业，成为我国参与全球竞争的重要载体；培育一批制造骨干企业，带动中小企业实现集群化发展，促进制造与运营、服务保障企业集聚，实现联动、错位、特色发展。结合通用航空业全球配置资源、国际化运营特点，《意见》提出建设通用航空国际研发合作平台及国际化通用航空工程中心等创新平台，结合"一带一路""自贸区"等战略，鼓励具有比较优势的、较大国际市场潜力的通用航空产品参与国际竞争，逐步打造一批具有核心竞争力的自主品牌，培育更多"大疆"无人机式企业，成为我国参与全球通用航空业分工的重要抓手。

4. 扩大低空空域开放，促进军民融合发展

低空空域是通用航空活动主要区域，安全便捷的低空空域资源是通用航空业繁荣发展的前提。针对我国低空空域管理改革进程缓慢，导致通用航空"上天难"的问题，《意见》对扩大低空空域开放提出明确要求。一是从扩大空间出发将我国低空空域范围由真高1 000米提高到3 000米，实现监视空域和报告空域无缝衔接，为保障工农林渔业和科学实验等作业飞行和大多数载客飞行提供了基本保障，解决了"孤岛"效应，为场外飞行和转场飞行提供便利，促进了我国低空空域管理与国际接轨。二是从提升效率出发优化飞行服务和明确审批时限，加强低空飞行情报、航图、气象、告警等能力建设，提出简化飞行任务、飞行计划申请和审核程序，原则上通用航空用户仅向一个空管单位申请或报备飞行计划，长期飞行计划只作一次性申请等，极大地降低了用户成本，体现了"真情服务"；对于紧急、特殊通用航空任务的飞行计划"绿色通道"审批，确保通用航空应急救援反应能力快速及时。

5. 落实安全底线责任，强化全程安全监管

安全是通用航空业健康发展的基础。针对现阶段我国通用航空安全监管存在的职责不明确、效率低下等问题，《意见》提出了加快推进通用航空制造行业标准、通用航空器及航油等适航监管能力建设，从源头与过程确保适航安全；明确了联合监管职责分工，重点构建全过程、可追溯的安全监管体系，倡导"互联网+安全"发展模式提供全程动态监管。《意见》明确了发挥企业的安全主体责任，是适应通用航空安全管理改革的重大举措，要求通用航空企业提高安全自律意识及法律法规执行力度，不断完善企业安全管理体系。《意见》提出构建通用航空信用体系，是规范市场秩序、实现市场安全发展的重要手段，为形成统一规范、竞争有序的市场环境奠定了基础。

三、通航任务审批

《通用航空飞行任务审批与管理规定》自2013年12月1日起施行。

（一）审批单位

（1）国务院民用航空主管部门负责通用航空飞行任务的审批。

（2）总参谋部和军区、军兵种有关部门主要负责涉及国防安全的通用航空飞行任务的审核，以及地方申请使用军队航空器从事非商业性通用航空飞行任务的审批。

（二）运行限制

（1）外籍航空器或者由外籍人员单独驾驶的我国航空器，不允许在我国境内从事航空摄影、遥感测绘、矿产资源勘查等重要专业领域的通用航空飞行。

（2）无人驾驶的航空器，不允许在国家重要目标和国家重大活动场所上空从事通用航空飞行。

（3）国家航空器不得参与商业性通用航空飞行活动，特殊情况下，根据中央国家机关有关部门需求和地方政府请求，可以执行以支援国家经济建设为目的的通用航空飞行任务。

（三）必须办理任务申请和审批手续的通航任务

（1）航空器进出我国陆地国界线、边境争议地区我方实际控制线或者外籍航空器飞入我国领空的（不含民用航空器沿国际航路飞行），由民用航空局商总参谋部、外交部审批。

（2）航空器越过台湾海峡两岸飞行情报区分界线的（不含民用航空器沿国际航路飞行），由民用航空局商总参谋部、国务院台湾事务办公室审批；飞入我国香港、澳门地区的，须先通过相关渠道征得香港特别行政区、澳门特别行政区政府有关部门同意。

（3）航空器进入陆地国界线、边境争议地区实际控制线我方一侧10千米的（不含民用航空器沿国际航路飞行），由民航地区管理局商所在军区审批；越过我国海上飞行情报区的（不含台湾海峡地区和沿国际航路飞行），由民航地区管理局商所在军区空军审批，报相关军区备案。进入上述地区或越过海上飞行情报区执行森林灭火、紧急救援等突发性任务的，由所在飞行管制分区指挥机构（航管中心）审批并报军区空军备案。

（4）航空器进入空中禁区执行通用航空飞行任务，由民用航空局商总参谋部审批；进入空中危险区、空中限制区执行通用航空飞行任务，由民航地区管理局商军区空军或者海军舰队审批。

（5）凡在我国从事涉及军事设施的航空摄影或者遥感物探飞行，其作业范围由民航地区管理局商相关军区审批；从事涉及重要政治、经济目标和地理信息资源的航空摄影或者遥感物探飞行，其作业范围由民航地区管理局商相关省、自治区、直辖市政府主管部门审批。

（6）与相邻国家联合组织跨越两国边境的航空摄影、遥感物探等通用航空飞行，由自然资源部商外交部、民用航空局、总参谋部提出意见，报国务院审批。

（7）外籍航空器或者由外籍人员驾驶的我国航空器使用未对外开放的机场、空域、航线从事通用航空飞行，由民用航空局商总参谋部审批。

（8）中央国家机关有关部门、地方人民政府和企业事业单位使用军用航空器进行航空摄影（测量）、遥感物探，以及使用总参谋部直属部队航空器或者使用军区所属航空器跨区从事通用航空飞行的，由总参谋部审批。使用军区所属航空器在辖区内进行其他通用航空飞行的，由相关军区审批；使用海军、空军所属航空器进行其他通用航空飞行的，由海军、空军或者海军舰队、军区空军审批。

（9）国家组织重大活动等特殊情况下的通用航空飞行，按照国家和军队的有关规定要求审批。

（四）飞行任务申请文件的内容

飞行任务申请文件内容包括以下七方面：

（1）任务性质；
（2）执行单位和机组人员国籍；
（3）主要登机人员名单；
（4）航空器型号、数量和注册地；
（5）使用机场（临时起降场）；
（6）作业时间和作业范围；
（7）其他需要特别说明的事项。

凡需审批的通用航空飞行任务，其航空器应当配有二次雷达应答机，或者备有能够保证操作人员与军民航空管部门沟通联络、及时掌握航空器位置的设备。

四、通航计划审批

（一）飞行计划的内容

《中华人民共和国民用航空法》第三十九条、《中华人民共和国通用航空飞行管制条例》第十三条规定：从事通用航空飞行活动的单位、个人实施飞行前，应当向当地飞行管制部门提出飞行计划申请，按照批准权限，经批准后方可实施。

飞行计划申请应当包括下列内容：
（1）飞行单位；
（2）飞行任务性质；
（3）机长（飞行员）姓名、代号（呼号）和空勤组人数；
（4）航空器型别和架数；
（5）通信联络方法和二次雷达应答机代码；
（6）起飞、降落机场和备降场；
（7）预计飞行开始、结束时间；
（8）飞行气象条件；
（9）航线、飞行高度和飞行范围；
（10）其他特殊保障需求。

（二）需要提交有效的任务批准文件的飞行情形

《中华人民共和国民用航空法》第三十九条、《中华人民共和国通用航空飞行管制条例》第十四条规定：从事通用航空飞行活动的单位、个人有下列情形之一的，必须在提出飞行计划申请时，提交有效的任务批准文件。

（1）飞出或者飞入我国领空的（公务飞行除外）。
（2）进入空中禁区或者国（边）界线至我方一侧10千米之间地带上空飞行的。
（3）在我国境内进行航空物探或者航空摄影活动的。
（4）超出领海（海岸）线飞行的。
（5）外国航空器或者外国人使用我国航空器在我国境内进行通用航空飞行活动的。

（三）飞行计划申请的批准权限

《中华人民共和国民用航空法》第三十九条、《中华人民共和国通用航空飞行管制条例》

第十五条规定：使用机场飞行空域、航路、航线进行通用航空飞行活动，其飞行计划申请由当地飞行管制部门批准或者由当地飞行管制部门报经上级飞行管制部门批准。

使用临时飞行空域、临时航线进行通用航空飞行活动，其飞行计划申请按照下列规定的权限批准。

（1）在机场区域内的，由负责该机场飞行管制的部门批准。

（2）超出机场区域在飞行管制分区内的，由负责该分区飞行管制的部门批准。

（3）超出飞行管制分区在飞行管制区内的，由负责该区域飞行管制的部门批准。

（4）超出飞行管制区的，由中国人民解放军空军批准。

（四）飞行计划的申请时限

《中华人民共和国民用航空法》第三十九条、《中华人民共和国通用航空飞行管制条例》第十六至十八条规定：飞行计划申请应当在拟飞行前1天15时前提出；飞行管制部门应当在拟飞行前1天21时前作出批准或者不予批准的决定，并通知申请人。

执行紧急救护、抢险救灾、人工影响天气或者其他紧急任务的，可以提出临时飞行计划申请。临时飞行计划申请最迟应当在拟飞行1小时前提出；飞行管制部门应当在拟起飞时刻15分钟前作出批准或者不予批准的决定，并通知申请人。

在划设的临时飞行空域内实施通用航空飞行活动的，可以在申请划设临时飞行空域时一并提出15天以内的短期飞行计划申请，不再逐日申请；但是每日飞行开始前和结束后，应当及时报告飞行管制部门。

使用临时航线转场飞行的，其飞行计划申请应当在拟飞行2天前向当地飞行管制部门提出；飞行管制部门应当在拟飞行前1天18时前作出批准或者不予批准的决定，并通知申请人，同时按照规定通报有关单位。

五、低空空域开放

低空空域是国家的重要战略资源，是军航和通用航空的主要活动区域，像国土资源、海洋资源一样，蕴藏着极大的经济、国防和社会价值。

低空空域通常是指真高1 000米（含）以下的空间范围，分为管制空域、监视空域和报告空域三类。

一直以来，通用航空作业和转场飞行，高度大多集中在1 000米以下空域。从法规上说，国家从来就没有关闭过1 000米以下的低空空域，"低空开放"是指国家"低空空域管理改革"。改革必须是在确保国家领空安全，确保首都地区、重要军事目标和经济目标、重要的地标性建筑等安全的前提下进行。根据通用航空发展的不同时期、不同阶段，为满足通用航空飞行需求，对不同地区的低空空域管理模式进行改革是必要的。

2013年《低空空域管理使用规定》初稿成型；2014年年中，意见稿在各部委征求意见；2014年11月召开的"全国低空空域管理改革工作会议"上重点讨论了该规定。

根据《低空空域使用管理规定（试行）（征求意见稿）》，低空空域按管制空域、监视空域和报告空域以及目视飞行航线进行分类。

（一）管制空域

管制空域是指为飞行活动提供空中交通管制服务、飞行情报服务、航空气象服务、航空情报服务和告警服务的空域。原则上只能划设在下列区域。

（1）空中禁区和空中危险区。

（2）国境地带我方一侧10千米范围内。

（3）全国重点防空目标区和重点防空目标外围5千米区域。

（4）终端（进近）管制区。

（5）军用和民航运输机场的管制地带（担负飞行保障任务且未划设机场管制地带的军用机场，以机场跑道中心点为中心，沿跑道中心线方向，两端各25千米，两侧各10千米的区域）。

（6）其他需要重点保护地区。

（二）监视空域

监视空域是指为飞行活动提供飞行情报服务、航空气象服务、航空情报服务和告警服务的空域。管制空域和报告空域之外的空域划设为监视空域。

（三）报告空域

报告空域是指为飞行活动提供航空气象服务和告警服务，并根据用户需求提供航空情报服务的空域。原则上只能划设在下列区域。

（1）通用机场和临时起降点10千米范围内。

（2）不依托通用机场和临时起降点，使用动力三角翼、滑翔伞、动力伞、热气球等通用航空器具，从事文化体育、旅游观光、空中广告宣传等活动的地区上空半径5千米范围内。

（3）作业相对固定、时间相对集中，且对军航和民用运输航空飞行没有影响的通用航空飞行区域。报告空域不得划设在空中禁区边缘外20千米范围内，全国重点防空目标区和重点防空目标边缘外10千米范围内。

（四）目视飞行航线

目视飞行航线是为确保航空用户能够飞到预定空域，且飞行人员在目视条件下飞行的航线。

（五）空域准入使用

1. 管制空域准入

航空用户使用管制空域必须同时具备以下条件：飞行计划获得许可；航空器配备甚高频通信设备、高精度高度表、二次雷达应答机和广播式自动相关监视设备（ADS-B）；无线电保持持续双向畅通；民用航空器驾驶员实施目视飞行最低应持有私人执照或运动执照、学生执照，实施仪表飞行最低应持有私人执照。

2. 监视空域准入

航空用户使用监视空域必须同时具备以下条件：飞行计划已报备；航空器配备甚高频通信设备和广播式自动相关监视设备；无线电保持持续双向畅通；民用航空器驾驶员最低

应持有运动执照或学生执照；空域内飞行，航空器空速不大于450千米/小时。

3. 报告空域准入

航空用户使用报告空域必须同时具备以下条件：飞行计划已报备，民用航空器驾驶员最低应持有运动执照或学生执照；空域内飞行，航空器空速不大于450千米/小时。

思考与练习题

（1）我国航空法体系分为几个层级？请列举每个层级的法规。

（2）请列举与飞行员密切相关的我国航空法，并说明原因。

（3）请寻找一个近年来发生的不安全事件，分析违反了哪些民航法中的什么条款。

（4）什么是通用航空？

（5）通用航空和运输航空有什么区别？可以从从业人员资质、任务性质、运行要求等角度进行思考。

第四章

飞行人员管理相关规定

人是航空器运行链条中的关键一环,通常也是风险最为集中的一环,需要进行适当的训练和管理使他们具备行业所需的胜任力,把人为错误降至最低。航空人员的业务素质、技术水平和身体健康状况对民用航空活动的安全至关重要,甚至决定着民用航空事业的发展水平。

《中华人民共和国民用航空法》第三十九条明确定义了航空人员,是指下列从事民用航空活动的空勤人员和地面人员,如图4.1所示。空勤人员,包括驾驶员、飞行机械人员、乘务员;地面人员,包括民用航空器维修人员、空中交通管制员、飞行签派员、航空电台通信员。

图 4.1　航空人员

对航空人员的管理可以概括为组织管理、技术管理和健康管理。

（1）组织管理指航空人员在执行任务过程中的组织方式和运行要求；

（2）技术管理是针对航空人员为完成某一项任务需要经过的培训与技能的管理，包括训练管理、档案管理与执照管理；

（3）健康管理主要是通过体检及出勤时间的管理，确保航空人员具备完成某一项任务的身体状况。

飞行员是最为典型的航空人员，在《国际民用航空公约》附件1《人员执照的颁发》制定的原则之下，目前我国关于飞行员管理的法规主要如表4.1所示。

表4.1 管理飞行员的相关法规

部　号	规 章 名 称	管理内容
CCAR-91 部	一般运行和飞行规则	组织管理、技术管理
CCAR-121 部	大型飞机公共航空运输承运人运行合格审定规则	
CCAR-135 部	小型商业运输和空中游览运营人运行合格审定规则	
CCAR-136 部	特殊商业和私用大型航空器运营人运行合格审定规则	
CCAR-61 部	民用航空驾驶员合格审定规则	技术管理
CCAR-141 部	民用航空器驾驶员学校合格审定规则	
CCAR-142 部	飞行训练中心合格审定规则	
CCAR-67 部	民用航空人员体检合格证管理规则	健康管理

根据《中华人民共和国民用航空法》，我国的飞行技术管理部门为：飞行标准司（民航局）、飞行标准处（地区管理局、航空公司、学院）。

飞行技术管理人员包括：飞行检查人员——航空器营运人和训练机构；委任飞行检查代表——民航局和地区管理局；飞行标准监察员——民航局和地区管理局；总飞行师（技术负责人）——营运人和训练机构。

第一节　飞行员执照

一、飞行员执照的种类及签注

执照是指由主管机关发给的准许做某项工作或活动的资格证明，如图4.2所示。根据CCAR-61部，飞行员的执照（图4.3）分为：学生驾驶员执照（student pilot license）；运动驾驶员执照（sport pilot license）；私用驾驶员执照（private pilot license）；商用驾驶员执照（commercial pilot license）；多人制机组驾驶员执照（multi pilot license）；航线运输驾驶员执照（airline transportation pilot license）。

第四章 | 飞行人员管理相关规定

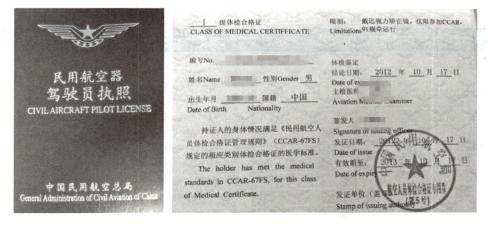

图 4.2　执照样例

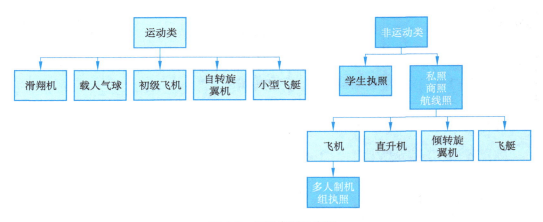

图 4.3　执照类型示意图

执照作为一种资格证明，仅仅是对申请者能力与基本条件的认可，以上的执照分类方法是从飞行员所能从事的任务属性上划分的，但从这些执照的名称上还是看不出飞行员实际的技术水平，因此一个飞行员能不能驾驶某一架或某一种具体的航空器还要看其执照上的签注。

飞行员执照上的签注一般分为以下几种（各类执照上可做的签注见表 4.2）。

表 4.2　各种执照上可以做的签注

执照类型	航空器类别	航空器级别	航空器型别	仪表等级	教员等级
学生驾驶员执照					
运动驾驶员执照	初级飞机； 自转旋翼机； 滑翔机； 自由气球； 小型飞艇	初级飞机级别等级：陆地；水上			运动教员： 初级飞机； 自转旋翼机； 滑翔机； 自由气球； 小型飞艇

85

续表

执照类型	航空器类别	航空器级别	航空器型别	仪表等级	教员等级
私用驾驶员执照	飞机；直升机；飞艇；倾转旋翼机	飞机级别等级：单发陆地；多发陆地；单发水上；多发水上	审定为最大起飞全重在5 700千克以上的飞机；审定为最大起飞全重在3 180千克以上的直升机和倾转旋翼机；涡轮喷气动力的飞机；局方通过型号合格审定程序确定需要型别等级的其他航空器	仪表—飞机；仪表—直升机；仪表—飞艇；仪表—倾转旋翼机	基础教员：单发飞机；多发飞机；直升机；飞艇；倾转旋翼机仪表教员：仪表—飞机；仪表—直升机；仪表—飞艇；仪表—倾转旋翼机型别教员
商用驾驶员执照					
航线运输驾驶员执照					
多人制机组驾驶员执照	飞机	多发陆地	仅限副驾驶		

（1）航空器类别等级：包括飞机、直升机、飞艇和倾转旋翼机，如图4.4所示。

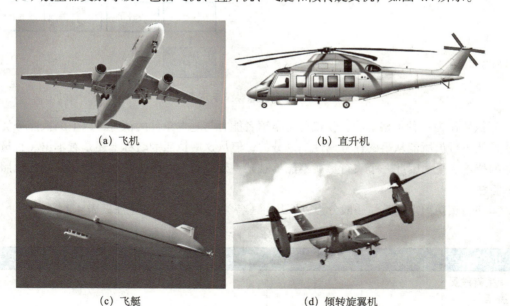

(a) 飞机　　(b) 直升机　　(c) 飞艇　　(d) 倾转旋翼机

图4.4　航空器类别

（2）航空器级别等级：以飞机级别等级为例，包括单发陆地；多发陆地；单发水上；多发水上。

（3）航空器型别等级包括审定为最大起飞全重在5 700千克以上的飞机；审定为最大起飞全重在3 180千克以上的直升机和倾转旋翼机；涡轮喷气动力的飞机；局方通过型号

合格审定程序确定需要型别等级的其他航空器。

（4）仪表等级（仅用于私用和商用驾驶员执照）：包括仪表—飞机；仪表—直升机；仪表—飞艇；仪表—倾转旋翼机。

（5）教员等级（仅用于商用和航线运输驾驶员执照）。基础教员：（A）单发飞机；（B）多发飞机；（C）直升机；（D）飞艇；（E）倾转旋翼机。仪表教员：（A）仪表—飞机；（B）仪表—直升机；（C）仪表—飞艇；（D）仪表—倾转旋翼机。型别教员。

拓展知识

1. 如果执照丢失怎么办？

申请人可以向局方申请补发，申请应当写明遗失或者损坏执照的持有人姓名、永久通信地址、邮政编码、出生地和出生日期、身份证号码，以及该执照的级别、编号、颁发日期和附加的等级。

2. 身份证有临时的，飞行员执照有没有临时的？

（1）已经审定合格的执照申请人，在等待颁发执照期间。

（2）在执照上更改姓名的申请人，在等待更改执照期间。

（3）因执照遗失或损坏而申请补发执照的申请人，在等待补发执照期间。

局方都可以为申请人颁发有效期不超过 120 天的驾驶员临时执照，临时执照在有效期内具有和正式执照同等的权利和责任。临时执照上签注的日期期满或收到所申请的执照或收到撤销临时执照的通知。

3. 执照有没有有效期？

学生驾驶员执照在颁发月份之后第 24 个日历月结束时有效期满。按 CCAR-61 部颁发的其他驾驶员执照有效期限为六年。

4. 执照的有效期是什么意思？执照到期怎么办？

仅仅是证书的有效期，执照期满不能否认持有人的经历和资格。

5. 有执照就能开飞机吗？

执行一项具体的飞行任务需要飞行员具有：有效的执照；有效的体检合格证；执照的类型与签注要与任务类型、运行环境、使用的航空器相匹配；符合任务角色所需的经历要求；执照持有人应满足相应的训练与检查要求并符合飞行安全记录要求。因此，有了执照并不一定能开飞机。

6. 外国飞行员拿什么执照？

外籍人士如果具备足够的中文能力，就可以像中国公民一样，考取民航局 CCAR-61 部中的各种执照。

外国飞行员在国外取得的飞行执照需要经过民航局的认证，并颁发认可证书。该证书认可的执照配合有效的体检合格证，才能行使该认可证书所赋予的权利。

7. 执照上的基本信息可以变化吗？

姓名和地址都是可以更改的。

（1）更改姓名，应当向局方提交书面申请，申请书应当附有该申请人现行执照、身份证和证实这种改变的其他文件。

（2）已变更永久通信地址的，应当自变更之日起 30 天内通知局方，这是强制要求的。

8.执照能放弃吗？

虽然比较可惜，但是放弃执照是允许的。

执照持有人可以自愿放弃所持执照、申请换发较低权限种类的执照或者取消某些等级的执照，但应当向局方提交具有本人签字表明自愿放弃原执照或等级的声明。如自愿放弃所持执照，再次申请执照时，原飞行经历视为无效。

资料来源：CCAR-61-R5《民用航空器驾驶员合格审定规则·A 章》

二、执照的申请和考取

（一）申请执照

符合条件的申请人，应当向民航局指定管辖权的地区管理局提交申请执照或等级的申请，申请人对其申请材料实质内容的真实性负责，并按规定交纳相应的费用（申请表在 CCAR-61 的附件中）。

在递交申请时，申请人还应当提交下述材料：

（1）身份证明；

（2）学历证明（如要求）；

（3）理论考试合格证明（如要求）；

（4）体检合格证明；

（5）原执照（如要求）；

（6）飞行经历记录本（如要求）；

（7）实践考试合格证明（如要求）；

（8）对于具有国家航空器驾驶员经历的人员，还应当提交具有航空经历记录的技术档案资料证明或等效文件；

（9）对于具有境外航空器驾驶员经历的人员，还应当提交境外驾驶员执照的复印件或扫描件；

（10）因违反本规章规定受到处罚的，自处罚之日起已满三年的证明。

（二）执照考试的一般程序

各项执照考试，应当由局方指定人员主持，并在指定的时间和地点进行。

理论考试和语言能力考试的申请人应当遵守以下条件。

（1）出示本人的居民身份证、护照或者其他局方认可的合法证件，以及本人已经获得的按本规则颁发的或境外颁发的驾驶员执照。

（2）理论考试的申请人还应出示由授权教员签字的证明，表明其已完成本规则对于所申请执照或者等级要求的地面训练或自学课程。

（三）实践考试的准考条件

实践考试的准考条件如下。

（1）在接受实践考试前 24 个日历月内已通过了必需的理论考试，并出示局方给予的理论考试成绩单。

（2）已经完成了必需的训练并获得了本规则规定的相应飞行经历。

（3）持有局方颁发的有效体检合格证。

（4）符合颁发所申请执照或等级的年龄限制。

（5）具有授权教员在其飞行经历记录本上的签字，证明该授权教员在申请日期之前的 60 天内，已对申请人进行了准备实践考试的飞行教学，并且认为该申请人有能力通过考试。

（6）持有填写完整并有本人签字的申请表。

对于航线运输驾驶员执照或者在航线运输驾驶员执照上增加等级的申请人，如果在实践考试前已被 CCAR-121 部的合格证持有人持续雇用担任飞行机组成员，并且完成所申请执照和等级相对应的经批准训练大纲规定的训练，则该申请人可以偏离实践考试前 24 个日历月内已通过了必需的理论考试的规定。

申请人没有在一天内完成申请执照或等级实践考试的全部科目，所有剩余的考试科目应当在申请人开始考试之日起的 60 个日历日内完成，没有在该 60 个日历日内完成的，申请人应当重新参加全部实践考试，包括重新完成已经完成的科目。

📖 拓展知识

考试不合格有补考吗？

是的，有补考机会。

（1）未通过理论考试或者实践考试的申请人符合下列规定可以申请再次考试：

① 接受了授权教员提供的补充训练，并且该教员认为申请人有能力通过考试；

② 同时得到向申请人提供补充训练的授权教员的签字批准。

注：商用驾驶员执照（飞机）、仪表等级（飞机）和航线运输驾驶员执照（飞机）理论考试，每种考试次数超过 4 次（不含），则训练终止。

资料来源：AC-121-FS-2013-36R2《进入副驾驶训练人员的资格要求》

（2）带有飞机或者滑翔机类别等级的飞行教员等级申请人，由于在失速识别、螺旋进入、螺旋或者螺旋改出方面教学缺乏熟练性而未通过实践考试的，则该申请人应当符合下列规定：

① 再次考试之前符合第（1）条的要求；

② 再次考试时使用与所申请等级相适应的类别的航空器，并且该航空器是对螺旋审定合格的；

③ 再次考试期间，向考试员满意地演示了在失速识别、螺旋进入、螺旋和螺旋改出方面教学的熟练性。

资料来源：CCAR-61-R5《民用航空器驾驶员合格审定规则·B 章》

三、使用飞行员执照的基本要求

（一）驾驶员执照

在中国进行国籍登记的航空器上担任飞行机组必需成员的驾驶员，应当持有按 CCAR-61 部颁发或认可的有效驾驶员执照，并且在行使相应权利时随身携带该执照。当中国登记的航空器在外国境内运行时，可以使用该航空器运行所在国颁发或认可的有效驾驶员执照。

在中国境内运行的在外国登记的航空器上担任飞行机组必需成员的驾驶员，应当持有按 CCAR-61 颁发或认可的有效驾驶员执照，或持有由航空器登记国颁发或认可的有效驾驶员执照，并且在行使相应权利时随身携带该执照。

（二）体检合格证

持有按本规则颁发或认可的执照担任航空器飞行机组必需成员的驾驶员，应当持有按中国民用航空规章《民用航空人员体检合格证管理规则》（CCAR-67FS 部）颁发或认可的有效体检合格证，并且在行使驾驶员执照上的权利时随身携带该合格证。

在外国境内使用该国颁发的驾驶员执照运行中国登记的航空器时，应持有颁发该执照要求的现行有效的体格检查证明。

（三）带有飞行教员等级的驾驶员执照

持有按本规则颁发的带有飞行教员等级的驾驶员执照的人员应当随身携带该执照或局方可接受的其他文件，方能行使飞行教员权利；未具有合适飞行教员等级的驾驶员执照持有人驾驶员不得从事下列活动。

（1）向准备获取单飞和转场单飞资格的人员提供必需的训练。
（2）签字推荐申请人获取驾驶员执照或飞行教员等级所必需的实践考试。
（3）签署驾驶员飞行经历记录本，证明该驾驶员已接受过的任何训练。
（4）在学生驾驶员执照或飞行经历记录本上签字，授予其单飞权利。

（四）仪表等级

在仪表飞行规则（instrument flight rules，IFR）条件下或在低于目视飞行规则（visual flight rules，VFR）规定的最低标准的气象条件下担任航空器的机长，应当符合下列要求之一。

（1）持有私用或商用驾驶员执照，并具有适合于所飞航空器的类别、级别、型别（如适用）和仪表等级。
（2）持有多人制机组驾驶员执照或航线运输驾驶员执照，并具有适合于所飞航空器的类别、级别和型别等级（如适用）。
（3）对于滑翔机机长，持有附带滑翔机类别等级和飞机仪表等级的驾驶员执照。

驾驶员应当遵守相应运行规章对驾驶员年龄的限制；持有 CCAR-61 部所要求的航空人员执照、体检合格证或者其他有关证件的人员，在局方检查时，应当出示相关证件原件。

四、航空器等级限制和附加训练要求

（一）担任下列航空器的机长应当持有适合该航空器的型别等级

（1）审定为最大起飞全重在 5 700 千克以上的飞机。

(2) 审定为最大起飞全重在 3 180 千克以上的直升机和倾转旋翼机。
(3) 涡轮喷气动力的飞机。
(4) 局方通过型号合格审定程序确定需要型别等级的其他航空器。

（二）批准信代替型别等级

在下列条件下，局方可以使用批准信允许没有相应型别等级的人员操作本条要求型别等级的航空器进行一次飞行或者一组飞行。

(1) 该批准信仅限于在调机飞行、训练飞行、驾驶员执照或者等级的实践考试中使用，批准的有效期限不超过 60 天。经申请人证明，在其批准期满之前，未达到完成该次或该组飞行目的的，局方可以批准增加不多于 60 天的期限。

(2) 经申请人证明，该次飞行或者该组飞行遵守第（1）条的规定是不可行的。

(3) 局方认为通过批准信上所做的运行限制可以达到同等的安全水平。

按照本条批准的运行应当遵守下列限制：

(1) 该次飞行或该组飞行不得以取酬为目的，但在训练或实践考试中所收取的航空器使用费用除外；

(2) 只能载运本次飞行必需的飞行机组成员。

> **小贴士**
> 批准信可以视为一种特殊许可，是对法规的补充。如果没有批准信会怎样？

（三）类别、级别和型别等级的要求

在载运人员或实施取酬运行的航空器上担任机长或为取酬而担任航空器机长的驾驶员，应当持有适合该航空器的类别、级别和型别等级（如果该航空器要求级别或者型别等级）。

在本条规定运行范围以外担任航空器机长的，应当符合下列条件之一：①持有适合该航空器的类别、级别和型别等级（如果该航空器要求级别或者型别等级）。②在授权教员的监视下，接受适用于该航空器的以取得驾驶员执照或者等级为目的的训练。③已经接受了本规则要求的适用于该航空器的类别、级别和型别等级（如果该航空器要求级别或型别等级）的训练，并且授权教员已在该驾驶员飞行经历记录本上签字，批准其单飞。

持有飞机类别单发陆地或多发陆地级别等级的驾驶员可以行使附带陆地等级的初级飞机执照所赋予的权利；持有飞机类别单发水上或多发水上级别等级的驾驶员可以行使附带水上等级的初级飞机执照所赋予的权利；持有飞艇类别等级的驾驶员可以行使附带小型飞艇等级的运动驾驶员执照所赋予的权利。

（四）驾驶高空运行的增压飞机所要求的附加训练

在实用升限或最大使用高度（以低者为准）高于平均海平面 7 600 米（25 000 英尺）的增压飞机上担任机组成员的驾驶员，应当完成规定的地面和飞行训练，并且由授权教员在其飞行经历记录本或训练记录上签字，证明其已经完成了附加训练。

(1) 地面训练：包括高空空气动力学和气象学；呼吸作用；缺氧的后果、症状、原因及其他高空疾病；没有补充氧气时能保持清醒的时间；长时间使用补充氧气的后果；气体膨胀和形成气泡的原因、后果；消除气体膨胀、气泡形成和其他高空疾病的预防措施；释压的物理现象和结果；以及高空飞行其他生理学方面的知识。

(2) 飞行训练：在增压飞机上或者在能代表增压飞机的经批准的飞行模拟机或飞行训

练器上进行这种训练，应当包括在7 600米（25 000英尺）以上正常巡航飞行时的操作；模拟紧急释压时合适的应急程序（无须实际使飞机释压）；以及紧急下降程序。

驾驶员提供文件证明，其在增压飞机或者在能代表增压飞机的经批准的飞行模拟机或飞行训练器上，完成了下列检查之一，则不必进行本条要求的训练：①完成了由军方执行的机长检查；②按CCAR-121完成了机长或副驾驶熟练检查。

（五）驾驶后三点飞机所要求的附加训练

在后三点飞机上担任机长的驾驶员，应当已经接受了后三点飞机的飞行训练，如图4.5所示。驾驶后三点飞机的附加训练应当包括正常起飞与着陆、侧风起飞与着陆、三点式着陆和复飞程序，厂家不推荐三点式着陆的可以不包括三点式着陆训练。

图 4.5　后三点飞机

（六）驾驶复杂飞机所要求的附加训练

在复杂飞机上担任机长的驾驶员，应当在复杂飞机上或者在代表复杂飞机的飞行模拟机或飞行训练器上，得到授权教员提供的地面和飞行训练，该教员认为其已经熟悉该飞机的系统和操作，并在飞行经历记录本上作出训练记录和证明其合格于驾驶复杂飞机的签字。

 小贴士

复杂飞机是指具有可收放起落架、襟翼和可变距螺旋桨的飞机，如图4.6所示。

图 4.6　具有可收放起落架和可变距螺旋桨的飞机

（七）本条的等级限制不适用于下列人员

（1）学生驾驶员执照的持有人。

（2）在航空器取得型号合格证之前，按试验或特许飞行证实施飞行期间，操作该航空器的驾驶员执照持有人。

（3）正在接受局方实践考试的申请人。

五、各种执照申请

各类执照申请的资格要求如表 4.3 所示。

表 4.3　各类执照申请的资格要求

相关要求	执照类型						
	学生驾驶员执照	为取得运动驾驶员执照的学生驾驶员	运动驾驶员执照	私用驾驶员执照	商用驾驶员执照	多人制机组驾驶员执照	航线运输驾驶员执照
年龄	满 16 周岁	满 16 周岁，但仅申请操作滑翔机或自由气球的为年满 14 周岁	满 17 周岁，但仅申请操作滑翔机或自由气球的为年满 16 周岁	满 17 周岁	满 18 周岁	满 18 周岁	满 21 周岁
品德	5 年内无犯罪记录	无犯罪记录	5 年内无犯罪记录	5 年内无犯罪记录	无犯罪记录	无犯罪记录	无犯罪记录
语言能力	能正确读、听、说、写汉语，无影响双向无线电通话的口音和口吃。申请人因某种原因不能满足部分要求的，局方应当在其执照上签注必要的运行限制						
文化程度	无要求	无要求	初中或者初中以上	初中或者初中以上	高中或者高中以上	本科或本科以上	高中或高中以上
体检合格证	II 级或者 I 级	现行有效体检合格证，不限种类	现行有效体检合格证，不限种类	II 级或者 I 级	I 级	I 级	I 级
前提执照要求	无要求	无要求	无要求	无要求	私用驾驶员执照	私用驾驶员执照	商用驾驶员执照和仪表等级或多人制机组驾驶员执照

表 4.3 所列只是最基本的要求，参加相应的培训，完成要求的飞行科目，达到要求的飞行经历，通过相应的理论与实践考试，才能最终拿到申请的执照。

（一）学生驾驶员执照

学生驾驶员单飞要求详见 CCAR-61 部第 61.105 条。

对学生驾驶员的一般限制详见 CCAR-61 部第 61.107 条。

学生驾驶员不得从事下列行为。

（1）在载运旅客的航空器上担任机长。

（2）以取酬为目的在载运货物的航空器上担任机长。

（3）为获取酬金而担任航空器机长。
（4）在空中或地面能见度白天小于 5 千米、夜间小于 8 千米的飞行中担任航空器机长。
（5）在不能目视参照地标的飞行中担任航空器机长。
（6）在违背授权教员对于该驾驶员飞行经历记录本中签注的限制的情况下担任航空器机长。

学生驾驶员不得在航空器型号合格审定或实施该飞行所依据的规章要求配备一名以上驾驶员的任何航空器上担任飞行机组必需成员，但在飞艇或小型飞艇上接受授权教员的飞行教学，并且该航空器上除飞行机组必需成员外没有任何其他人员时除外。

（二）私用驾驶员执照

表 4.4 概括了 CCAR-61 部对私用驾驶员执照的飞行经历要求。对私用驾驶员执照的航空知识要求详见 CCAR-61 部第 61.125 条，对私用驾驶员执照的飞行技能要求详见 CCAR-61 部第 61.127 条。

表 4.4　私用驾驶员执照的飞行经历要求（CCAR-61 部第 61.129 条）

	PPL	飞机单发	飞机多发	直升机	飞艇	倾转旋翼机
带飞		20 小时	20 小时	20 小时	25 小时	20 小时
	转场	3 小时	3 小时	3 小时	3 小时（总距离 45 千米）	3 小时
	夜间	3 小时（10 次起飞和着陆，总飞行距离 180 千米转场）	3 小时（10 次起飞和着陆，总飞行距离 180 千米转场）	3 小时（10 次起飞和着陆，总飞行距离 90 千米转场）	3 小时（5 次起飞和 5 次全停着陆）	3 小时（10 次起飞和着陆，总飞行距离 180 千米转场）
	仪表	3 小时	3 小时	0	3 小时	3 小时
	考试准备	3 小时	3 小时	3 小时	3 小时	3 小时
	模拟机或训练器	<2.5 小时	<2.5 小时	<2.5 小时		
单飞		10 小时	10 小时	10 小时		10 小时
	转场	5 小时	5 小时	5 小时		5 小时
	转场距离要求	总距离 270 千米，一个航段 90 千米	总距离 270 千米，一个航段 90 千米	总距离 180 千米，一个航段 60 千米	5 小时（机长）	总距离 270 千米，一个航段 90 千米
		3 次起飞和 3 次全停着陆	3 次起飞和 3 次全停着陆	3 次起飞和 3 次全停着陆		3 次起飞和 3 次全停着陆
	机动	10 小时	10 小时	10 小时	10 小时	10 小时
	合计	40 小时	40 小时	40 小时	40 小时	40 小时
	可折算经历	飞机 20 小时（含 10 小时带飞），直升机/倾转旋翼机/滑翔机/初级飞机 10 小时		飞机/倾转旋翼机自转旋翼机 10 小时	小型飞艇 15 小时	飞机/直升机 10 小时

PPL：private pilot license，私用驾驶员执照。

私用驾驶员执照持有人的权利和限制详见 CCAR-61 第 61.137 条。

（1）私用驾驶员执照持有人可以不以取酬为目的在非经营性运行的相应航空器上担任机长或者副驾驶。

（2）私用驾驶员执照持有人不得以取酬为目的在经营性运行的航空器上担任机长或副驾驶，也不得为获取酬金而在航空器上担任飞行机组必需成员。

（三）商用驾驶员执照

表 4.5 概括了 CCAR-61 部对商用驾驶员执照的飞行经历要求，对商用驾驶员执照的航空知识要求详见 CCAR-61 部第 61.155 条，对商用驾驶员执照的飞行技能要求详见 CCAR-61 部第 61.157 条。

表 4.5　商用驾驶员执照的飞行经历要求（CCAR-61 部第 61.159 条）

CPL		飞机单发	飞机多发	直升机	飞　艇	倾转旋翼机
机长					200 小时航空器 -50 小时飞艇	
		100 小时	100 小时	35 小时	30 小时 PIC/SPIC 10 小时夜间	100 小时 -50 小时倾转旋翼机
	转场	20 小时	20 小时	10 小时	10 小时	10 小时 -50 小时倾转旋翼机
技能训练		20 小时	20 小时	20 小时	20 小时	15 小时
	仪表	10 小时（5 小时单发飞机）	10 小时（5 小时多发飞机）	10 小时（<5 小时模拟机）	40 小时	10 小时（5 小时倾转旋翼机）
		10 小时复杂飞机	10 小时复杂飞机			
	转场	2 小时单发飞机昼间，180 千米	2 小时多发飞机昼间，180 千米	2 小时昼间，90 千米	1 小时昼间，45 千米	2 小时昼间 VFR，180 千米
		2 小时单发飞机夜间，180 千米	2 小时多发飞机夜间，180 千米	2 小时夜间，90 千米	1 小时夜间，45 千米	2 小时夜间 VFR，180 千米
	考试准备	3 小时	3 小时	3 小时	3 小时	3 小时
	特级	5 小时	5 小时（无单发等级）			
	模拟机	<5 小时	<5 小时			
单飞		10 小时	10 小时 SOLO/PIC	10 小时		10 小时
合计		250 小时	250 小时	150 小时	200 小时	250 小时
可折算经历		直升机/倾转旋翼机 50 小时	直升机/倾转旋翼机 50 小时	倾转旋翼机 30 小时		飞机/直升机 50 小时

CPL：commercial pilot license，商用驾驶员执照。
PIC：pilot in command，机长。
SPIC：surveillanced pilot in command，副机长。

商用驾驶员执照持有人的权利和限制（详见CCAR-61第61.173条）：

（1）行使相应的私用驾驶员执照持有人的所有权利；

（2）在以取酬为目的经营性运行的航空器上担任机长或副驾驶，但不得在相应运行规章要求机长应当具有航线运输驾驶员执照的运行中担任机长；

（3）为获取酬金而担任机长或副驾驶。

根据CCAR-61部第61.173条，带有飞机类别等级的商用驾驶员执照持有人如未持有同一类别和级别的仪表等级，局方将在其执照上签注"禁止在飞机转场飞行中为获取酬金而载运旅客"。当该执照持有人满足了本规则第61.83条与其商用驾驶员执照为同一类别和级别的仪表等级要求时，局方可以撤销这一限制。

在下列情形下，执照持有人不再具有按照本规则颁发的商用驾驶员执照权利。

（1）执照持有人由于故意行为，致使公共财产、国家和人民利益遭受重大损失的：

① 造成死亡1人以上，或者重伤3人以上的；

② 造成公共财产直接经济损失30万元以上，或者直接经济损失不满30万元，但间接经济损失150万元以上的；

③ 严重损害国家声誉，或者造成恶劣社会影响的；

④ 其他致使公共财产、国家和人民利益遭受重大损失的情形。

（2）执照持有人在事故和事故征候调查期间，故意隐瞒事实、伪造证据或销毁证据的。

（3）被追究刑事责任的。

（四）航线运输驾驶员执照

表4.6概括了CCAR-61部对航线运输驾驶员执照的飞行经历要求。对航线照的航空知识要求详见CCAR-61部第61.185条。对航线照飞行技能要求详见CCAR-61部第61.187条。对于航线照飞机驾驶员的飞行经历要求详见CCAR-61部第61.189条。

表4.6 航线运输驾驶员执照的飞行经历要求（CCAR-61部第61.189条）

ATPL	飞机	直升机	倾转旋翼机
转场	500小时	100小时～200小时 PIC/SPIC	100小时
夜间	100小时	50小时（15小时直升机上）	100小时
仪表	75小时实际/模拟仪表（50小时实际飞行）	30小时实际/模拟仪表（20小时实际飞行）	75小时实际/模拟仪表（50小时实际飞行）
机长	250小时PIC/SPIC（PIC—70小时）或500小时SPIC—100小时转场—25小时夜间	250小时（PIC—70小时）	250小时PIC/SPIC（PIC—70小时）—50小时转场—25小时夜间
模拟机或训练器	<100小时（训练器<25小时）	<25小时（IR）	<100小时（训练器<25小时）
合计	1 500小时	1 000小时	1 500小时

ATPL：airline transport pilot license，航线运输驾驶员执照。

航线运输驾驶员执照持有人的权利和限制如下。

（1）航线运输驾驶员可以行使相应的私用和商用驾驶员执照以及仪表等级的权利。

（2）航线运输驾驶员可以在从事公共航空运输的航空器上担任机长和副驾驶。

（3）如果飞机类别的航线运输驾驶员执照持有人以前仅持有多人制机组驾驶员执照，除非其飞行经历已满足本规章中对在单驾驶员运行的飞机中行使商用驾驶员执照权利的所有要求，否则在其执照的多发飞机等级上签注"仅限于多人制机组运行"。

根据 CCAR-61 部第 61.197 条，在下列情形下，执照持有人不再具有按照本规则颁发的航线运输驾驶员执照权利以及商用驾驶员执照或多人制机组驾驶员执照权利。

（1）执照持有人由于故意行为，致使公共财产、国家和人民利益遭受重大损失的：① 造成死亡 1 人以上，或者重伤 3 人以上的；② 造成公共财产直接经济损失 30 万元以上，或者直接经济损失不满 30 万元，但间接经济损失 150 万元以上的；③ 严重损害国家声誉，或者造成恶劣社会影响的；④ 其他致使公共财产、国家和人民利益遭受重大损失的情形。

（2）执照持有人在事故和事故征候调查期间，故意隐瞒事实、伪造证据或销毁证据的。

（3）被追究刑事责任的。

（4）在下列情形下，执照持有人不再具有按照本规则颁发的航线运输驾驶员执照权利，并不得在从事公共航空运输的航空器上担任机长和副驾驶：① 执照持有人被认定为特别重大或重大飞行事故责任人；② 执照持有人被认定为较大飞行事故责任人；③ 执照持有人被认定为一般飞行事故责任人。

六、增加等级的要求

根据前文的介绍，执照的作用只是一种基本资质的认可，能否执行一项具体任务还要看执照上的签注，即航空器类别、级别、型别等级和仪表等级。飞行员的成长可以说就是一个"考级通关"的过程。本节就介绍一下如何在执照上增加等级。

首先，不是所有执照都可以增加前面提到的所有等级，有些执照对等级是有基本要求的，有些执照又无法承载一些等级，具体可以回顾表 4.1。

增加航空器等级的要求可概括为表 4.7，详见 CCAR-61 部第 61.81 条。增加仪表等级要求详见 CCAR-61 部第 61.83 条。夜间飞行限制详见 CCAR-61 部第 61.171 条。

不满足夜间飞行训练要求的申请人可为其颁发带有"禁止夜间飞行"限制的驾驶员执照。带有"禁止夜间飞行"限制的驾驶员执照持有人，不得在从事公共航空运输的航空器上担任驾驶员。当上述执照持有人完成了本规则所要求的相应的夜间飞行训练，并向考试员出示授权教员签注的飞行经历记录或训练记录，证明其完成了要求的夜间飞行训练并经考试员考试合格时，局方可撤销签注在该执照上的"禁止夜间飞行"限制。

表 4.7 增加等级的要求

	增加 类别等级	增加 级别等级	增加型别等级（或者在增加类别等级或级别等级的同时增加型别等级）	增加 仪表等级
要求	训练、经历； 航空知识、 飞行技能； 理论考试、 实践考试	训练、经历； 航空知识、飞行技能； 理论考试、实践考试	持有或者同时取得适合于所申请类别、级别或型别等级的仪表等级； 航空知识、飞行技能	持有私照； 理论培训、考试； 经历、飞行训练、实践考试
内容	飞机、直升机、飞艇、倾转旋翼机	单发陆地、多发陆地、单发水上、多发水上	审定为最大起飞全重在 5 700 千克以上的飞机、审定为最大起飞全重在 3 180 千克以上的直升机和倾转旋翼机、涡轮喷气动力的飞机、局方通过型号合格审定程序确定需要型别等级的其他航空器	NDB/VOR/ILS/RNP
特例		持有飞机或初级飞机类别的申请人在同种执照的同类别等级中增加级别等级，不需要参加理论考试		

NDB：non-directional beacon，无指向性无线电信标。
VOR：very high frequency omnidirectional radio range，甚高频全向信标。
ILS：instrument landing system，仪表着陆系统。
RNP：required navigation performance，所需性能导航。

七、语言能力要求和无线电通信资格

无线电通话是飞行过程中一个必需的环节，沟通中的误解是大量飞行事故的主要诱因，因此在执照管理中，须通过对特定语言能力的签注来确保飞行员具有足够运行需要的语言能力，在 CCAR-61 部中对此也作出了详细的规定。

（一）汉语语言能力

根据第 61.29 条，取得驾驶员执照的人员通过了局方组织或认可的汉语语言能力 4 级或 4 级以上测试的，在执照上签注相应的等级，方可在使用汉语进行通信的飞行中进行无线电陆空通信。2014 年 12 月 31 日之前已获得执照的中国籍驾驶员，等同于获得汉语语言能力 6 级。

这里的 4 级相当于正常的普通话，不能带严重的口音。

一般情况下的汉语能力 4 级是指由教育部、国家语言文字工作委员会推出、教育部考试中心组织实施的国家级汉语综合应用能力测试与评价项目，简称 HNC。测试一共分为六个等级，测试内容包括听力、口语和阅读、写作。按汉语 4 级要求，能用普通话流畅地表达和交流。

而局方组织或认可的汉语能力 4 级则是根据国际民航组织的要求，针对航空专业用语专门进行的考试。这种考试中按照语言能力的评定标准划分为六级，分别为次初级、初级、次工作级、工作级、提高级和熟练级,从发音、结构、词汇、流畅程度、理解能力和应对能力六方面对其进行评估。4级即为工作级,这也是无线电通信的最低级别要求。

(二)英语语言能力

申请飞行执照,本身并没有英语要求,而是对汉语有明确要求,能够正确听、说、读、写汉语,下列情况对英语能力有要求。

(1)执行国际地区航线,必须达到ICAO4级。

(2)汉语不合格的(外国人或中国人),如果达到ICAO4级,可以申请执照。

(3)执行国内有英语要求的航线,机组使用英语通话,需要达到ICAO4级。

(4)进入121航空公司飞喷气飞机,或者在喷气飞机上升级机长,都需要通过ICAO3级。

上面说的英语级别是通过民航局组织的ICAO飞行员英语考试(简称PEPEC)取得的。

取得驾驶员执照的人员通过了局方组织或认可的英语语言能力3级或3级以上测试的,在执照上签注相应的等级。在2008年3月4日以前颁发的执照上已取得英语无线电陆空通信签注的,等同于英语语言能力3级。

小贴士

英语语言能力等级复试周期

4级	每三年
5级	每六年
6级	不要求复试
4级或5级过期了	视为3级

执照持有人在使用英语通信前,其执照上应当具有英语语言能力4级或4级以上的等级签注。对于执照上签注的英语语言能力低于6级的,还应当定期通过英语语言能力等级测试。

执照上签注了语言能力4级以上的人员,具有相应语言的无线电通信资格。

📖 拓展知识:

国际民用航空组织(ICAO)对多年来发生的航空事件、事故分析研究的结果表明,航空英语的运用能力不强是航空事故的主要原因之一,具体表现为航空工作人员(如航空器飞行员、管制员)的英语听力和口语表达能力不达标。因此ICAO要求所有从事国际航空运行的飞行员和管制员必须达到ICAO规定的语言等级4级及以上水平。从2008年3月5日开始,从事国际航空运行和国内特殊航线运行的民航飞行员必须达到ICAO航空英语4级及以上的语言等级标准才可以从事相关运行业务。为了满足ICAO针对飞行员设定的新的语言测试和最低语言技能要求,提高中国民航广大飞行人员的英语水平以满足航空运行要求,同时更加有效、专业地评价飞行人员民航语言运用能力,根据ICAO规定的国际标准,中国民用航空局飞行标准司开发了基于网络的中国民航飞行人员英语能力测试系统(pilots' English proficiency examination of CAAC,即PEPEC)。

资料来源:中国民用航空局. 中国民航飞行人员英语语言能力测试考试大纲[S]. 第三版. 2015.

八、执照的检查与管理

执照及其签注并不是一劳永逸的，拿到执照和签注后还要接受局方持续的检查和管理，航空人员应当接受局方定期或者不定期的检查和考核；经检查、考核合格的，方可继续担任其执照载明的工作。本节就看看飞行员面临的各种检查，如表 4.8 所示。

定期检查的要求详见 CCAR-61 部第 61.57 条。

熟练检查的要求详见 CCAR-61 部第 61.59 条。

表 4.8 执照检查的要求

类型	定期检查	熟练检查
适用范围	除学生驾驶员执照外，按 CCAR-61 部颁发的驾驶员执照的持有人	对于商业运行，担任机长或者在型号合格审定要求配备一名以上驾驶员的航空器上担任副驾驶的驾驶员
检查周期	应当在行使权利前 24 个日历月内	应当在行使权利前 12 个日历月内
检查内容	其取得的每个航空器类别、级别和型别等级（如适用）	针对所飞航空器的类别、级别和型别等级（如适用）
检查方式	至少 1 小时的理论检查和至少 1 小时的飞行检查；理论检查可以采用笔试或者口试的方式；飞行检查由考试员在航空器或者相应的飞行模拟机上实施	由考试员在航空器或相应的飞行模拟机上实施
检查的替代	按照本规则实施的执照和等级实践考试；按照本规则第 61.59 条或 CCAR-121 部规定完成的熟练检查；滑翔机类别运动驾驶员执照持有人可以用至少三次教学飞行代替定期检查中要求的 1 小时飞行检查，且每次飞行应达到起落航线的高度	按照本规则实施的执照和等级实践考试；按照 CCAR-121 部规定完成的熟练检查
检查期限		在规定到期的那个月之前或之后一个日历月内完成了检查，都认为是在到期的那个月完成的

九、飞行经历记录本

飞行记录本详尽要求飞行员在执行每一次航班任务时，填写飞行日期、航空器型号、航班登机号、航段记录、航班号、着陆次数、飞行员的飞行经历时间以及机组的飞行讲评情况等，为飞行员提供了每一次执行航班任务的详细、规范的记录。这些记录，不仅对公司随时掌握飞行员的飞行任务、飞行时间、飞行状态等有据可查，同时，对飞行员本身良好的飞行习惯、严谨的飞行作风、认真的飞行总结等都大有益处。从长期来看，也给飞行安全提供了坚实的基础。按照第 61.51 条规定：飞行驾驶员必须以局方可接受的方式将用于满足本规则中执照、等级或定期检查要求的训练时间、航空经历和满足本规则近期飞行经历的航空经历如实地记录在飞行经历记录本中。

在以下情况下都要出示飞行经历记录本。

（1）在局方授权的检查人员要求检验时。

（2）学生驾驶员在所有转场单飞中应当携带学生驾驶员执照（如适用）和飞行经历记录本。

（3）除了机长以外其他所有类别的驾驶员的飞行经历时间需要签字证明。

（4）非飞行经历时间不得填入飞行经历记录本。

拓展知识

"云执照"和"FSOP"

"云执照"，又称航空器驾驶员电子执照，是指航空器驾驶员执照带有数字签名的电子版本，该版本以基于计算机云数字信息为基础，由中国民用航空局飞行标准职能部门制作、核发并载有航空器驾驶员注册和签注信息。

2016年9月22日，中国民航局飞行标准司下发了《关于启用航空器驾驶员"电子执照"的通知》。在飞行标准监督管理系统（flight standards oversight program，FSOP）二期系统中开发了基于计算机云的航空器驾驶员电子执照，以下称"云执照"，即日起开放下载试用。

试用期内云执照和纸版执照有同等效力，在国内飞行可只携带一种执照；试用期内如遇问题，可在应用内"意见反馈"栏目直接反馈。局方进行日常监察时应优先检查云执照。

国际、地区飞行应携带传统执照，如遇检查可先出示云执照，争取对方的认可。我司已经与国际民航组织和部分常飞国家先行沟通并介绍过云执照。

云执照带有经历记录本功能，可以按照运行特点分类记录飞行经历时间。当持有人需要将以前的经历记录本数据记入云执照中时，可汇总后填写在"历史经历"栏。对于航班运行，多数航班可自动获取起飞降落时刻数据，滑出滑入时需要人工调整。

2017年1月1日以后，所有学生驾驶员执照持有人和外送学生必须使用该电子飞行经历记录。

云执照可离线存储，在无网络环境下正常使用，但经历记录需要在线填写和显示，因此请在有网络的环境下使用。

FSOP是局方对航空运营人的飞行标准监管系统，用于改进监管方式和手段，提高系统安全风险识别和防控水平，建立安全信息综合分析系统和安全绩效管理机制。其目的在于提高航空运营人的安全水平，更新民航安全监管理念和方法，强化规章执行的标准化、推进电子化办公和提高政府工作效率。FSOP以系统安全为理念，风险管理方式为核心，通过SAI（安全属性监察）和EPI（要素绩效监察）数据收集工具，对安全、风险、系统、系统安全过程的闭环管理，分别验证手册流程的文文相符和文实相符，以实现对安全态势的预期和管理决策，并通过该系统搭建一个知识库与经验交流平台。也为民航全体飞行标准监察员构建一个集监察计划制订、监察信息收集、风险管理和控制以及航空公司运行规范管理等为一体的日常监察工作平台和决策分析平台，最终形成以系统安全评估为基础、以风险管理为核心的航空运行安全监管模式。

资料来源：AC-61-FS-25《民用航空驾驶员电子执照管理规定》。

第二节　对机长的要求

机长是航空器内拥有最高指挥权的人，制服上拥有四条金色或白色斑纹，肩章也是醒目的四条杠。根据《中华人民共和国民用航空法》，在执行飞行期间，机长负责领导机组的一切活动，对航空器和航空器所载人员及财产的安全、航班正常、服务质量和完成任务负责。机组全体成员必须服从机长命令，听从机长指挥。

在商业运输中，仅仅是持有执照的飞行员只能叫飞机驾驶员，只有被航空公司聘为机长，担负起机长的职责，作为一名飞行员的价值才能得到最大的体现。当然要获得这个认可，飞行员所付出的努力就要远远超出执照的要求。本节将介绍作为一名机长的权利与义务。本节内容主要参考了CCAR-91部和CCAR-121部，对于CCAR-135部的要求，由于篇幅所限，不做具体展开。

根据《中华人民共和国民用航空法》第43条，民用航空器机组由机长和其他空勤人员组成。机长应当由具有独立驾驶该型号民用航空器的技术和经验的驾驶员担任。如果机组中有两名以上正驾驶员，必须指定一名为机长。飞行中，机长因故不能履行职务的，由仅次于机长职务的驾驶员代理机长；在下一个经停地起飞前，民用航空器所有或者承租人应当指派新机长接任。

一、民用航空器机长的职责和权限

关于机长的职责和权限在《中华人民共和国民用航空法》和CCAR-91部《一般运行与飞行规则》，以及CCAR-121部、CCAR-135部中都有描述。前两部法规是原则性的、通用的定义，后两部法规则是与公司的运行标准进行结合，将机长的职责细化为各种工作规范。此处先将前两部法规中的相关条款进行归纳概括。后两部法规的相关条款作为运行要求放在下一节介绍。

对《中华人民共和国民用航空法》和CCAR-91部中机长的权利和义务概括如下。

（一）权利

1. 操作权

民用航空器的操作由机长负责，机长应当严格履行职责，保护民用航空器及其所载人员和财产的安全。

2. 运行检查权

机长应当对民用航空器实施必要的检查；未经检查，不得起飞；机长发现民用航空器、机场、气象条件等不符合规定，不能保证飞行安全的，有权拒绝起飞。

3. 治安权

对于任何破坏民用航空器、扰乱民用航空器内秩序、危害民用航空器所载人员或者财产安全以及其他危及飞行安全的行为，在保证安全的前提下，机长有权采取必要的适当措施。

4. 最终决定权

飞行中遇到特殊情况时，为保证民用航空器及其所载人员的安全，机长有权对民用航空器做出处置；在飞行中遇到需要立即处置的紧急情况时，机长可以在保证航空器和人员安全所需要的范围内偏离 CCAR-91 的任何规定。

5. 机组管理权

机长发现机组人员不适宜执行飞行任务的，为保证飞行安全，有权提出调整。

（二）义务

1. 遇险处置

民用航空器遇险时，机长有权采取一切必要措施，并指挥机组人员和航空器上其他人员采取抢救措施。在必须撤离遇险民用航空器的紧急情况下，机长必须采取措施，首先组织旅客安全离开民用航空器；未经机长允许，机组人员不得擅自离开民用航空器；机长应当最后离开民用航空器。

2. 事故报告

民用航空器发生事故，机长应当直接或者通过空中交通管制单位，如实将事故情况及时报告国务院民用航空主管部门；机长必须负责以可用的最迅速的方法将导致人员严重受伤或死亡、航空器或财产的重大损坏的任何航空器事故通知最近的有关当局；在处置特殊情况时，发生的偏离 CCAR-91 部规定的行为，在局方要求时，机长应当向局方递交书面报告。如果在危及航空器或人员安全的紧急情况下必须采取违反当地规章或程序的措施，机长必须毫不迟疑地通知有关地方当局。如果事故征候发生地所在国提出要求，机长必须向该国有关当局提交关于违章情况的报告；同时，机长也必须向登记国提交这一报告的副本。此类报告必须尽早提交，通常应在十天以内。

3. 遇险协助

机长收到船舶或者其他航空器的遇险信号，或者发现遇险的船舶、航空器及其人员，应当将遇险情况及时报告就近的空中交通管制单位并给予可能的合理的援助。

📖 拓展阅读：

2018 年 5 月 14 日，刘传健机长带领机组冷静沉着处置罕见飞行特情，在驾驶舱挡风玻璃破裂脱落的情况下，将 3U8633 航班安全备降，确保了全机所有人员安全。习近平总书记表示："生死关头，你们临危不乱、果断应对、正确处置，确保了机上 119 名旅客生命安全。……授予你们'英雄机组''英雄机长'的光荣称号是当之无愧的。处置险情时，你们所做的每一个判断、每一个决定、每一个动作都是正确的，都是严格按照程序操作的。危急关头表现出来的沉着冷静和勇敢精神，来自你们平时养成的强烈责任意识、严谨工作作风、精湛专业技能。我们要在全社会提倡学习英雄机组的英雄事迹，更要提倡学习英雄机组忠诚担当、忠于职守的政治品格和职业操守。"

资料来源：中华人民共和国司法部. 习近平会见四川航空"中国民航英雄机组"全体成员[EB/OL]. http://www.moj.gov.cn/pub/sfbgw/gwxw/ttxg/201809/t20180930_166261.html.(2018-09-30)[2023-05-20].

二、机长训练的进入条件

根据CCAR-121部第121.417条，进入机长训练的驾驶员，应当满足CCAR-61部中对申请航线运输驾驶员执照所规定的资格要求和经历要求。此外，在进入组类Ⅱ飞机的升级训练或担任机长之前，需满足表4.9列举的附加条件。

表4.9　机长训练的进入条件

飞机类型	最大起飞全重136 000千克（含）以下的飞机	最大起飞全重136 000千克（不含）以上的飞机
担任机长时间	一年以上	一年以上
机长飞行经历时间	≥300小时	≥500小时
总驾驶员飞行经历时间	≥2 200小时	≥4 000小时
不具有上述机长经历时总驾驶员飞行经历时间	≥2 700小时 组类Ⅱ飞机上≥1 000小时	≥5 500小时 组类Ⅱ飞机上≥2 500小时
不具有上述机长经历时	≥400个包括起飞和着陆的航段；在本机型≥200个包括起飞着陆的航段	≥450个包括起飞和着陆的航段；在本机型≥250个包括起飞着陆的航段

> **小贴士**
>
> 飞机组类是指为方便机组成员和飞行签派员的训练管理，根据飞机动力装置的区别对飞机划分的种类。
>
> 组类Ⅰ：以螺旋桨驱动的飞机，包括以活塞式发动机为动力的飞机和以涡轮螺旋桨发动机为动力的飞机。
>
> 组类Ⅱ：以涡轮喷气发动机为动力的飞机。为飞行机组成员训练需要，根据飞机最大起飞全重，再将组类Ⅱ飞机分为5 700千克（含）至136 000千克（含）和136 000千克（不含）以上两个种类。

三、机长近期飞行经历要求

根据CCAR-61部第61条，对机长的近期飞行经历要求如表4.10所示。

表 4.10　机长的近期飞行经历要求

经历要求	一般经历要求	夜间起飞和着陆经历要求	仪表经历要求
适用范围	在载运旅客的航空器或型号合格审定要求配备一名以上飞行机组成员的航空器上担任机长的驾驶员	在夜间（日落后 1 小时至日出前 1 小时）担任载运旅客的航空器机长的驾驶员	在仪表飞行规则或在低于目视飞行规则规定的最低标准气象条件下担任机长的驾驶员
执行标准	飞行前 90 天内，在同一类别、级别和型别（如适用）的航空器上，作为飞行操纵装置的唯一操纵者，应当至少完成 3 次起飞和 3 次全停着陆	飞行前 90 天内，在同一类别、级别、型别（如适用）的航空器上，作为飞行操纵装置的唯一操纵者，应当至少在夜间完成 3 次起飞和 3 次全停着陆	飞行前 6 个日历月内，在相应类别航空器或相应的飞行模拟机或飞行训练器上，应当在实际或模拟仪表条件下完成至少 6 次仪表进近，并完成等待程序和使用导航系统截获并跟踪航道的飞行。担任滑翔机机长的，应当至少记录有 3 小时仪表飞行时间
替代方案	驾驶员可以在没有载运旅客的航空器上，在昼间目视飞行规则或昼间仪表飞行规则条件下担任机长完成飞行；也可以在经局方批准的飞行模拟机上完成	可以在经局方批准的飞行模拟机上完成	在相应的航空器上通过由考试员实施的仪表熟练检查后，方可担任机长。仪表熟练检查的内容由考试员从仪表等级实践考试的内容中选取。仪表熟练检查的部分或全部内容可在相应的飞行模拟机或飞行训练器上实施

1. 航线检查

根据 CCAR-121 部第 463 条，机长应当在前 12 个日历月内，在其所飞的一个型别飞机上通过航线检查，在检查中圆满完成机长职责。

由于 CCAR-121 部和 CCAR-135 部执行的是更高的标准，对于满足 CCAR-121 部中第 121.461 和 121.465 条或者 CCAR-135 部中第 135.249 条规定的驾驶员，视为满足机长近期飞行经历要求。

2. 机长的特殊区域、航路和机场合格要求（根据 CCAR–121 部第 469 条）

（1）局方可以根据周围地形、障碍物、复杂的进近程序或者离场程序等因素，将某些机场确定为特殊机场，要求机长具有特殊的机场资格，并可以对某些区域或者航路提出特殊类型的导航资格要求。

（2）合格证持有人应当保证，在飞往或者飞离特殊机场的运行中担任机长的驾驶员，应当在前 12 个日历月之内曾作为飞行机组成员飞过该机场（包括起飞和着陆），或者曾使用经局方认可的该机场图形演示设备或者飞行模拟机进行训练并获得资格。但是，如果机场的云底高度，至少高于最低航路高度（MEA）、最低超障高度（MOCA）或者该机场仪表进近程序规定的起始进近高度最低者之上 300 米（1 000 英尺），而且该机场的能见度至少为 4 800 米（3 英里），则进入该机场（包括起飞或者着陆）时，可以不对机长作特殊机场资格要求。在需要特殊类型导航资格的航路或者区域上两个航站之间担任机长的驾驶员，应当在前 12 个日历月之内，以局方认可的方式，证明其使用该导航系统合格。

四、机长在公司飞行运作中的职责

(一)机长在公司运作中的职责

根据 CCAR-121 部飞行运作的规定,可以将机长在公司运作中的职责概括如下。

(1) 机长和飞行签派员应当对飞行的计划、延迟和签派或者放行是否遵守中国民用航空规章和合格证持有人的运行规范共同负责。

(2) 机长和运行副总经理应当对飞行的放行、延续、改航和终止是否遵守中国民用航空规章和合格证持有人的运行规范共同负责。

(3) 机长对飞行前的计划和飞行中的运行是否遵守中国民航规章和合格证持有人的运行规范负责。

(4) 在飞行期间,机长负责控制飞机和指挥机组,并负责旅客、机组成员、货物和飞机的安全。

(5) 在飞行期间,机长对于飞机的运行拥有完全的控制权和管理权。这种权力没有限制,可以超越机组其他成员及他们的职责,无论机长是否持有执行其他机组成员职责所需的有效证件。

(6) 机长应当保证在每次飞行中,飞机上带有合适的航空图表资料,其中应当包含有关导航设施和仪表进近程序的足够信息。在每次飞行中,每个机组成员应当有一个处于良好工作状态的手电筒,供其随时使用。

(7) 在飞行中遇到气象条件、地面设施或者导航设施不正常时,如果机长认为这些情况对其他飞行的安全十分重要,应当尽快通知有关的地面站或者空中交通管制员、飞行签派员。

(8) 在需要立即决断和处置的紧急情况下,机长可以采取他认为在此种情况下为保证飞行安全应当采取的任何行动。在此种情况下,机长可以在保证安全所需要的范围内偏离规定的运行程序与方法、天气最低标准和其他规定。当机长或者相关管理人员行使应急权力时,应当将飞行的进展情况及时准确地报告给相应的空中交通管制部门。宣布应急状态的人员应当通过该合格证持有人的运行副总经理,向局方书面报告任何偏离。宣布应急状态的人员应当在飞行结束或者返回驻地后 10 天内提交书面报告。

(9) 机长应当确保在飞行期间发生的所有机械不正常情况,都能在该飞行时间结束时如实填入飞机飞行记录本。每次飞行前,机长应当清楚地了解上次飞行结束时在记录本上所填的所有故障的处置情况。

 小贴士

当运行副总经理或者机长认为该次飞行不能按照计划安全地运行时,运行副总经理对取消、改航或者延迟飞行负责。

机长权利可以授权给其他人员,详见表 4.11 的总结。

表 4.11　机长授权其他人员的情况

可以向机长取得授权，操纵飞机的人员	可以向机长取得授权，进入飞机驾驶舱的人员
（1）运行该飞机的合格证持有人的合格驾驶员； （2）得到机长允许、有资格在该飞机上飞行的正在执行飞行运行检查任务的局方监察员或者局方委任代表； （3）得到机长允许、有资格在该飞机上飞行并且获得了局方和运行该飞机的合格证持有人批准的另一合格证持有人的驾驶员。	（1）机组成员； （2）正在执行任务的局方监察员或者局方委任代表； （3）得到机长允许并且其进入驾驶舱对于安全运行是必需或者有益的人员； （4）经机长同意，并经合格证持有人特别批准的其他人员。 注意：机长的应急决定权决定了机长为了安全是可以要求以上人员离开驾驶舱的

（二）驾驶舱门的关闭与锁定

根据CCAR-121部第605条，载运旅客飞机的机长应当保证，如果驾驶舱和客舱有门分隔，在飞行期间应关闭并锁定该门。除非以下两种情况。

（1）起飞和着陆期间，如果驾驶舱门是通往必需的旅客应急出口或者地板高度出口的通道。

（2）在执行任务的机组成员需要进入客舱或者驾驶舱时，或者规定准许进入驾驶舱的人有必要进入驾驶舱时。

（三）最低油量的宣布

根据CCAR-121部第555条，在决定在某一特定机场着陆时，如经计算表明对飞往该机场现行许可的任何改变会导致着陆时的机载剩余可用燃油量低于计划最后储备燃油量时，机长必须通过宣布"最低油量"或"MINIMUM FUEL"向空中交通管制部门通知最低油量状态，并通知飞行签派员。宣布"最低油量"是通知空中交通管制部门对现行许可的任何改变会导致使用低于签派的最后储备燃油着陆。这并非指紧急状况，仅表示如果再出现不适当耽搁很可能发生紧急状况。当预计在距离最近的能安全着陆的合适机场着陆时的机载剩余可用燃油量低于计划最后储备燃油量时，机长必须通过广播"MAYDAY MAYDAY MAYDAY FUEL"宣布燃油紧急状况。

> **小贴士**
>
> 最低油量是指飞行过程中应当报告空中交通管制员采取应急措施的一个特定燃油油量最低值。该油量是在考虑到规定的燃油油量指示系统误差后，最多可以供飞机在飞抵着陆机场后，能以等待空速在高于机场标高450米（1500英尺）的高度上飞行30分钟。

（四）发动机不工作时的着陆和报告（根据CCAR-121部第561条）

（1）对于所有飞机，在飞机发动机失效，或者为防止可能的损坏而停止发动机运转时，机长均应当按照飞行时间在距离最近的能安全着陆的合适机场着陆。

（2）如果装有三台或者三台以上发动机的飞机只有一台发动机失效或者停止运转，机长在考虑到下列因素后，认为飞往另一机场与在最近的合适机场着陆同样安全时，则可以飞往所选定的另一机场。

① 故障的性质和继续飞行可能出现的机械上的困难。
② 发动机停止运转时的高度、重量和可用的燃油量。
③ 航路上和可以着陆机场的气象条件。
④ 空中交通的拥挤情况。
⑤ 地形种类。
⑥ 机长对所使用的机场的熟悉程度。

（3）机长应当把飞行中发动机停止的情况尽快报告给有关的空中交通管制员和飞行签派员，并随时报告飞行进展的全部情况。

（4）如果机长未在按照飞行时间距离最近的合适机场着陆，而选定另一机场着陆，那么在完成该次飞行后，机长应当向运行经理呈交书面报告一式两份，陈述其具有同等安全程度的理由。运行经理应当于驾驶员返回基地后 10 天内把签有其意见的报告副本提交给局方。

（五）在不安全状况中继续飞行（根据 CCAR-121 部第 645 条）

（1）当机长或者飞行签派员（仅国际和国内定期载客运行时）认为该次飞行不能安全完成时，除非该机长认为已经没有更安全的程序可以执行，机长不得允许该次飞行继续飞往所签派或者放行的机场。在这种情况下，继续飞往该机场就处于本规则第 121.556 条和第 121.558 条规定的紧急状态。

（2）如果用于该种运行的任何仪表或者某一设备在航路上失效，机长应当遵循在合格证持有人手册中规定的适用于该情况的经批准程序。

第三节 对其他飞行人员的要求

关于飞行人员的要求，在 CCAR-91 部和 CCAR-121 部中有较多重复的内容，本节将就一些类似的条款进行对比，以便理解记忆。

一、飞行机组的一般规定

（一）一般规定

根据 CCAR-91-R4 部第 105 条、CCAR-121 部第 383 条，对飞行机组的一般规定如表 4.12。

表 4.12 飞行机组一般规定

CCAR-91部	CCAR-121部
任何人不得运行未处于适航状态的民用航空器。航空器的机长负责确认航空器是否处于可实施安全飞行的状态。当航空器的机械、电子或者结构出现不适航状态时，机长应当中断该次飞行	延续 CCAR-91 部的规定

续表

CCAR-91部	CCAR-121部
飞行机组的组成和人数不得少于飞行手册或其他与适航证有关的文件所规定的标准	合格证持有人在运行飞机时，其飞行机组成员不得少于所批准的该型飞机飞行手册中规定的数量，也不得少于CCAR-121部对所从事的该种运行所要求的最少飞行机组成员数量
机长必须保证每个飞行机组成员持有登记国颁发或认可的，具有适当等级并且现行有效的执照，并且机长必须对飞行机组成员保持其胜任能力表示满意	对于本规则要求应当具有飞行人员执照才能完成的两种或者两种以上职能，不得由一名飞行人员同时完成
没有对应条款	合格证持有人在按照CCAR-121部运行时，飞行机组至少配备两名驾驶员，并且应当指定一名驾驶员为机长
机长必须负责确保：①如果飞行机组任何成员因受伤、患病、疲劳、酒精或药物的影响而无法履行其职责时，不得开始飞行；②当飞行机组成员由于疲劳、患病、缺氧等原因造成的功能性损害导致执行任务的能力显著降低时，不得越过最近的合适机场继续飞行	延续CCAR-91部的规定
没有对应条款	在飞行机组必需成员中要求有飞行机械员的每次飞行中，应当有飞行机组成员在飞行机械员生病或者由于其他原因而丧失工作能力时能代替其工作，合格于应急完成相应的职能，以保证安全完成飞行。在这种情况下，飞行人员完成所代替的职能时，无须持有相应的执照

（二）对在岗位上的飞行机组成员的要求

这里的要求主要是坚守岗位和系安全带和肩带的要求，如表4.13所示，CCAR-91部与CCAR-121部的原则是一致的，CCAR-121部很好地补充了CCAR-91部。

表4.13　在岗位上的飞行机组成员要求

CCAR-91-R4部第309条 在值勤岗位上的飞行机组成员	CCAR-121部第541条 在操作位置上的飞行机组成员
坚守各自飞行岗位，除非为了履行与该航空器运行有关的职责或出于生理需要必须离开岗位	坚守岗位的要求与CCAR-91部一致。 在下列情形下，飞行机组必需成员可以离开指定的值勤位置： （1）为了完成与飞机运行有关的任务需要该机组成员离开时； （2）机组成员的离开与生理需要有关时； （3）机组成员到了休息期，并按照规定有人接替工作时

续表

CCAR-91-R4部第309条 在值勤岗位上的飞行机组成员	CCAR-121部第541条 在操作位置上的飞行机组成员
在岗位上时应当系紧安全带。 对于在中华人民共和国国籍登记的民用航空器，在起飞着陆期间，每个飞行机组成员在其岗位上必须系紧肩带。除非：机组成员座椅没有安装肩带或者该机组成员在系紧肩带时无法完成其职责	在驾驶舱值勤的每个飞行机组必需成员，在飞行过程中应当坐在指定的值勤位置并系好安全带；在起飞和着陆过程中应当坐在指定的值勤位置并系好安全带和肩带，但驾驶员之外的飞行机组成员，在履行其正常职责需要时可以松开肩带

二、驾驶员的执照要求

根据 CCAR-121 部第 453 条，只有持有航线运输驾驶员执照和该飞机相应型别等级的驾驶员，方可以在 CCAR-121 部运行的飞机上担任机长，或者在需要三名（含）以上驾驶员的运行中由符合经历要求的副驾驶作为资深副驾驶。

只有至少持有商用驾驶员执照和飞机类别、多发等级、仪表等级的驾驶员，方可以在 CCAR-121 部运行的飞机上担任副驾驶。

 小贴士

根据第 121.451 条（a）款解释，资深副驾驶是指除运行经历外，其他条件在该次运行中担任机长的副驾驶完全合格。

根据 CCAR-121 部第 417 条，进入副驾驶训练的驾驶员应当符合表 4.14 的要求。

表 4.14　副驾驶的进入条件

条件内容	拟在组类Ⅰ飞机上担任副驾驶	拟在最大起飞全重 136 000 千克（含）以下的组类Ⅱ飞机上担任副驾驶	拟在最大起飞全重 136 000 千克（不含）以上的组类Ⅱ飞机上担任副驾驶
前提条件	至少具备有关规定的资格条件，通过航线运输驾驶员执照地面理论考试		
总驾驶员时间	≥250 小时 CCAR-141 部课程毕业≥230 小时	≥500 小时 CCAR-141 部课程毕业≥250 小时	≥500 小时 CCAR-141 部课程毕业≥280 小时
高性能训练课程要求	无	按局方批准的高性能训练课程进行训练，该课程应当包括理论训练、飞行训练器训练和至少 20 小时在局方认可的高性能多发飞机上的飞行训练（其中可以包括不超过 10 小时的飞行模拟机飞行训练时间）	按局方批准的高性能训练课程进行训练，该课程应当包括理论训练、飞行训练器训练和至少 50 小时在局方认可的高性能多发飞机上的飞行训练（其中可以包括不超过 25 小时的飞行模拟机飞行训练时间）
放宽条件	无	在涡轮驱动、具备增压舱的多发飞机上担任机长飞行 70 小时或担任副驾驶飞行 300 小时的驾驶员在进入本款规定的副驾驶训练前可以不进行高性能多发飞机训练	在涡轮驱动、具备增压舱的多发飞机上担任机长飞行 100 小时或担任副驾驶飞行 500 小时的驾驶员在进入本款规定的副驾驶训练前可以不进行高性能多发飞机训练

三、驾驶员的使用限制

（一）新机型和新职位上的运行经历要求（CCAR-121 部第 121.457 条）

（1）在飞机上担任机组必需成员的人员，应当在该型别飞机和在该机组成员位置上，圆满完成本条要求的巩固知识与技术所需的飞行经验、飞行次数和航线飞行经历时间，取得规定的运行经历。但下列情况除外。

① 除机长之外的机组成员，可以按照本条规定，在担任本职工作中，获得符合本条要求的运行经历。

② 符合机长要求的驾驶员可以担任符合第 121.451 条规定条件的巡航机长或者副驾驶。

③ 对于同一型别中的各个改型，不要求在该改型上建立新的运行经历。

（2）在获得运行经历时，机组成员应当符合下列规定。

① 持有适合于该飞行机组成员职位和该飞机的执照与等级。

② 已经圆满完成有关该型别飞机和该飞行机组成员职位的相应地面与飞行训练。

③ 客舱乘务员已经圆满完成有关该机型和客舱乘务员职位的相应地面训练。

④ 这些经历应当在按照本规则实施的运行中获得。但是，当某一飞机先前未曾由合格证持有人在按照本规则实施的运行中使用过时，在该飞机验证飞行或者调机飞行中所获得的经历可以用于满足本条的运行经历要求。

（3）驾驶员应当按照下述要求获得运行经历。

① 待取得机长运行经历的驾驶员，应当在飞行检查员或者飞行教员的监视下履行机长职责。对于完成初始或者升级训练、待取得机长运行经历的驾驶员，应当在局方监察员或者局方委任代表的监督下完成规定的职责至少一个航段飞行（包括起飞和着陆）。在按照本条规定取得运行经历的过程中，飞行检查员或者飞行教员应当担任机长并坐在驾驶员座位上。

② 副驾驶应当在飞行检查员或者飞行教员监督下完成其职责。

③ 运行经历所要求的飞行经历时间和飞行次数应当符合下列规定：

（ⅰ）组类Ⅰ，活塞式发动机为动力的飞机，飞行经历时间至少 15 小时；

（ⅱ）组类Ⅰ，涡轮螺旋桨发动机为动力的飞机，飞行经历时间至少 20 小时；

（ⅲ）组类Ⅱ飞机，飞行经历时间至少 25 小时；

（ⅳ）本项要求的运行经历中，应当包括至少 4 次飞行，其中包括至少 3 次作为该飞机的操作驾驶员的飞行。其中的 1 次操作应当在高度 3 000 米（10 000 英尺）以下用人工飞行的方式操作飞机。

（4）对于新机型、新职位的驾驶员，为巩固其知识与技术，合格证持有人应当采取下列措施，保证其飞行连续性。

① 在完成新机型或者新职位上的训练之后的 120 天之内，应当安排航线飞行至少 100 小时。

② 如果驾驶员在完成必需的 100 小时航线飞行经历时间前，到该合格证持有人运行的另一型别飞机上担任驾驶员，则该驾驶员在重新回到新机型上担任驾驶员时，应当首先在飞行模拟机或者飞机上完成经批准的复习训练。

③ 对于在 120 天之内没有完成必需的 100 小时航线飞行经历时间的驾驶员，应当在飞行模拟机或者飞机上完成熟练检查并重新建立 120 天之内 100 小时的航线飞行经历。

（二）驾驶员的使用限制和搭配要求（CCAR-121 部第 121.459 条）

（1）如果副驾驶在所飞机型上的飞行经历时间少于 100 小时，并且机长不具备飞行检查员或者飞行教员资格，则在下列情况下，应当由机长完成所有起飞和着陆。

① 在局方规定或者合格证持有人规定的特殊机场。

② 机场的最新气象报告中有效能见度值等于或者小于 1 200 米（3/4 英里），或者跑道视程（RVR）等于或者小于 1 200 米（4 000 英尺）。

③ 所用跑道有水、雪、雪浆或者严重影响飞机性能的情况。

④ 所用跑道的刹车效应据报告低于"好"的水平。

⑤ 所用跑道的侧风分量超过 7 米 / 秒（15 海里 / 小时）。

⑥ 在机场附近据报告有风切变。

⑦ 机长认为需谨慎行使机长权力的任何其他情况。

（2）在安排飞行机组搭配时，应当至少有一名驾驶员在该型别飞机上具有 100 小时的航线飞行经历时间。但在下列情况下，局方可以根据合格证持有人的申请，使用对其运行规范作适当增补的方法，批准偏离本款的要求。

① 新审定合格的合格证持有人没有雇用任何符合本款最低要求的驾驶员。

② 现有合格证持有人在其机群中增加了以前未在其运行中使用过的某型飞机。

③ 现有合格证持有人建立了新的基地，指派到该基地的驾驶员需要在该基地运行的飞机上取得资格。

（3）合格证持有人应当建立一套飞行机组排班系统，保证科学合理地搭配飞行机组成员，安全地完成所分派的任务。搭配飞行机组成员时应当考虑以下因素。

① 飞行机组成员的经历、资格满足所飞区域、航路、机场和特殊运行的要求。

② 飞行机组成员对所飞机型得到充分训练，使用设备、操纵飞机的整体能力满足运行要求。

③ 飞行机组成员的年龄和性格特征。

④ 所执行的飞行任务的其他特点。

（三）驾驶员的近期经历要求

前 90 个日历日之内，在所服务的该型别飞机上，至少已做过 3 次起飞和着陆。

起飞和着陆可以在经批准的飞行模拟机上完成，在任一连续的 90 个日历日内未能完成要求的 3 次起飞和着陆的人员，应当重新建立近期经历。

关于如何在模拟机上建立近期经历详见 CCAR-121 部第 121.461 条（b）款。

四、机组成员必需的训练

根据 CCAR-121 部第 455 条，机组成员必需的训练如表 4.15 所示。

（一）熟练检查

根据 CCAR-121 部第 465 条，担任飞行机组必需成员的驾驶员应当在前 6 个日历月之内在所服务的机型（别）上完成熟练检查，否则不得担任飞行机组必需成员。

熟练检查可以在定期复训中进行。熟练检查每隔一次可以用相关规定飞行模拟机训练课程代替。按照 CCAR-61 部完成的型别等级飞行考试可以代替熟练检查。

表 4.15　机组成员必需的训练

训练类型	训练内容
新雇员训练	对于新雇员，应当圆满完成新雇员训练提纲中的地面基础教育内容，并根据不同新雇员的原有经历和拟担任的职位，完成相应的训练内容
初始训练	对于未在相同组类其他飞机的相同职位上经审定合格并服务过的机组成员，应当圆满完成初始训练
转机型训练	对于已在相同组类其他型别飞机的相同职务上经审定合格并服务过的机组成员，在转入该机型的同一职位之前，应当圆满完成转机型训练
升级训练	对于在某一型别飞机上合格并担任副驾驶的机组成员，应当圆满完成升级训练，方可以担任该机型飞机的机长
差异训练	对于已在某一特定型别的飞机上经审定合格并服务过的机组成员，当使用的同型别飞机与原飞机存在差异时，应当圆满完成差异训练
定期复训	对于每个飞行机组成员，在前 12 个日历月之内，应当圆满完成本规则规定的服务于每一机型的复训的地面和飞行训练
重新获得资格训练	对于因为不符合近期经历要求、未按照规定期限完成定期复训、未按照规定期限完成飞行检查或者飞行检查不合格等原因而失去资格的机组成员，应当进行相应的重新获得资格训练
危险品运输训练	对于履行危险物品处理或者载运职责的人员（含地面人员）应当按照 CCAR-276 部规定进行训练并保持训练记录
机组成员的应急生存训练	机组必需成员应当针对所飞飞机的型别、布局及所实施的每种运行，完成规定的应急生存训练

（二）飞行机组成员的英语要求

根据 CCAR-121 部第 479 条，自 2008 年 3 月 5 日起，除经局方批准外，未通过局方组织或认可的英语语言能力 4 级或 4 级以上等级评定而其执照上低于英语语言能力 4 级等级签注的，不得在使用英语通话的航线上担任驾驶员或进行机载无线电通话的飞行领航员。1960 年 1 月 1 日（含）以后出生的驾驶员，未获得英语语言能力 3 级或以上等级签注的，不得参加组类 Ⅱ 飞机的初始或升级训练。

合格证持有人应当对飞行机组成员进行专业英语训练，使其能够在飞行中使用英语进行陆空通话，阅读各种英文飞行手册、资料，使用英文填写各种飞行文件和使用英语进行交流。

（三）机组成员的安保训练

根据 CCAR-121 部第 422 条，合格证持有人应当制定供机组成员使用的安保训练大纲，并经局方批准后按照该大纲实施训练。该训练大纲应当根据国家以及民航保卫部门不同时期的具体要求、国内外形势变化以及运行区域和特点等情况及时进行更新和修订。

机组成员的安保训练大纲至少包括以下内容：
（1）事件严重性的确定；
（2）机组成员之间的信息传递和协调；
（3）恰当的自我防卫；
（4）经批准供机组成员使用的非致命性保护器具的使用方法；
（5）了解恐怖分子的行为，以使机组成员有能力应对劫机者的行为和乘客的反应；
（6）针对不同威胁情况的真实场景演练；
（7）用于保护飞机的驾驶舱程序；
（8）飞机的搜查程序和最低风险爆炸区的指南。

（四）客舱乘务员

根据 CCAR-121 部第 391 条（a）款，为保证安全运行，合格证持有人在所用每架载运旅客的飞机上，应当按照下列要求配备客舱乘务员。
（1）对于旅客座位数量为 20～50 的飞机，至少配备 1 名客舱乘务员。
（2）对于旅客座位数量为 51～100 的飞机，至少配备 2 名客舱乘务员。
（3）对于旅客座位数量超过 100 的飞机，在配备 2 名客舱乘务员的基础上，按照每增加 50 个旅客座位增加 1 名客舱乘务员的方法配备，不足 50 的余数部分按照 50 计算。

如果在按照本规则第 121.161 条（a）款或者（b）款的要求进行的应急撤离演示中，合格证持有人使用的客舱乘务员人数多于按照本条（a）款对演示所用飞机的最大旅客座位数量所要求的客舱乘务员人数，则该合格证持有人应当按照下列条件配备客舱乘务员。
（1）飞机为最大旅客座位数量布局时，客舱乘务员人数至少应当等于应急撤离演示期间所用的人数。
（2）飞机为任一减少了旅客座位数量的布局时，客舱乘务员人数至少应当在本条（a）款对该布局旅客座位数量要求的客舱乘务员人数之外，再增加应急撤离演示期间所用客舱乘务员人数与本条（a）款对原布局所要求人数之差。

在起飞和着陆过程中，本条要求的客舱乘务员应当尽可能地靠近所要求的地板高度出口，而且应当在整个客舱内均匀分布，以便在应急撤离时最有效地疏散旅客。在滑行期间，本条要求的客舱乘务员，除完成保障飞机和机上人员安全的任务外，其他时间应当坐在其值勤位置并系好安全带和肩带。

五、摄入酒精和药物的限制

飞行人员摄入酒精和药物的限制如表 4.16 所示。

表 4.16 摄入酒精和药物的限制

CCAR-91-R4部第91.111条	CCAR-121部第121.579条
不得担任或试图担任民用航空器的机组成员的情况	不得上岗或者继续留在岗位上担任安全敏感工作的情况
饮用含酒精饮料之后 8 小时以内；处于酒精作用之下	有关人员在饮用含酒精饮料后 8 小时之内，或者在酒精作用状态下

续表

CCAR-91-R4部第91.111条	CCAR-121部第121.579条
使用了影响人体官能的药品，可能对安全产生危害	第121.576条 航空卫生保障 在值勤前和值勤中不得使用可能造成生理异常或影响正常履行职责的药物。但航空医师确认的不影响正常履行职责的治疗药物除外
呼出气体或者血液中酒精含量等于或者大于0.04	呼出气体中所含酒精浓度达到或者超过0.04克/210升
	担任安全敏感工作过程中，不得饮用含酒精饮料
除紧急情况外，民用航空器的驾驶员不得允许在航空器上载运呈现醉态或者由其举止或身体状态可判明处于药物控制之下的人员（受到看护的病人除外）	第121.575条 在飞机上饮用含酒精饮料的限制 （1）除运行该飞机的合格证持有人供应的含酒精饮料外，任何人不得在飞机上饮用其他含酒精饮料。 （2）合格证持有人不得允许任何处于醉酒状态的人进入其飞机。 （3）合格证持有人不得向乘坐其飞机的下列人员供应任何含酒精饮料： ①表现为醉酒状态的人； ②按照适用的飞机保安要求，正在护送别人的人或者被护送的人； ③按照适用的飞机保安要求，在飞机上持有致命性或者危险性武器的人。 （4）当发现有人拒绝遵守本条（1）、（2）款的规定，或者发生由于处于醉酒状态的人进入飞机引起的骚扰事件时，机长和机长授权人员应当场制止，合格证持有人应当在事发后5天内向局方报告
机组人员应当在局方要求时，接受局方人员或局方委托的人员检查其酒精含量百分比的测试	

> **小贴士**
>
> 目前国际公认的酒后驾车的限定有两种，一种是酒后驾车，另一种是酒醉驾车。根据我国2003年的修订规定，当驾驶者每毫升血液中酒精含量大于或等于0.2mg时，就会被交警认定为酒后驾车；大于或等于0.8mg时，则会被认定为醉酒驾车。这两者都算违规驾驶，这并不是说，一定要等到驾驶者已醉到意识模糊的程度才算触犯了交通法规。当人饮酒时，酒精被吸收，但并不会被消化，一部分酒精挥发出去，经过肺泡，重新被人呼出体外。经测定，这种呼出气体中的酒精浓度和血液中酒精浓度的比例是2 100∶1，也就是说，每2 100ml呼出气体中含有的酒精和1ml血液中含有的酒精，在量上是相等的。简易的酒精检测仪就是利用呼出气体中酒精浓度和血液中酒精浓度会呈现出一定比例关系的原理，通过测定驾驶者的呼气，很快计算出受测者血液中的酒精含量。

第四节 健康管理

对飞行人员的健康管理主要是指为了确保飞行人员具备完成任务的身体条件而对其进行体检并控制其工作和执勤时间的过程。

《民用航空人员体检合格证管理规则》（CCAR-67部）通过体检合格证的形式对飞行人员体检标准与执行过程加以规范，另外在CCAR-91部和CCAR-121部中，对飞行人员的工作和执勤时间都明确加以规定。本节就将这些与飞行人员日常工作密切相关的标准进行介绍。

一、体检合格证

（一）体检合格证的类别与规定

（1）Ⅰ级体检合格证。
（2）Ⅱ级体检合格证。
（3）Ⅲ级体检合格证，包括Ⅲa、Ⅲb级体检合格证。
（4）Ⅳ级体检合格证，包括Ⅳa、Ⅳb级体检合格证。

体检合格证的有效期及适用人员如表4.17所示。

体检合格证自颁发之日起生效。年龄计算以申请人进行体检鉴定时的实际年龄为准。体检合格证持有人可以在体检合格证有效期届满30日前，申请更新体检合格证。

体检合格证持有人由于特殊原因不能在体检合格证有效期届满前进行体检鉴定、更新体检合格证，又必须履行职责时，应当在体检合格证有效期届满前向原颁证机关申请延长体检合格证的有效期。

空勤人员、空中交通管制员履行职责时，应当持有依照CCAR-67部取得的有效体检合格证，或者体检合格证认可证书，满足体检合格证或认可证书上载明的限制要求。任何人不得擅自涂改、伪造体检合格证或者认可证书。

表4.17 体检合格证的适用范围

体检合格证类型	适用人员	有效期
Ⅰ级体检合格证	航线运输驾驶员执照、多人制机组驾驶员执照、商用驾驶员执照（飞机、直升机或倾转旋翼机航空器类别等级）申请人或者持有人	12个月，60周岁以上为6个月；CCAR-121部的驾驶员满40周岁以上者为6个月
Ⅱ级体检合格证	以上人员之外的其他航空器驾驶员执照、飞行机械员执照申请人或者持有人	60个月，40周岁以上为24个月
Ⅲa级体检合格证	机场管制员、进近管制员、区域管制员、进近雷达管制员、精密进近雷达管制员、区域雷达管制员	24个月，其中年龄满40周岁以上者为12个月
Ⅲb级体检合格证	飞行服务管制员、运行监控管制员	24个月
Ⅳa级体检合格证	客舱乘务员	12个月
Ⅳb级体检合格证	航空安全员	12个月

（二）关于驾驶员持有体检合格证的要求

1. 驾驶员应当满足的持有体检合格证的要求（根据CCAR-61部第25条）

（1）行使航线运输驾驶员执照和多人制机组驾驶员执照所赋予的权利时，驾驶员应当持有局方颁发的Ⅰ级体检合格证。

（2）行使飞机、直升机或倾转旋翼机商用驾驶员执照所赋予的权利时，驾驶员应当持有局方颁发的Ⅰ级体检合格证。

（3）行使下列权利时，驾驶员应当持有局方颁发的Ⅱ级或者Ⅰ级体检合格证：①私用驾驶员执照所赋予的权利；②学生驾驶员执照所赋予的权利；③飞艇驾驶员执照所赋予的权利。

（4）行使运动驾驶员执照所赋予的权利时，驾驶员应当持有局方颁发的体检合格证；对于在境外行使自由气球或滑翔机类别等级的运动驾驶员执照所赋予的权利时，驾驶员应当持有局方颁发的Ⅱ级或者Ⅰ级体检合格证。

（5）驾驶员已知身体有缺陷或者已知身体缺陷加重，不符合现行体检合格证标准时，不得担任机长或者飞行机组的其他必需成员。

2. 驾驶员可以不持有体检合格证的情形

（1）行使地面教员执照所赋予的权利。

（2）作为飞行教员、考试员或者检查员在飞行模拟机或者飞行训练器上进行的为取得执照或等级的训练、考试或者检查。

（3）在飞行模拟机或者飞行训练器上接受为取得执照或等级的训练、考试或检查。

（三）体检合格证的注销

根据CCAR-67部第49、51条，民航管理部门在检查中发现有下列情形之一的，颁证机关可以撤销已作出的颁发体检合格证或者认可证书的行政许可决定。

（1）工作人员滥用职权、玩忽职守颁发的体检合格证。

（2）超越法定职权颁发的体检合格证。

（3）违反法定程序颁发的体检合格证。

（4）为不具备申请资格或者不符合CCAR-67部相应医学标准的申请人颁发的体检合格证。

（5）体检合格证申请人以欺骗、贿赂等不正当手段取得的体检合格证或者认可证书。

（6）依法可以撤销的其他情形。

体检合格证申请人以欺骗、贿赂等不正当手段取得的体检合格证或者认可证书的，申请人在三年内不得再次提出申请。

有下列情形之一的，颁证机关应当收回体检合格证，办理注销手续，并以书面形式告知体检合格证持有人（已经死亡的除外）和所在单位注销理由及依据。

（1）体检合格证有效期届满未延续的。

（2）体检合格证持有人死亡或者丧失行为能力的。

（3）体检合格证被依法撤销的。

（4）法律、法规规定的应当注销行政许可的其他情形。

二、飞行机组的飞行、值勤和休息时间要求

（一）CCAR-91-R4部对取酬驾驶员的飞行时间限制

根据第91.529条，为运输类涡轮动力多发飞机运行人服务、从运行人处获取报酬的驾驶员的飞行时间限制为：任何7个连续日历日内不得超过40小时；任一日历月内不得超过

120 小时;任一日历年内不得超过 1 400 小时。

(二)CCAR-121-R7 部对飞行机组成员的飞行时间、执勤时间限制

1. 飞行机组成员的累计飞行时间、执勤时间限制

根据第 121.487 条,合格证持有人不得为飞行机组成员安排,飞行机组成员也不得接受超出以下规定限制的飞行时间(本条所规定的限制包括飞行机组成员在一段时期内代表合格证持有人所执行的所有飞行时间,含按照本规则实施的运行和本规则之外的运行,如训练、调机和作业飞行等)。

(1)任一日历月,100 小时的飞行时间。

(2)任一日历年,900 小时的飞行时间。

合格证持有人不得为飞行机组成员安排,飞行机组成员也不得接受超出以下规定限制的飞行值勤期。

(1)任何连续 7 个日历日,60 小时的飞行值勤期。

(2)任一日历月,210 小时的飞行值勤期。

2. 飞行机组的飞行时间限制、执勤时间限制

根据 CCAR-121 部第 483 条,在一个值勤期内,合格证持有人不得为飞行机组成员安排,飞行机组成员也不得接受超出以下规定限制的飞行时间。

(1)非扩编飞行机组执行任务时,表 4.18 规定的飞行时间限制。

表 4.18 非扩编飞行机组运行最大飞行时间限制

报到时间	最大飞行时间(小时)
00:00 — 04:59	8
05:00 — 19:59	9
20:00 — 23:59	8

(2)配备 3 名驾驶员的扩编飞行机组执行任务时,总飞行时间 13 小时。

(3)配备 4 名驾驶员的扩编飞行机组执行任务时,总飞行时间 17 小时。

根据 CCAR-121 部第 121.485 条,对于非扩编机组的运行,合格证持有人不得为飞行机组成员安排,飞行机组成员也不得接受超出如表 4.19 所示规定限制的飞行值勤期(航段限制数不包括因备降所产生的航段)。

表 4.19 非扩编飞行机组运行最大飞行值勤期限制

报到时间	根据航段数量确定的飞行机组成员最大飞行值勤期(小时)			
	1~4个航段	5个航段	6个航段	7个航段或以上
00:00 — 04:59	12	11	10	9
05:00 — 11:59	14	13	12	11
12:00 — 23:59	13	12	11	10

对于扩编机组的运行,合格证持有人不得为飞行机组成员安排,飞行机组成员也不得接受超出如表 4.20 所示规定限制的飞行值勤期。

表 4.20　扩编飞行机组运行最大飞行值勤期限制

报到时间	根据休息设施和飞行员数量确定的最大飞行值勤期（小时）					
	1级休息设施		2级休息设施		3级休息设施	
	3人	4人	3人	4人	3人	4人
00:00 — 23:59	18	20	17	19	16	18

（三）飞行机组成员的值勤要求

根据 CCAR-121 部第 539 条，在飞行的关键阶段，飞行机组成员不得从事可能分散飞行机组其他成员工作精力，或者可能干扰其他成员正确完成这些工作的活动，机长也不得允许其从事此种活动。这些活动包括进餐，在驾驶舱进行无关紧要的交谈，在驾驶舱和客舱乘务员之间进行无关紧要的通话，阅读与正常飞行无关的刊物等。

> **小贴士**
>
> 飞行关键阶段是指滑行、起飞、着陆和除巡航飞行以外在 3 000 米（10 000 英尺）以下的飞行阶段。

三、航空卫生保障（根据 CCAR-121 部第 576 条）

1. 航空卫生要求

合格证持有人应当根据飞行任务和飞行环境特点，建立完善的航空卫生管理制度和保障制度，配备合格和足够的航空医师和用于实施航空卫生管理的设施、设备，在按照本规则运行时符合下列要求。

（1）为执行飞行任务的机长和副驾驶员提供不同餐食；如只能提供同种餐食时，则规定机长和副驾驶员间隔一小时进餐。

（2）航空器内的环境卫生和航空食品卫生符合国家有关规定。

（3）保持应对突发公共卫生事件的处置预案现行有效。

（4）机组成员发生因身体原因不能正常履行职责或造成不安全事件时及时报告局方。

（5）健全驻外站点卫生保障制度。

2. 在按本规则运行时，航空医师的职责

（1）确认机组成员的健康状况能够满足履行职责的需要，并对能否持续履行职责作出医学鉴定意见和提供有针对性的医疗保障措施。

（2）为特殊条件下飞行运行提供医疗保障措施。

（3）了解航空人员日常身体健康状况和医疗就诊活动，指导机组成员安全使用药物和实施健康保护。

3. 在按本规则运行时，机组成员的职责

（1）符合体检鉴定结论及限制条件的要求。

（2）在身体状况发生异常变化，可能不符合航空人员体检合格证相应医学标准时，暂停履行职责，及时报告合格证持有人并咨询航空医师，经允许方可继续履行职责，不得隐

瞒或自行采取医疗措施。

（3）在值勤前和值勤中不得使用可能造成生理异常或影响正常履行职责的药物。但航空医师确认的不影响正常履行职责的治疗药物除外。

（4）及时按相应程序处置并上报飞行中发生的紧急医学事件。

四、禁止使用和携带毒品、麻醉药品和精神药品

根据CCAR-121部第577条，担任安全敏感工作的人员，包括机组成员、飞行签派员等，不得使用或者携带鸦片、海洛因、甲基苯丙胺（冰毒）、吗啡、大麻、可卡因以及国家规定管制的其他能够使人形成瘾癖的麻醉药品和精神药品。合格证持有人不得安排明知其使用或者携带了上述禁用毒品和药品的人员担任安全敏感工作，该人员也不得为合格证持有人担负此种工作。

第五节　培　训　规　范

目前，我国的飞行员培训基本都集中在CCAR-61部训练机构、CCAR-141部驾驶员学校或CCAR-142部训练机构。

CCAR-61部中关于各类执照的申请要求也就是培训的标准，CCAR-61部培训是通过训练和完成经历时间来获取执照的；它是基于通用航空的理念，在自然而然的积累中，逐步提升技能，提升执照等级。CCAR-61部在完成私照培训课程后可以在任何合法的飞行中积累飞行经历时间，当达到规定经历后再到商用驾驶员执照训练机构完成规定的课程，获取商用驾驶员执照。

CCAR-61部训练机构对私人飞行或通用航空是可以胜任的，但对于运输航空，其培训效率或成本就难以接受了。

一、CCAR-141部《民用航空器驾驶员学校合格审定规则》

CCAR-141部适用于从事驾驶员、飞行教员和地面教员执照和等级训练的航空器驾驶员学校，包括在中国境外设立的为中国运营人或者其他航空机构从事驾驶员执照和等级训练的驾驶员学校。

CCAR-141部于2004年12月16日由中国民用航空局局务会议通过，自2005年1月15日起施行。2017年4月1日CCAR-141-R1部生效，2019年1月1日CCAR-141-R2部生效。2022年1月4日CCAR-141-R3部正式下发。

CCAR-141部特别强调连续训练，认为规范、科学的训练与连续强化的实践过程可以缩短飞行经历要求。规则中各训练课程要求的训练时间少于CCAR-61部规章规定的时间，允许受训学员用较少的飞行时间来符合CCAR-61部规章中的飞行经历要求，但是，通过合格的驾驶员学校实施的训练，受训人员应获得与CCAR-61部规章要求的相等水平的航空经验。同时，学员应当符合CCAR-61部的其他所有要求，包括获得教员的推荐并成功地完成理论考试和实践考试。未按本规则取得驾驶员学校合格证和驾驶员学校临时合格证的驾驶员学校，其训练课程要求的训练时间则应当符合CCAR-61部规章中的飞行经历要求。

二、CCAR-142 部《飞行训练中心合格审定规则》

民航局令第 128 号即《飞行训练中心合格审定规则》（CCAR-142 部）于 2004 年 10 月 12 日通过，自 2005 年 6 月 1 日起施行。

飞行训练中心主要承担航空公司飞行员的飞行训练任务，此外还承担其他飞行员的型别等级训练和航线运输驾驶员执照的理论训练，其训练质量直接关系民航的飞行安全。《飞行训练中心合格审定规则》，旨在进一步规范政府对飞行训练中心的管理，提高飞行员的训练质量，保证飞行安全。

CCAR-142 部的管理对象是为他人提供训练的飞行训练中心，而这些训练的目的是让受训者满足航空器运行规章或驾驶员执照管理规章的要求，具体包括以下内容。

（1）为了满足中国民用航空规章 CCAR 第 121 部、第 135 部的要求，为公共航空运输承运人的驾驶员提供的训练。

（2）为了满足 CCAR-61 部的要求，为其他中国的民用航空器驾驶员提供的型别等级训练和航线运输驾驶员执照地面理论训练。

由于训练大部的规定从事执照训练的商业非运输运营人或飞行学校，由于其按照 CCAR-91 部或 CCAR-141 部完成审定并按照 CCAR-91 部或 CCAR-141 部的要求控制训练质量，也没有必要再按照本《飞行训练中心合格审定规则》进行再次审定。

《飞行训练中心合格审定规则》按照用途的不同将训练课程分为以下类型。

（1）为公共航空运输承运人提供的针对特定机型的训练，包括初始获得资格的训练（包括初始训练、转机型训练、升级训练和差异训练）和保持资格的训练和检查（包括定期复训、重新获得资格训练和熟练检查）。

（2）按照 CCAR-61 部实施的型别等级训练和检查。

（3）航线运输驾驶员执照的地面训练。

（4）其他特殊类型的训练，如双发延程、缩小垂直间隔、极地运行和 II 类 / III 类进近等。

（5）训练中心必须在其运行规范中得到对相应课程类型的批准，方可从事该课程的训练。

 思考与练习题

（1）请列举飞行员执照上的签注内容。
（2）航线运输驾驶员执照上是否需要签注仪表等级？
（3）私用驾驶员执照上是否需要签注型别等级？
（4）请区分各类执照申请的资格要求。
（5）私用驾驶员执照、商用驾驶员执照、航线运输驾驶员执照对飞行小时数的要求分别是多少？
（6）通航飞行员和 CCAR-121 部运输飞行员应遵循的熟练检查要求相同吗？

（7）机长的权利和义务分别是什么？

（8）请根据你的自身情况，规划出你成为一名机长的路线图。请基于要求的飞行小时数和训练考虑。

（9）当呼出气体中所含酒精浓度达到什么水平时，飞行员不得执行飞行任务？

（10）请简述 CCAR-121-R7 部对飞行机组成员的飞行时间、执勤时间限制。

第五章

航空器与适航管理

众所周知，民用航空器的主要用途是载客、载货运输，一旦有事故发生，就意味着人员重大伤亡和巨大财产损失。对民航业来说，安全是头等大事，是航空公司运营的底线，也是包括民航当局、飞机制造商、航空公司、机场等在内的所有参与方奋斗的最基本目标。没有安全、舒适快捷的乘机体验，方便经济的航空运输、引人入胜的航空文化均无从谈起。而作为保障安全的基础，民用航空器本身的安全性自然成为重中之重，"适航"正是出于维护和保障公众安全利益的目的提出的，在航空器设计、制造、使用、维护等各个阶段必须遵循的一套标准。

第一节 适航管理基础

一、航空器的国籍与权利

（一）民用航空器的定义

《中华人民共和国民用航空法》第五、六、八条：民用航空器是指除用于执行军事、海关、警察飞行任务外的航空器。

（二）国籍标志和登记标志

经中华人民共和国国务院民用航空主管部门依法进行国籍登记的民用航空器，具有中华人民共和国国籍，由国务院民用航空主管部门发给国籍登记证书。国籍登记证书用于表明航空器的地位和身份。

依法取得中华人民共和国国籍的民用航空器，应当标明规定的国籍标志和登记标志。

中华人民共和国民用航空器的国籍标志为罗马体大写字母 B。中华人民共和国民用航空器的登记标志为阿拉伯数字、罗马体大写字母或者二者的组合。中华人民共和国民用航空器的国籍标志置于登记标志之前，国籍标志和登记标志之间加一短横线，如图 5.1 所示。

图 5.1　我国航空器国籍和登记标志示例

1. 民用航空器不得具有双重国籍

民用航空器不得具有双重国籍。未注销外国国籍的民用航空器不得在中华人民共和国申请国籍登记。

2. 须在中华人民共和国进行国籍登记的民用航空器

（1）中华人民共和国国家机构的民用航空器。

（2）依照中华人民共和国法律设立的企业法人的民用航空器；企业法人的注册资本中有外商出资的，其机构设置、人员组成和中方投资人的出资比例，应当符合行政法规的规定。

（3）国务院民用航空主管部门准予登记的其他民用航空器。

自境外租赁的民用航空器，承租人符合前款规定，该民用航空器的机组人员由承租人配备的，可以申请登记中华人民共和国国籍，但是必须先予注销该民用航空器原国籍登记。

（三）需要登记的航空器权利

民用航空器权利人应当就下列权利分别向国务院民用航空主管部门办理权利登记：

（1）民用航空器所有权；

（2）通过购买行为取得并占有民用航空器的权利；

（3）根据租赁期限为六个月以上的租赁合同占有民用航空器的权利；

（4）民用航空器抵押权。

（四）民用航空器所有权和抵押权

民用航空器所有权的取得、转让和消灭，应当向国务院民用航空主管部门登记；未经登记的，不得对抗第三人。

民用航空器所有权的转让，应当签订书面合同。

国家所有的民用航空器，由国家授予法人经营管理或者使用的，有关民用航空器所有人的规定适用于该法人。

设定民用航空器抵押权，由抵押权人和抵押人共同向国务院民用航空主管部门办理抵押权登记；未经登记的，不得对抗第三人。民用航空器抵押权设定后，未经抵押权人同意，抵押人不得将被抵押民用航空器转让他人。

民用航空器优先权是指债权人向民用航空器所有人、承租人提出赔偿请求，对产生该赔偿请求的民用航空器具有优先受偿的权利。

下列各项债权具有民用航空器优先权：
（1）援救该民用航空器的报酬；
（2）保管维护该民用航空器的必需费用。

二、适航管理

对民用航空器进行适航管理，是一个国家发展民航运输业和民航制造业十分关键的一环。航空器是否自始至终都满足保证安全必需的、最低的飞行品质，是安全第一的目标能否实现的关键因素之一。

（一）民用航空器的适航管理

（1）适航性：航空器适合空中航行并能保证飞行安全应具备的最低飞行品质特性。
（2）适航标准：航空器应具备的最低飞行安全标准（最低飞行品质），由民航局颁布。
（3）适航管理：以保障民用航空器的安全性为目标的技术管理，是政府适航部门在制定了各种最低安全标准的基础上，对民用航空器的设计、制造、使用和维修等环节进行科学统一的审查、鉴定、监督和管理。

适航管理涉及航空器、发动机、螺旋桨和航空器上的设备（图 5.2）。

适航管理分为设计、制造、使用、维修四个环节。

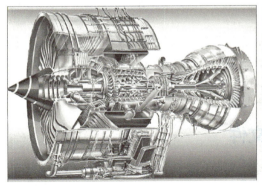 

图 5.2　航空发动机和螺旋桨

（4）分类：初始适航管理；持续适航管理。
（5）管理方法：以航空器的型号合格证、生产许可证、适航证等证件的管理为中心，通过颁发证件前的审查、鉴定，以及颁发证件后的监督管理等方式对适航性进行控制。

(二)适航管理机构

我国的适航管理机构组成如图 5.3 所示。

(1)立法决策层负责适航立法工作,并全面负责我国民用航空器的设计、生产、使用和维修环节的管理。目前我国适航管理立法决策层为(原)民航局航空器适航审定司和飞行标准司。

(2)执行层在适航司领导下负责相应地区的适航审定、适航监督等工作。目前我国适航管理执行层为民航各地区管理局及民航各省级航空运行安全监督管理办公室。

(3)基础层,适航部门对企事业单位实施适航管理的重要手段和方法之一就是建立"委任代表"制度。

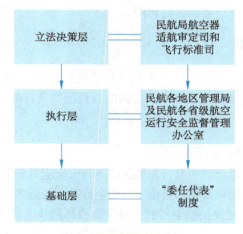

图 5.3 适航管理机构示意图

适航司具体负责民用航空器适航管理工作。下设适航处、适航联络处、适航审定处、适航检查处、适航双边处、维修协调处;分设航空器适航中心(北京)、地区管理局适航处(各地区管理局适航处业务上受民航局适航司领导)、航空器审定中心(上海、西安、沈阳、成都)。

适航管理工作是一个动态跟踪的管理过程,它保证航空器从设计开始到退役为止,始终处于严格的控制和管理之中。在这一过程中,适航管理部门、设计制造单位、使用维修单位各自承担着不同的责任,共同执行统一的以技术为基础的一整套法规和证件管理系统,有效地保持航空器的适航性,不断提高飞行安全水平。

三、我国的适航管理法规和文件

适航管理贯穿于民航工作中,故在我国各个级别的民航法规中都有与适航管理相关的法规与文件。在法律级别有《中华人民共和国民用航空法》,在行政法规级别有《中华人民共和国民用航空器适航管理条例》,在行业规章级别有大量相关的 CCAR。

(一)民用航空器适航管理条例宗旨和适用范围

国务院 1987 年发布的《中华人民共和国民用航空器适航管理条例》是国家最高行政机关发布的行政法规,概括了适航管理的基本要求,对航空器适航的宗旨、适用范围、性质、管理者、管理方法、权限和处罚作了明确规定。

1. 宗旨

保证民用航空安全，保护公众利益，促进民航事业发展。

2. 适用范围

（1）境内设计、制造、使用、维修的单位和个人。
（2）向中国出口民用航空器的单位和个人。
（3）境外维修我国民用航空产品的单位和个人。

（二）初始适航管理

初始适航管理是指在航空器交付使用之前，民航局根据各类适航标准和专用条件对民用航空器的设计、制造所进行的管理。对航空器设计和制造单位进行审查、评估、颁发证件、监督检查。

（三）持续适航管理

持续适航管理是指在民用航空器满足初始适航管理要求，取得适航证，并投入营运后，为保持它在设计制造时的基本安全水平或适航水平所进行的管理，是对航空器使用、维修所进行的管理。通过建立故障反馈系统、发布适航指令，对新发现的不安全因素，责成航空器有关单位采取纠正措施，保持航空器的适航性。

航空器的设计单位、制造单位、航空公司、航空器维修单位都有责任保证航空器的适航性。具体地说就是要保证航空器设计的完整性、制造的高质量符合（设计）性、维护和维修的持续适航性。任何一方如未完全履行自己的责任，一切将毁于一旦。因为优秀设计、成功制造的航空器，如未进行相应的维护，就不具备安全性能；反之，低水平的设计和粗劣的制造，即使用最完美的维修手段也堵塞不了各种漏洞和缺陷。适航管理部门处于这多方之间，通过制定适航标准等法规公正地对这些单位进行审定和监督检查，及时采取措施，使其遵守适航规章，以符合适航标准，从而保证飞行安全。

持续适航管理主要工作内容如下。

（1）对航空器的使用机构进行合格审定。
（2）对航空器的运行进行监督管理。
（3）对运行人员进行培训、资格审定和监督管理。
（4）对航空器的维修机构进行合格审定。
（5）对维修人员进行培训、资格审定和监督管理。
（6）对航空器适航性的监督。

（四）适航管理的证书体系

1. 证书的种类

（1）型号合格证（type certificate，TC）：对应于设计环节，包括航空器、发动机、螺旋桨、机上设备等，从国外首次进口的航空器的型号认可证书也属于此类。

（2）生产许可证（production certificate，PC）：对应于制造环节，也包括航空器、发动机、螺旋桨、机上设备等。

（3）适航证（airworthiness certificate，AC）：对应于使用环节，指航空器整机，是民航应用的最关键的证书。比较特殊的是,也包括了对于租赁外国航空器的承认或另发适航证,以及出口到国外的出口适航证书。

(4)国籍登记证:表明法律地位和身份。

(5)特许飞行证。

(6)材料、零部件、机载设备制造人批准书(parts manufacturer approval,PMA)。

(7)维修许可证:对应于维修环节,包括航空器、发动机、螺旋桨、机上设备等。

(8)航空器维修人员执照。

2. 按适航管理的种类划分

(1)初始适航管理颁发的证书:TC、PC、适航证等。

(2)持续适航管理颁发的证书:维修许可证、PMA 等。

3. 按管理对象划分

(1)针对航空公司产品的"三证":型号合格证(TC)、生产许可证(PC)、适航证(AC)国籍登记证。

(2)针对有关组织的:各航空公司——营运人执照、维修单位——维修许可证。

(3)针对与安全有关人员的:驾驶员——驾驶执照、维修人员——维修执照、检查员——检查执照。

(4)针对设施的:机场——管理证和使用许可证、无线电台——使用许可证。

📖 拓展知识

适航管理相关行业规章如表 5.1 所示。

表 5.1 适航管理相关行业规章

初始适航 设计制造 相关	持续适航 运行维修 相关
CCAR-21 部产品和零部件合格审定规定	CCAR-145 部民用航空器维修单位合格审定规定
CCAR-23 部正常类飞机适航规定	
CCAR-25 部运输类飞机适航标准	CCAR-91 部一般运行和飞行规则
CCAR-26 部运输类飞机的持续适航和安全改进规定	CCAR-97 部航空器机场运行最低标准的制定与实施规定
CCAR-27 部正常类旋翼航空器适航规定	
CCAR-29 部运输类旋翼航空器适航规定	CCAR-121 部大型飞机公共航空运输承运人运行合格审定规则
CCAR-31 部载人自由气球适航规定	
CCAR-33 部航空发动机适航规定	CCAR-129 部外国公共航空运输承运人运行合格审定规则
CCAR-34 部涡轮发动机飞机燃油排泄和排气排出物规定	
CCAR-35 部螺旋桨适航标准	CCAR-135 部小型航空器商业运输运营人
CCAR-36 部航空器型号和适航合格审定噪声规定	CCAR-276 部危险品运输管理规定
CCAR-37 部材料、零部件和机载设备技术标准规定	CCAR-332 部公共航空旅客运输飞行中安全保卫规则
CCAR-39 部民用航空器适航指令规定	
CCAR-45 部民用航空器国籍登记规定	CCAR-183AA 部民用航空适航委任代表和委任单位代表管理规定
CCAR-49 部航空器权利登记条例实施办法	
CCAR-53 部民用航空用化学产品适航规定	
CCAR-55 部民用航空油料适航规定	

《适航管理程序（AP）》是适航管理规章的实施细则和具体管理程序。

《咨询通告（AC）》是适航部门向公众公开的对适航管理工作的政策以及某些具有普遍性的技术问题的解释性、说明性和推荐性文件或指导性文件。

《适航管理文件（AMD）》是各级适航部门就某一具体技术问题或工作，与运营人、航空产品设计、制造人以及有关部门进行工作联系时所用的形式。

《适航指令（CAD）》指当某些产品已经民航局审定，但后又发现有不安全情况，由民航局发出加以纠正的文件形式。

《技术标准规定（CTSO）》指民用航空器上的材料、零部件和机载设备的最低性能标准。

民航飞机的"三证"指飞机的国籍登记证、航空器适航证和无线电台许可证，这是所有飞机正常营运必须具备的三个证件，缺一不可。

国籍登记证是民用航空器在某国登记注册的凭证，凡取得某国的民用国籍的民用航空器均受该国法律管辖和保护。

中国民航局颁发的CCAR-45-R1部《民用航空器国籍登记规定》第五条规定，下列民用航空器应当依照本规定进行国籍登记。

（1）中华人民共和国国家机构的民用航空器。

（2）依照中华人民共和国法律设立的企业法人的民用航空器；企业法人的注册资本中有外商出资的，外商在该企业法人的注册资本或者实收资本中所占比例不超过35%，其代表在董事会、股东大会（股东会）的表决权不超过35%，该企业法人的董事长由中国公民担任。

（3）在中华人民共和国境内有住所或者主要营业所的中国公民的民用航空器。

（4）依照中华人民共和国法律设立的事业法人的民用航空器。

（5）民航局准予登记的其他民用航空器。

自境外租赁的民用航空器，承租人符合前款规定，该民用航空器的机组人员由承租人配备的，可以申请登记中华人民共和国国籍；但是，必须先予注销该民用航空器原国籍登记。

航空器适航证是由适航当局根据民用航空器产品和零件合格审定的规定，对民用航空器颁发的证明该航空器处于安全可用状态的证件。只拥有临时国籍证的航空器不能申请适航证，但可以申请特许飞行证。以下内容摘自《民用航空器及其相关产品适航审定程序》。

推动适航审定高质量发展，助力制造强国交通强国建设

（1）申请适航证的民用航空器必须首先按照CCAR-45-R1部《民用航空器国籍登记规定》的要求获得中华人民共和国国籍登记。

（2）适航证申请人应是该航空器的所有人或占有人。

中华人民共和国航空器电台执照是合法设置、使用无线电台站的凭证。

（1）申请办理电台执照的航空器须已取得国籍证和适航证（或特许飞行证）。

（2）申请办理电台执照的航空器载无线电台，其使用的频率须符合《中华人民共和国无线电频率划分规定》。

📖 拓展知识

国产飞机

ARJ21是由中国商用飞机有限责任公司研制的新型涡扇支线飞机，也为我国首次按照国际民航规章自行研制、具有自主知识产权的中短程新型涡扇支线客机，座级78～90座，航程2 225～3 700千米。于2014年12月30日取得中国民航局型号合格证，2017年7月9日取得中国民航局生产许可证。2015年11月，首架ARJ21支线客机飞抵成都，交付成都航空，正式进入市场运营。自ARJ21飞机首航以来，成都航空已累计运送旅客超54万人次，通航城市28座，形成以成都为主运营基地，长沙、哈尔滨为过夜基地，通达全国主要城市的航线网络。特别是在东北地区形成了区域辐射的干支线航线网络，初步形成了规模化商业运营。目前成都航空机队总规模达到47架，其中ARJ21飞机15架。2019年10月，ARJ21飞机首条国际航线成功开通，根据《国际民用航空公约》和中俄两国民用航空运输有关协定，成都航空采用ARJ21-700飞机执飞哈尔滨至符拉迪沃斯托克航线，可充分发挥ARJ21飞机适应我国北部及东北部地区和俄罗斯远东地区机场起降条件和复杂航路越障要求的优势。

C919（如图5.4所示）是中国首款按照最新国际适航标准，具有自主知识产权的干线民用飞机，是由中国商用飞机有限责任公司于2008年开始研制的。C是中国英文名称"China"的首字母，也是中国商用飞机英文缩写COMAC的首字母，第一个"9"的寓意是天长地久，"19"代表的是中国首型大型客机最大载客量为190座。C919于2017年5月5日成功首飞，截至2018年2月累计获28家客户815架订单。2018年2月，中国商用飞机有限责任公司宣布2021年交付首架C919单通道客机。9月29日，中国民用航空局向中国商用飞机有限责任公司颁发C919大型客机型号合格证。

图5.4 国产C919大型客机

新舟60飞机（Modern Ark 60）是中国航空工业集团公司下属西安飞机工业（集团）有限责任公司在运-7短/中程运输机的基础上研制、生产的50～60座级双涡轮螺旋桨发动机支线客机。目前，已经形成包括新舟60客机、新舟600客机、新舟600F货机、人工增雨机、遥感机、医疗救护机、公务机及其他多用途飞机。新舟60飞机是国家"一带一路"国际合作倡议在航空领域的开路先锋。航空工业积极利用国家"一带一路"倡议所带来的发展机遇，与"一带一路"沿线国家开展了卓有成效的合作。2005年两架新舟60飞机出口津巴布韦，成功打开中国自主品牌客机飞往世界的大门。

随后实现了对赞比亚、刚果（布）、老挝、印度尼西亚、尼泊尔、菲律宾、玻利维亚等多个国家的成功销售。经过不断开拓，目前，新舟 60/600 系列飞机已经交付了 100 多架，分布在亚洲、非洲、南美洲、大洋洲四大洲 18 个国家，在近 300 条航线上平稳运营。

拓展知识

飞 行 品 质

1. 定义

飞行品质指为了保证飞行安全和实现预期的任务所必需的飞机飞行特性，包括操纵性、稳定性和配平。好的飞行品质使飞行员飞行时感到舒适、操作简便，能准确安全地完成任务。

2. 组成

配平、稳定性和操纵性。

（1）配平

① 为了飞机保持在所要求的定常飞行姿态，对各操纵面配平片所进行的调整，目的是使经过配平的飞机驾驶力为零。

② 关键配平状态：起飞、进近、平飞。

（2）稳定性

① 飞机在定常飞行状态，如水平直线飞行时，受到外界因素干扰（突风），使飞机偏离原运动状态。如扰动消失后，飞行员不需干预飞机，飞机能自动恢复到原先的飞行状态的能力。

② 按照运动性质可分为飞机纵向静稳定性、横航向静稳定性、纵向动稳定性、横航向动稳定性。

（3）操纵性

① 广义来讲是指飞机"听从"飞行员操纵杆、舵、油门、襟翼、减速板等而改变其飞行状态的特征。

② 主要涉及杆力、杆位置和跟随性。

飞机最低设备清单和飞机构型偏差单

1. 目的

（1）在保障飞行安全的同时降低了飞机延误率和成本。

（2）防止一些忽视安全只追求经济利益而任意放行的做法。

（3）帮助运营和维修部门在各种非标准情况时开展运营。

（4）帮助在转场飞行时得到技术指导。

2. 组成

主最低设备清单（master minimum equipment list，MMEL）、构型偏差单（configuration deviation list，CDL）、最低设备清单（minimum equipment list，MEL）、签派偏差指南

（dispatch deviation guide，DDG）。

3. MMEL

MMEL是指民航局批准的在特定运行条件下可以不工作仍能保持可接受的安全水平的设备项目清单。

（1）按照CCAR-121部授权进行。

（2）规定在一定飞行条件下，可以允许某一机型飞机带有不正常工作和不工作的仪表、设备可以飞行的具体项目以及受到的限制和飞行前应完成的一些工作内容。

（3）较简单，没有必需的准备和运行的具体程序，航空公司使用起来有一定困难。

4. CDL

（1）CDL是FAA批准的飞机飞行手册（AFM）中必须包含的一个部分。

（2）规定在一定飞行条件下，某一机型可以飞行所允许缺少的零件及应付出的代价和限制。

5. MEL

（1）由于MMEL缺少具体使用程序，不便使用，为此，航空公司在MMEL基础上制定自己的MEL，加入自己的需要，如飞机的配置、公司航线具体操作程序和自己的维修实践。

（2）要求只能比MMEL更加严格，因为MMEL是基于最低安全标准制定的。

6. DDG

（1）由于MMEL、CDL应由营运人提交，作为航空公司营运人从技术上不可能完成，通常由飞机设计制造商代为编写。

（2）包括MMEL、MEL、CDL。

（3）经FAA批准后供营运人使用。

第二节　CCAR-91部和CCAR-121部的持续适航管理要求

适航管理并非民航监管单位单方面的管理工作，在运行的各个环节中也须按照适航标准执行，本节将学习在CCAR-91部和CCAR-121部中与适航相关的内容，这些内容同样是机长应该关注的。

CCAR-91-R4部第105条对于机长或运营人的要求很明确：①任何人不得运行未处于适航状态的民用航空器。②航空器的机长负责确认航空器是否处于可实施安全飞行的状态。当航空器的机械、电子或结构出现不适航状态时，机长应当中断该次飞行。

CCAR-91-R4部第603条：航空器的运行人对保持航空器的适航性状态负责。

一、飞行必备文件

根据《中华人民共和国民用航空法》第90条，从事飞行的民用航空器应当携带下列文件：民用航空器国籍登记证书；民用航空器适航证书；机组人员相应的执照；民用航空器航行记录簿；装有无线电设备的民用航空器，其无线电台执照；载有旅客的民用航空器，其所载旅客姓名及其出发地点和目的地点的清单；载有货物的民用航空器，其所载货物的舱单和明细的申报单；根据飞行任务应当携带的其他文件。

民用航空器未按规定携带前款所列文件的，国务院民用航空主管部门或者其授权的地区民用航空管理机构可以禁止该民用航空器起飞。

（一）CCAR-91-R4 部第 5 条规定

（1）在中华人民共和国进行国籍登记的民用航空器应当满足《民用航空器国籍登记规定》规定的国籍标志、登记标志和标识要求方可运行。

（2）在中华人民共和国进行国籍登记的航空器应当具有按照《民用航空产品和零部件合格审定规定》型号审定要求批准或者认可的与其型号或者构型对应的飞行手册，或者《大型飞机公共航空运输承运人运行合格审定规则》相关条款中规定的手册。这些手册应当使用机组能够正确理解的语言文字。

（3）在中华人民共和国进行国籍登记的飞机或者直升机都应当按照本条（2）款批准或者认可的飞行手册配备标记和标牌。

（4）运行民用航空器的人员不得违反按照本条（2）款批准或者认可的航空器飞行手册、标记和标牌中规定的使用限制，或者登记国审定当局规定的使用限制。

（二）CCAR-91-R4 部第 201 条规定

（1）任何航空器及所固定安装的仪表和设备都应当获得局方的适航审定批准或者认可，并且应当在运行时携带如下现行有效的证件：国籍登记证；适航证件；无线电台执照（如装有无线电通信设备）。

（2）除下列情况外，任何航空器在运行时应当处于适航状态。

① 符合航空器飞行手册中规定的《外形缺损清单》或者符合按照 CCAR-21 部运行符合性评审要求批准或者认可的《主最低设备清单》及其限制。

② 根据特许飞行证飞行并允许带有不工作仪表和设备运行。

③ 为获得型号合格证开展试验飞行的试飞航空器。

二、机载设备的要求

（一）基本飞行仪表和设备（据 CCAR-91-R4 部第 203 条）

（1）按照目视飞行规则运行的航空器应当获得适航审定批准为可按目视飞行规则飞行的航空器，并符合航空器飞行手册对目视飞行规则飞行的最低设备要求。

（2）按照仪表飞行规则运行的航空器应当获得适航审定批准为可按仪表飞行规则飞行的航空器，并符合航空器飞行手册对仪表飞行规则飞行的最低设备要求。

（3）计划实施云上或者夜间飞行的航空器应当获得适航审定批准为允许夜间飞行的航空器，并符合航空器飞行手册对夜间飞行的最低设备要求。

（4）计划实施结冰条件下运行的航空器应当获得适航审定批准为允许结冰条件下飞行的航空器，并符合航空器飞行手册对结冰条件下飞行的最低设备要求。

（5）除经局方批准外，在中华人民共和国境内管制空域运行的所有航空器应当装备有以米为单位显示的高度表或者采取等效措施确保飞行员的使用。

（二）通信、导航和监视设备（根据 CCAR-91-R4 部第 207 条）

（1）任何涉及在管制空域飞行的航空器，应当至少安装两套独立的无线电通信设备（图 5.5），能够在飞行中任何时间与地面双向通信，并且能在 121.5 兆赫应急频率工作。

（2）任何按照仪表飞行规则运行或者在非地标领航的航路上按照目视飞行规则运行的航空器，应当至少安装两套独立的无线电导航系统，并能够引导航空器按照飞行计划和空中交通管制的要求进行飞行。

（3）任何涉及在管制空域飞行的航空器，应当至少安装一套能够对空中交通管制的询问进行编码回答和自动发送气压高度信息的空中交通管制（air traffic control，ATC）应答机（图 5.6），并且在涉及下列区域运行的航空器，还应当能够对其他航空器进行对点编码回答和自动发送气压高度信息。

图 5.5　无线通信设备

图 5.6　应答机

① 在特殊繁忙运输机场空域运行。
② 穿越或者占用局方公布的中、高空航路。

（4）任何涡轮喷气动力飞机应当安装符合下列要求的高度保持和警告系统：
① 向飞行机组指示所飞的高度；
② 自动保持所选择的高度；
③ 当接近预选高度时，能至少发出音频或者视频信号提示飞行机组；
④ 当飞机偏离预选高度时，能向飞行机组至少发出音频或者视频警告。

（5）任何涉及在仪表气象条件下，预计在沿航路上存在可探测到的雷雨或者其他潜在危险天气的区域运行的航空器，应当安装气象雷达或者其他雷暴探测设备。

（6）运输类或者最大审定旅客座位数 9 座以上的涡轮喷气动力飞机，应当安装地形提示和警告系统（terrain awareness and warning system，简称 TWAS）。

（7）运输类或者最大审定旅客座位数 19 座以上的涡轮喷气动力飞机，应当安装机载防撞系统（ACAS Ⅱ 或者 TCAS Ⅱ 7.1 版本）。

（8）任何涡轮喷气动力飞机应当装备有机载风切变警告与飞行指引系统。

（三）应急和救生设备（根据 CCAR-91-R4 部第 205 条）

（1）任何航空器在载客运行时都应当按照如下要求配备座位和安全带（图 5.7）。

① 每一个两周岁以上乘员有一个座位或者卧位。

② 每个座椅或者卧铺配有一条安全带。

③ 飞行机组或者与其平行的座位还应当配有一副肩带。

④ 每一靠近地板高度的出口处的客舱机组成员应当配备带有安全带的座位，如反向座椅，还需配备肩带。

图 5.7　安全带

（2）任何航空器都应当至少按照如下要求配备手提式灭火器，如图 5.8 所示。

① 在驾驶舱或者驾驶舱附近便于飞行机组取用的位置配备一个。

② 最大审定旅客座位数 9 座以上、30 座以下的航空器应当在客舱配备一个，并方便取用。

③ 最大审定旅客座位数 30 座及以上的航空器应当在客舱配备两个，均匀分布并方便客舱机组取用。

④ 如果航空器设有厨房隔舱，应当在厨房区域配备一个，并方便客舱机组取用。

⑤ 如果航空器设有 E 类货舱，应当在货舱区域配备一个，并方便灭火时取用。

图 5.8　灭火器

（3）最大审定旅客座位数 19 座以上的航空器应当至少配备一把应急斧，并放置在机组易于取用但在正常运行中旅客难以接近的位置，如图 5.9 所示。

图 5.9　应急斧

（4）最大审定旅客座位数 60 座及以上的航空器，应当按照如下要求配备便携式扩音器，如图 5.10 所示。

① 60 座及以上、100 座以下的航空器配备一个，并放置在客舱机组正常座位上易于取用的位置。

② 100 座及以上的航空器在客舱前端和最后部位各放置一个，并放置在客舱机组正常座位上易于取用的位置。

图 5.10　扩音器

（5）任何航空器在搜寻和救援困难的陆地区域上空运行时，应当配备至少一个烟火信号装置，并根据机上乘员数量配备足够的救生包，如图 5.11 所示。

图 5.11　烟火信号装置

（6）任何航空器实施跨水运行时都应当至少按照如下要求配备救生衣或者等效漂浮装置，如图 5.12 所示。

① 对于陆上飞机，应当为每个乘员配备一件带有救生定位灯的救生衣或者等效漂浮装置，并存放在使用该装置者的座椅或者卧铺处等易于取用的位置。

② 对于水上飞机，应当为每个乘员配备一件带有救生定位灯的救生衣或者等效漂浮装置，并存放在使用该装置者的座椅或者卧铺处等易于取用的位置。

③ 对于直升机，应当为每个乘员配备一件救生衣或者等效漂浮装置（如图 5.13 所示），并存放在使用该装置者的座椅或者卧铺处等易于取用的位置。

图 5.12　救生衣

图 5.13　漂浮装置

（7）除按 CCAR-121 部规章实施运行的运营人外，任何陆上飞机实施延伸跨水运行时，还应当配备下列应急救生设备。

① 可供机上人员乘坐的足够数量的符合规定要求的救生筏，如图 5.14 所示，存放在紧急时便于取用的地方。

② 配备有与实施的飞行相适合的救生设备（包括根据机上乘员数量所配备的维持生命的设备）。

图 5.14　救生筏

③ 至少装有一个烟火信号装置。

（8）除本条规定的情况外，任何航空器应当按照下列要求配备应急定位发射机，并且其工作频率应当能同时工作在 121.5 兆赫和 406 兆赫。

① 任何航空器应当至少装备一台自动应急定位发射机。

② 最大审定旅客座位数 19 座以上的航空器至少装备两台，其中一台须为自动的。

③ 对于实施延伸跨水运行的飞机，至少装备两台，其中一台为救生型应急定位发射机（图 5.15）（可放置在救生筏内）。

图 5.15　应急定位发射机

④ 对于无人烟地区上空的飞行或者运行的航空器，至少装备两台，其中一台为救生型应急定位发射机。

（四）安全带、肩带和儿童限制装置的使用（CCAR-91-R4 部第 311 条）

（1）除经局方批准外，在飞行过程中应当遵守下列要求。

① 在机长确认航空器上的每位乘员得到如何系紧、松开其安全带和肩带（如安装）的简介之前，任何在中华人民共和国进行国籍登记的民用航空器（带吊篮或者吊舱的自由气球除外）不得起飞。

② 在机长确认航空器上的每位乘员已经得到系紧其安全带和肩带（如安装）的通知之前，任何在中华人民共和国进行国籍登记的民用航空器（带吊篮或者吊舱的自由气球除外）不得在地面或者水面移动、起飞或者着陆。

③ 在中华人民共和国进行国籍登记的民用航空器（带吊篮或者吊舱的自由气球除外）在滑行、起飞和着陆期间，航空器上的每位乘员必须占有一个经批准的带有安全带和肩带（如安装）的座椅或者卧铺。水上飞机和有漂浮装置的直升机在水面移动期间，推动其离开或者驶入停泊处系留的人可以不受以上的座位和安全带要求的限制。但是，下列人员不受本条要求的限制：由占有座椅或者卧铺的成年人怀抱的不满两周岁的儿童；将航空器的地板作为座位的参加跳伞运动的人员；使用符合局方规定的儿童限制装置的儿童，该儿童由父母、监护人或者被指定的乘务员在整个飞行过程中照顾其安全。儿童限制装置应当带有适当的标志，表明可以在航空器上使用。儿童限制装置应当可靠地固定在面朝前的座椅或者卧铺上，使用该装置的儿童应当安全地束缚在该装置中，其重量不得超过该装置的限制。

（2）本条不适用于按 CCAR-121 部和 CCAR-135 部规章实施运行的运营人。本条（1）款③项不适用于在工作岗位上值勤的飞行机组成员。

三、高空飞行氧气设备要求

（一）CCAR-91 部的高空飞行氧气设备要求（根据 CCAR-91-R4 部第 205 条）

1. 非增压航空器配备氧气设备和氧气的要求

非增压航空器在飞行高度 3 000 米（10 000 英尺）以上运行时，应当按照表 5.2 的要求配备氧气设备和氧气。

表 5.2　CCAR-91 部的非增压航空器供氧要求

舱内大气压力	运行时间	须提供氧气的人员
3 000 米（10 000 英尺）至 4 000 米（13 000 英尺）之间	超过 30 分钟	向所有机组成员和 10% 的乘客
高于 4 000 米（13 000 英尺）	全部运行时间	所有机组成员和乘客

2. 增压飞机配备氧气设备和氧气的要求

（1）对驾驶舱内执勤的每一飞行机组成员提供的氧气量不得少于 2 小时。

（2）在高度高于 7 600 米（25 000 英尺）的高度飞行或者在高度低于 7 600 米（25 000 英尺）的飞行高度飞行但不能在 4 分钟内安全下降到 4 000 米（13 000 英尺）或者以下的飞行高度时，必须能为客舱中的乘员提供不少于 10 分钟的氧气。

（3）在 10 500 米（35 000 英尺）以上的高度飞行，应当为每名机组成员配备一个密封的快戴型氧气面罩（如图 5.16 所示），每位驾驶员都可以在 5 秒钟内用单手从待用位置戴上面部供氧并正确固定。氧气面罩应能一直供氧或者当飞机座舱气压高度超过修正海平面气压高度 4 000 米（13 000 英尺）时自动供氧。

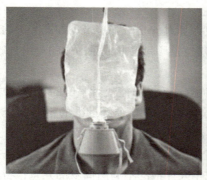 

图 5.16　旅客用氧气面罩（左）和机组用氧气面罩（右）

（二）涡轮发动机飞机用于生命保障的飞机补充供氧要求（根据 CCAR-121 部第 329 条）

在运行涡轮发动机驱动的飞机时，每个合格证持有人都应当根据本条的规定，在飞机上配备生命保障氧气和分配设备以供使用，所提供的氧气量应当至少是符合规定的必需的量。

特定运行须根据座舱气压高度和飞行持续时间，按照为每次飞行和每一航路所制定的运行程序确定需用氧量；对具有增压座舱的飞机，氧气量应根据座舱气压高度和下列假设来确定：座舱增压故障发生在供氧需求临界的飞行高度或者飞行中某点，飞机按照飞机飞行手册中规定的应急程序，在不超过其使用限制的情况下，下降到不再需要补充氧气的飞行高度；发生了这种故障之后，座舱气压高度被认为与飞行高度相同。除非能证明，座舱增压设备任何可能的故障均不会导致座舱气压高度等于飞行高度。在这种情况下，应将达到的最大座舱气压高度作为审定或者确定供氧量的依据，或者它们二者的共同依据。

（1）每个合格证持有人应当按照表5.3的要求为机组成员提供氧气源。

表5.3　CCAR-121部的高空飞行供氧要求（机组）

舱内大气压力	运行时间	须提供氧气的人员
3 000米（10 000英尺）以上至3 600米（12 000英尺）(含)	超过30分钟，则对于30分钟后的那段飞行应当对其他机组成员提供氧气	对在驾驶舱内值勤的每一飞行机组成员提供氧气，他们也应当用氧
座舱气压高度3 600米（12 000英尺）以上	整个飞行时间内，应当对其他机组成员提供氧气	对在驾驶舱内值勤的每一飞行机组成员提供氧气，他们也应当用氧

当要求某一飞行机组成员用氧时，他应当连续用氧，除非为执行其正常任务需要除去氧气面罩或者其他氧气分配器。对那些处于待命状态的或者在完成此次飞行前肯定要在驾驶舱内值勤的后备飞行机组成员，视为执勤的机组成员。如果某一后备飞行机组成员不在待命状态，并且在剩下的一段飞行中将不在驾驶舱内值勤，则就补充氧气要求而言，可以将其视为一名旅客。

当在飞行高度3 000米（10 000英尺）以上运行时，合格证持有人应当向在驾驶舱内值勤的每一飞行机组成员提供足以符合本规则第121.329条要求的但供氧时间不少于2小时的氧气。所要求的2小时供氧量是飞机从其最大审定运行高度以恒定下降率用10分钟下降至3 000米（10 000英尺），并随后在3 000米（10 000英尺）高度上保持110分钟所必需的供氧量。

在确定驾驶舱内值勤的飞行机组成员所需要的供氧量时，可以包括座舱增压失效时本规则第121.337条所要求的供氧量（第121.333条具有增压座舱的涡轮发动机飞机应急下降和急救用的补充氧气要求）。

（2）每个合格证持有人应当按照表5.4的要求为旅客提供氧气。

表5.4　CCAR-121部的高空飞行供氧要求（旅客）

舱内大气压力	运行时间	须提供氧气的人员
3 000米（10 000英尺）以上至4 300米（14 000英尺）(含)	超过30分钟，对于30分钟后的那段飞行	10%的旅客
4 300米（14 000英尺）以上至4 600米（15 000英尺）(含)	全部时间	30%的旅客
4 600米（15 000英尺）以上	全部时间	每一旅客

（三）具有增压座舱的涡轮发动机飞机应急下降和急救用的供氧要求

1. 对飞行机组人员氧气面罩的使用要求

根据 CCAR-121 部第 333 条，当在飞行高度 7 600 米（25 000 英尺）以上运行时，在驾驶舱内值勤的每一飞行机组成员均应当配备一个氧气面罩，其设计应保证能将其迅速取下戴在脸上，适当固定并密封，在需要时能立即供氧，并且不妨碍该飞行机组成员与其他机组成员之间用飞机内话系统立即通话。当在飞行高度 7 600 米（25 000 英尺）以上未使用氧气面罩时，它应当保持在备用状态，且位于飞行机组人员在其值勤位置上可以立即取用的范围内。

当在飞行高度 7 600 米（25 000 英尺）以上运行时，操纵飞机的一名驾驶员应当按照下述规定，始终使用一个固定在脸上、密封并供氧的氧气面罩。

（1）如果在驾驶舱值勤的每一个飞行机组成员均有一个速戴型氧气面罩，合格证持有人已经证明用一只手在 5 秒钟内即可以戴到脸上，适当固定、密封并在需要时能立即供氧，则在低于下述飞行高度（含）时，驾驶员不需要戴上和使用氧气面罩。

① 客座数在 30 以上（不包括任何必需的机组成员座位），或者商载大于 3 400 千克（7 500 磅）的飞机，低于飞行高度层 12 500 米（41 000 英尺）（含）。

② 客座数在 31 以下（不包括任何必需的机组成员座位），或者商载不大于 3 400 千克（7 500 磅）的飞机，低于飞行高度层 10 500 米（35 000 英尺）（含）。

（2）合格证持有人还应当证明，佩戴面罩不妨碍戴眼镜，也不会延误飞行机组成员执行其指定的紧急任务。氧气面罩在戴上后，不得妨碍该飞行机组成员与其他机组成员之间用飞机内话系统立即通话。

当在飞行高度 7 600 米（25 000 英尺）以上运行时，如果由于任何一种原因，在任一时刻，操纵飞机的一名驾驶员需要离开其工作位置时，则操纵飞机的另一名驾驶员应当戴上并使用氧气面罩，直至那名驾驶员回到其工作位置。

在每次飞行的起飞之前，每个飞行机组成员应当对其所使用的氧气设备进行飞行前检查，以确保氧气面罩功能正常、固定合适并连接到适当的供氧接头上，且供氧源及其压力适于使用。

2. 对旅客的供氧要求

根据 CCAR-121 部第 333 条，当飞机在飞行高度 3 000 米（10 000 英尺）以上运行时，应当向旅客提供满足下列要求的氧气源。

（1）经合格审定在飞行高度 7 600 米（25 000 英尺）以下（含）运行的飞机能在所飞航路的任一点上 4 分钟之内安全下降到飞行高度 4 300 米（14 000 英尺）（含）以下时，应当按照 CCAR-121 部规定的供氧率为至少 10% 的旅客提供 30 分钟的氧气。

（2）当飞机运行在飞行高度 7 600 米（25 000 英尺）（含）以下且不能在 4 分钟之内安全下降到飞行高度 4 300 米（14 000 英尺）时，或者当飞机运行在飞行高度 7 600 米（25 000 英尺）以上时，在座舱释压后座舱气压高度 3 000 米（10 000 英尺）以上至 4 300 米（14 000 英尺）（含）的整个飞行期间应当能以 CCAR-121 部规定的供氧率为至少 10% 的旅客供氧，并且按照适用情况，能够符合 CCAR-121 部第 121.329 条的要求，但对旅客的供氧时间应当不少于 10 分钟。

（3）为了对那些由于生理上的原因，在从飞行高度 7 600 米（25 000 英尺）以上的座舱气压高度下降后可能需要纯氧的机上乘员进行急救护理，在座舱失密后座舱气压高度 2 400 米（8 000 英尺）以上的整个飞行时间内，应当为 2% 的乘员（但在任何情况下不得少于 1 人）提供符合 CCAR-25 部第 25.1443 条的氧气源。应当有适当数量（但在任何情况下不得少于 2 个）的经认可的氧气分配装置，并带有一种装置供客舱乘务员使用这一供氧源。

第三节　管　理　规　范

一、航空器维修的基本准则

（一）CCAR-91-R4 部第 603 条规定

（1）航空器的运行人对保持航空器的适航性状态负责，并按照下列要求指定实施航空器维修的责任人或者单位。

① 运动类航空器可以由持有按照 CCAR-61 部颁发的民用航空器驾驶员执照的运行人自己实施维修或者由持有按照《民用航空器维修人员执照管理规则》（以下称为 CCAR-66 部）颁发对应类别航空器维修人员执照的人员实施维修。实施维修的人员应当按照航空器制造厂家的建议通过必要的机型维修培训。

② 非复杂航空器可以由持有按照 CCAR-66 部颁发对应类别航空器维修人员执照的人员实施维修。实施维修的人员应当按照航空器制造厂家的建议通过必要的机型维修培训。

③ 复杂航空器应当由持有按照 CCAR-66 部颁发航空器维修人员执照并具有有效对应机型签署的人员实施维修，或者由具有对应机型维修能力的按照《民用航空器维修单位合格审定规定》（以下称为 CCAR-145 部）获得批准的维修单位实施维修。

（2）上述指定的航空器维修责任人均可以由具有对应机型维修能力的按照 CCAR-145 部获得批准的维修单位代替。

（3）航空器的运行人应当将指定实施航空器维修的责任人或者单位报局方备案，并在发生变更时重新报局方备案。

（4）当航空器飞行到异地需要临时维修时，可以由指定的航空器维修责任人或者单位之外的人员或者单位负责实施维修，但应当符合本条规定的资质要求。

（5）对于航空器飞行手册中的维修任务，除非明确必须由维修人员实施，可以由持有按照 CCAR-61 部颁发的民用航空器驾驶员执照的人员按照航空器飞行手册实施。

（6）航空器部件的维修除以恢复安装为目的的简单检查和零件更换外，应当由具有对应部件维修能力的按照 CCAR-145 部获得批准的维修单位实施维修。

（二）CCAR-91-R4 部第 605 条规定

（1）航空器的维修要求包括下列适用持续适航文件中规定的维修任务。

① 局方发布的适航指令中要求的维修任务。

② 航空器制造厂家发布并按照 CCAR-21 部型号审定要求批准或者认可的适航性限制中要求的维修任务。

③ 航空器制造厂家发布并按照 CCAR-21 部运行评审要求批准或者认可的计划维修文件中要求的维修任务。

④ 航空器、发动机、螺旋桨、部件制造厂家发布的维修手册中建议的计划或者非计划维修任务。

⑤ 航空器、发动机、螺旋桨、部件制造厂家发布的服务文件中建议的计划或者非计划维修任务。

（2）航空器维修责任人或者单位可以直接使用上述持续适航文件计划维修工作，或者基于上述持续适航文件制定所负责维修航空器单独的维修方案来计划维修工作，并符合下列要求。

① 除非获得适航审定部门的批准，不得更改或者超出适航指令或者适航性限制中要求的维修任务。

② 初始建立的维修方案不得低于上述持续适航文件中要求或者建议的维修任务。

（3）在建立维修可靠性管理体系并基于可靠性分析的基础上，航空器维修责任人或者单位可以调整上述持续适航文件中要求或者建议的维修任务，但不得更改或者超出适航指令或者适航性限制中要求的维修任务，包括任务间隔和内容。

（4）当局方发布基于事故、事件或者报告调查提出其他维修要求时，航空器维修责任人或者单位应当严格按照要求执行。

（三）CCAR-91-R4 部第 609 条规定

（1）对航空器或者航空器部件实施任何维修工作时，都应当遵守下列工作准则。

① 按照准备的工作单卡并依据航空器、发动机、螺旋桨或者部件制造厂家发布的现行有效的持续适航文件中规定的方法、程序和标准实施。

② 正确使用上述持续适航文件中规定的工具设备，并确保工具设备的可用状态。

③ 使用上述持续适航文件中规定器材，并确保器材合格。

④ 工作环境应当满足确保维修工作质量的要求，当因温度、湿度、雨、雪、冰、雹、风、光和灰尘等因素影响而不能保证维修工作质量时，应当在工作环境恢复正常后开始工作。

⑤ 保持维修工作现场整洁有序，临时拆下的航空器部件应注意保护以防止意外损伤。恢复安装应当检查防止外来物进入航空器或者航空器部件。

⑥ 维修人员应当采取合适的安全防护措施，并严格遵守安全注意事项。

（2）当使用航空器、发动机、螺旋桨或者部件制造厂家发布的现行有效的持续适航文件规定之外的方法、程序、标准、工具设备或者器材时，应当获得符合局方规定的要求。

二、航空器的适航性检查

（一）根据 CCAR-91-R3 部第 321 条规定

（1）航空器所有权人或者运营人的每架航空器在首次投入使用前应当通过局方的检查，确认其符合 CCAR-91 部的要求并获得适航证签署或者其他方式的签署后才能投入使用。

（2）在航空器首次获得适航证签署或者其他方式的签署后，每连续 12 个日历月之内，应当接受局方进行的年度适航性检查，符合 CCAR-91 部的要求并获得适航证签署或者其他方式的签署后才能继续投入使用。如果航空器长期处于停用的存储状态，可以在将其适航证件交回局方后不进行年度适航性检查，但应当在再次投入使用前完成一次适航性检查。

（3）航空器所有权人或者运营人应当接受局方在任何时间对其正在使用的航空器进行的适航性检查，对检查中发现的存在任何影响安全运行的缺陷，应当在其改正措施满足局方的要求后方可以再投入使用。

小贴士

在CCAR-91-R4部中删除了R3以下的内容，暂时在行业规章中还没有补充同类规定，但在相关的规范性文件中，仍然在参照该标准执行，相信类似条文在其他行业规章中的出现只是时间问题。

（4）对于航空器首次投入使用的检查和年度适航性检查，航空器所有权人或者运营人应当按照规定支付检查费用。

（二）根据 CCAR-91-R3 部第 307 条规定

根据CCAR-91-R3部第307条，航空器的所有权人或运营人应当按照以下规定完成对航空器的检查。

（1）按照航空器的设计规范、型号合格证数据单或局方批准的其他文件中的规定，对有时间限制部件的更换时间进行检查，以保证在到达时间限制前及时更换。

（2）对于大型飞机、涡轮喷气多发飞机、涡桨多发飞机或者涡轮动力旋翼机，按照第91.309条要求的检查大纲的规定进行检查。

（3）对于本条（2）之外的航空器，在每100小时的飞行时间内按照CCAR-43部的规定完成100小时检查，但如果在连续的12个日历月内没有达到100小时的飞行时间，则应当在上次完成100小时检查之日起12个月之内完成CCAR-43部规定的年度检查。如果需要为检查而进行调机时，可以超过100小时的限制，但超出时间不得多于10小时。并且在计算下一个100小时使用时间时要包括这次超过100小时的时间。

（4）如果航空器或者航空器部件制造厂家颁发的航空器维修手册或其他持续适航文件中规定的检查超过CCAR-43部规定的100小时检查或者年度检查，则应当按照其规定执行检查，并且不必重复执行100小时检查或者年度检查。

三、航空器的修理和改装

根据CCAR-91-R3部第313、315条，当航空器所有权人或者运营人对其航空器及其部件实施设计更改时，如果对飞机的重量、平衡、结构强度、性能、动力装置工作、飞行特性有显著影响或者影响适航性的其他特性，应当按照CCAR-21部的规定申请批准。

航空器所有权人或者运营人在每次对航空器完成任何维修和改装工作后，都应当由具有相应资格的维修人员在其航空器技术记录本上签署批准恢复使用。

除按照CCAR-145部的维修放行以外，商业非运输运营人、私用大型航空器运营人、航空器代管人使用航空器的批准恢复使用人员，还应当经其维修责任人授权后才能实施。

仅有在实施的任何维修和改装工作符合CCAR-43部的规定时，才能批准航空器恢复使用。

当航空器经过可能明显改变其飞行特性或对其飞行操作有重大影响的维修或者改装后，

在载运人员（机组人员除外）前应当进行试飞检查，但如果可以通过地面试验和检查表明维修没有明显改变航空器的飞行性能或对其飞行操作产生重大影响时可以不进行试飞。

在规定的使用限制和条件下，可以按照第91.443条的规定批准带有某些不工作的仪表或设备的航空器恢复使用，但应当按照CCAR-43部的要求挂上标牌。

四、航空器技术状态记录和保存（CCAR-91-R4部第613条）

（1）航空器运行人应当为拥有的每一架航空器建立航空器技术状态记录，连续记录航空器的技术状态信息，并至少包括下列内容。

① 航空器的型号、制造厂家、出厂日期、购买日期。
② 国籍登记证、适航证件号及有效期。
③ 购买前航空器所有权人以及累计使用时间。
④ 购买后累计使用时间，包括日历时间、飞行小时和起落次数。
⑤ 购买后完成的计划维修工作的日期、累计使用时间、项目、实施人员或者单位、批准恢复使用人员（包括姓名、签名和执照编号）。
⑥ 适航指令执行记录，包括自出厂以来完成的所有适航指令。
⑦ 重要修理和改装记录，包括自出厂以来完成的所有重要修理和改装。
⑧ 局方要求的其他技术信息。

（2）航空器运行人应当妥善保存航空器技术档案，并且建立有效的备份措施，以保证记录丢失或者损毁后的可恢复性。

思考与练习题

（1）适航管理包括哪些内容？通过何种手段实现？
（2）与适航管理相关的证件包括哪些？
（3）在执行运输任务时，航空器上应携带哪些证件？
（4）对航空器运行的最低设备要求是什么？
（5）航空器的供氧要求可以做哪些分类？

第六章

空中航行与运行规则

空中航行规则是指各个国家的领空主权原则与空域管理政策及对各类航空活动的运行规定。航空器的运行规则是在具体的航空行为中对人员的要求、对运行安全的要求和对航空器的要求。从空中航行到航空器的运行，涉及了从国家到企业和个人在航空活动中的各种管理规定与规则，涵盖了从国家政治到行业管理，再到运行技术的各个层面，是航空法的主体部分，也是航空法研究中最活跃的部分。本章内容与飞行工作联系密切，需要飞行员认真掌握。

第一节 空中航行与运行规则概况

空中航行与运行规则的国际立法目前通用的就是《国际民用航空公约》及其附件，所有《国际民航公约》缔约国都须依据该公约的原则制定本国的空中航行规则和运行规则。在前面的章节已对《国际民航公约》及其附件作过介绍。本章将重点介绍相关的国内立法。

> 📖 **拓展知识**
>
> 空中航行的国内法律法规包括《中华人民共和国民用航空法》《中华人民共和国飞行基本规则》《外国民用航空器飞行管理规则》《中国民用航空飞行规则》《中国民用

航空空中交通管理规则》。

　　航空器运行的国内法律法规包括 CCAR-91 部《一般运行与飞行规则》、CCAR-121 部《大型飞机公共航空运输承运人运行合格审定规则》、CCAR-135 部《小型商业运输和空中游览运营人运行合格审定规则》、CCAR-136 部《特殊商业和私用大型航空器运营人运行合格审定规则》等。

一、《中华人民共和国飞行基本规则》

颁发部门：中华人民共和国国务院、中华人民共和国中央军事委员会
约束范围：我国境内
颁发目的：维护国家领空主权，规范境内飞行活动，保障飞行安全有序
法律地位："国家空中航行法"
我国境内组织实施飞行、维护飞行秩序和保证飞行安全的基本依据。
凡辖有航空器的单位、个人和与飞行有关的人员及其飞行活动，必须遵守本规则。
各航空管理部门制定与飞行有关的规范，应当符合本规则的规定。

　　《中华人民共和国飞行基本规则》（以下简称《飞行基本规则》）自 2000 年 7 月 24 日中华人民共和国国务院、中华人民共和国中央军事委员会令第 288 号公布以来，曾于 2001 年、2007 年先后作过两次修订。《飞行基本规则》始终是我国境内组织实施飞行和规范一切飞行活动的基本法规，是各航空部门制定有关条令、条例及规章制度的依据。它在规范飞行活动、维护飞行秩序、保证飞行安全等方面发挥了重要作用。

　　《飞行基本规则》总结吸取了我国航空管理的经验，借鉴国外的有益做法，参照国际标准和惯例，使之与国际航空规则对接。目前的《飞行基本规则》共 12 章 124 条。《飞行基本规则》适用于中华人民共和国境内所有航空器的飞行活动。《飞行基本规则》明确了空管领导关系，规定全国的飞行管制由国务院、中央军委空中交通管制委员会领导。

　　《飞行基本规则》是我国境内组织实施飞行和规范一切飞行活动的基本法规，也是各航空部门制定有关条令、条例以及规章制度的依据，也就是说，凡是辖有航空器的单位、个人和与飞行有关的人员及其一切飞行活动，都必须遵守本规则，与飞行有关的所有单位、人员负有保证飞行安全的责任，必须遵守有关规章制度，及时采取预防事故的措施，保障飞行安全。

拓展知识

飞行基本规则目录

第一章	总则	第五章	航路和航线飞行
第二章	空域管理	第六章	飞行间隔
第三章	飞行管制	第七章	飞行指挥
第四章	机场区域内飞行	第八章	飞行中特殊情况的处置

第九章　通信、导航、雷达、气象和航行情报保障	第十二章　附则
	附件一　辅助指挥、联络的符号和信号
第十章　对外国航空器的特别规定	附件二　飞行高度层配备标准示意图
第十一章　法律责任	附件三　拦截航空器和被拦截航空器的动作信号

二、《中国民用航空飞行规则》

1990年2月3日，以民航局2号令的形式发布，约束范围是民航飞行人员、空中交通管制人员及有关领导、部门组织，是实施民航飞行的依据。

由于《中国民用航空飞行规则》与《飞行基本规则》的内容有一定的重复，在后期的法规建设中，随着CCAR-91、93、121、135部的不断完善，其内容已完全涵盖了《中国民用航空飞行规则》，而且更加详细，与国际标准的接轨程度也更高，因此其参考价值在逐步下降。

三、《中国民用航空空中交通管理规则》（CCAR-93部）

本规则以《中华人民共和国民用航空法》《中华人民共和国飞行基本规则》《中国民用航空飞行规则》《国际民用航空公约》及其附件11为蓝本，参考《空中交通管理》（DOC4444），结合我国民航实际情况而制定。1999年7月5日以中国民用航空总局第86号令发布，2001年3月19日以中国民用航空总局第99号令修订，2007年10月30日以中国民用航空总局令第190号修订。

本规则适用于依法在中华人民共和国领空以及根据我国缔约或者参加的国际条约的规定，由中华人民共和国提供空中交通管制的公海上空的民用航空活动。本规则是组织实施民用航空空中交通管理的依据。各级民用航空管理机构和从事民用航空活动的单位和个人，以及在我国飞行情报区内飞行的外国民用航空器飞行人员，均应当遵守本规则。

四、《外国民用航空器飞行管理规则》

经国务院批准，1979年2月23日由中国民用航空总局发布。外国民用航空器飞入或者飞出中华人民共和国国界和在中华人民共和国境内飞行或者停留时，必须遵守本规则。

五、《一般运行和飞行规则》（CCAR-91部）

《一般运行和飞行规则》（CCAR-91部）是为了规范民用航空器的运行，保证飞行的正常和安全制定的飞行规范准则、飞机维修要求、设备合格要求、运营机构要求、机组人员操作规范等关乎飞行安全的条例规定，是所有在中国境内运营的民用飞行器需要遵守的基本准则，内容结构如图6.1所示。2004年1月14日发布，填补了中国民用航空"基础运行规章"的空白，对完善民航局航空器运行管理规章体系发挥了重要作用，也对日益普及的航空作业和通用航空的管理提供了管理依据，对我国通用航空的发展起到了不可磨灭的作用。

CCAR-91-R2 部自 2007 年 11 月 22 日起施行。CCAR-91-R3 部自 2019 年 1 月 1 日起施行。CCAR-91-R4 部自 2022 年 7 月 1 日起施行，修订的主要内容有如下几方面。

（1）按照运行一般性要求、人员、航空器、飞行规则、特殊运行及航空器维修等进行划分，对规章的章节结构和具体内容进行了重新编排。

（2）将《维修和改装一般规则》（CCAR-43-R1 部）的内容纳入本规章"航空器维修"一章，同时简化了基本飞行仪表和设备的具体要求，删减了大量附录内容，《维修和改装一般规则》同时废止；将"短途空中游览"相关规定移入 CCAR-135-R3 部；将"商业非运输运营人训练飞行"相关规定移入 CCAR-141-R3 部。

（3）将"商业非运输运营人和私用大型航空器运营人审定""航空器代管""农林喷洒作业""直升机机外载荷作业飞行"等相关规定移入新颁布的 CCAR-136 部《特殊商业和私用大型航空器运营人运行合格审定规则》。

（4）增加了大量基础术语定义，降低规章理解难度，提升可操作性。修订后的《一般运行和飞行规则》规定民用航空运行的一般原则与要求，不再规定具体的运行活动，相应交由其他各专门规章予以规范。

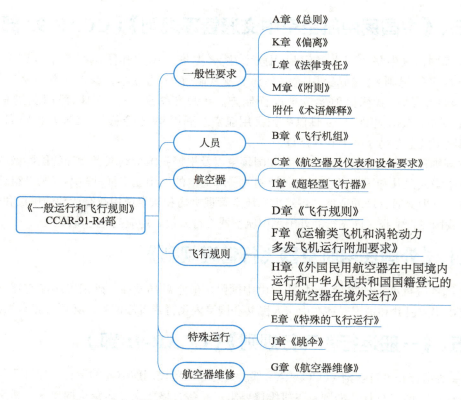

图 6.1 CCAR-91-R4 部内容示意图

六、《大型飞机公共航空运输承运人运行合格审定规则》（CCAR-121 部）

CCAR-121 部是在 CCAR-91 部的基础上，针对民航航线客机和大型货机运营人制定的一系列更加严格的运营规范。

CCAR-121部包含了运行合格审定规则、管理航空公司的一般规定、航路批准、飞机要求、飞机性能限制、特殊适航要求、仪表和设备要求、飞机维修、机组成员和其他航空人员的要求、训练大纲、特殊运行、飞行运作、签派和飞行放行、记录和报告、延程运行和极地运行、应急医疗设备和训练、罚则等与航空器运行相关的各方面。国内任何一家航空公司，如果要进行运营（取酬的载客飞行），必须向民航局申请，并由民航局依据CCAR-121部进行评估审定，取得《营运许可证》（airlines operation certificate，AOC）。

作为符合CCAR-121部的一种手段，民航局要求航空公司建立自己的运营管理程序，一般称为营运手册（operation manual），或者称为标准运营程序（standard operating procedure，SOP）。

CCAR-121-R4部于2009年11月4日中国民用航空局局务会议通过，自2010年3月10日起施行。CCAR-121-R5部于2017年8月29日经交通运输部第14次部务会议通过，自2017年10月10起施行。CCAR-121-R6部于2020年5月7日经交通运输部第14次部务会议通过，自2020年7月1日起施行。CCAR-121-R7部于2021年3月4日经第5次部务会议通过，自公布之日起施行。

七、《小型商业运输和空中游览运营人运行合格审定规则》（CCAR-135部）

CCAR-135部是在CCAR-91部的基础上，针对小型航空器的商业运营而制定的一系列更为严格的运营规范。

CCAR-135部原名称为《小型航空器商业运输运营人运行合格审定规则》，从2001年开始起草，旨在规范使用起飞全重较小或者载运能力较低的航空器进行商业运输的运营人的运行，2005年9月20日以总局令第151号公布；CCAR-135-R1部于2018年11月9日经交通运输部第18次部务会议通过，自2019年1月1日起施行；从CCAR-135-R3部开始，更名为《小型商业运输和空中游览运营人运行合格审定规则》，于2022年1月4日经交通运输部令2022年第4号公布，自2022年7月1日起施行。

目前，我国民航出台的运行管理类行业规章已涵盖了国内民航运行的全部领域，各规章的具体适用范围见表6.1。

表6.1 运行类规章的适用范围

运行规则	运行种类规则与所适用的民用航空器的汇总
CCAR-91部	所有民用航空器的一般运行
CCAR-121部	1. 使用下列航空器实施的定期载客运输飞行 　　最大起飞全重超过5 700千克的多发飞机。 2. 使用下列航空器实施的不定期载客运输飞行 　　旅客座位数超过30座或者最大商载超过3 400千克的多发飞机。 3. 使用下列航空器实施的全货物运输飞行 　　最大商载超过3 400千克的多发飞机

续表

运行规则	运行种类规则与所适用的民用航空器的汇总
CCAR-135部	1. 使用下列小型航空器实施的定期、不定期载客或者载货飞行以及长途空中游览飞行 （1）正常类、实用类、特技类和通勤类飞机。 （2）正常类直升机。 2. 使用下列运输类飞机实施的载货或者不定期载客飞行 （1）旅客座位数（不包括机组座位）30座及以下。 （2）最大商载3 400千克及以下 3. 使用运输类直升机实施的定期、不定期载客或者载货飞行 4. 下列短途空中游览飞行 （1）除自由气球外，航空器的起飞和着陆满足下列条件之一的空中游览飞行： ① 在同一起降点完成，并且航空器在飞行时距起降点的直线距离不超过40千米； ② 在两个直线距离不超过40千米的起降点间实施。 （2）使用自由气球在运营人的运行规范中经批准的飞行区域内实施，并且每次飞行的起飞和着陆地点应当包含在该区域之内的空中游览飞行
CCAR-136部	1. 以取酬为目的的下列商业飞行活动 （1）使用航空器实施的农林喷洒作业飞行。 （2）使用直升机实施的机外载荷作业飞行。 （3）使用航空器实施的跳伞服务飞行。 2. 使用由航空器代管人代管的航空器实施的私用飞行 3. 使用大型航空器实施私用飞行

第二节　空中航行规定

在空中航行与运行方面，目前的法规体系已经比较完善，如表6.2所示，其中的条款很好地覆盖了航行与运行中的各类问题，但限于篇幅以及实际工作需要，本节只能从机长的角度在《飞行基本规则》、CCAR-91部、CCAR-121部中选择一些在飞行任务中需要关注的知识点，并尽量以对比的方式呈现这些知识。CCAR-135部的内容将不涉及。

表6.2　航行类法规的适用范围

飞行基本规则	凡辖有航空器的单位、个人和与飞行有关的人员及其飞行活动
CCAR-91部	（1）在中华人民共和国境内实施运行的所有民用航空器（不包括系留气球、风筝、无人火箭、无人自由气球和民用无人驾驶航空器）应当遵守本规则中相应的飞行和运行规定。对于公共航空运输运行，除应当遵守本规则适用的飞行和运行规定外，还应当遵守公共航空运输运行规章中的规定。 （2）超轻型飞行器在中华人民共和国境内实施的飞行应当遵守本规则I章的规定，无须遵守其他章的规定。 （3）乘坐按本规则运行的民用航空器的人员，应当遵守本规则相应条款的规定
CCAR-121部	本规则适用于在中华人民共和国境内依法设立的航空运营人实施的下列公共航空运输运行： （1）使用最大起飞全重超过5 700千克的多发飞机实施的定期载客运输飞行； （2）使用旅客座位数超过30座或者最大商载超过3 400千克的多发飞机实施的不定期载客运输飞行； （3）使用最大商载超过3 400千克的多发飞机实施的全货物运输飞行

一、飞行管制

作为《中华人民共和国飞行基本规则》的主要内容之一，飞行管制的内容决定着所有飞行活动的开展，以下对《中华人民共和国飞行基本规则》中飞行管制的内容进行了概括。

1. 目的

维护领空主权，保证飞行安全，维持空中秩序。

2. 任务（内容）

（1）监督航空器严格按照批准的计划飞行，维护飞行秩序；禁止未经批准的航空器擅自飞行。

（2）禁止未经批准的航空器飞入空中禁区或者出入国（边）境。

（3）防止航空器与航空器、航空器与地面障碍物相撞。

（4）防止地面对空兵器（对空装置）误射航空器。

3. 机构

（1）国家对境内所有飞行实行统一的飞行管制。

（2）国务院、中央军委是最高权力机构，负责制定和审批有关飞行管制的法律文件，对我国飞行管制的重大改革作最终决策。

（3）国务院、中央军事委员会空中交通管制委员会（国家空管委）领导全国的飞行管制工作。

（4）中国人民解放军空军统一组织实施，各有关飞行管制部门按照各自的职责分工提供空中交通管制服务。

（5）在中华人民共和国境内，按照飞行管制责任划分为飞行管制区、飞行管制分区、机场飞行管制区。

（6）各有关部门按照各自的职责分工提供空中交通管制服务，航路、航线地带和民用机场区域设置高空管制区、中低空管制区、终端（进近）管制区、机场塔台管制区。

（7）在中华人民共和国境内、毗连区、专属经济区及其毗连的公海的上空划分若干飞行情报区。

二、空域管理

空域管理应当维护国家安全，兼顾民用、军用航空的需要和公众利益，统一规划，合理、充分、有效地利用空域。空域的划设应当考虑国家安全、飞行需要、飞行管制能力和通信、导航、雷达设施建设以及机场分布、环境保护等因素。

空域通常划分为机场飞行空域、航路、航线、空中禁区、空中限制区和空中危险区等。空域管理和飞行任务需要的，可以划设空中走廊、空中放油区和临时飞行空域。

空域的划设、调整，应当按照国家有关规定履行审批、备案手续。

（一）ICAO 的空域分类

ICAO 将 ATS 空域分为 A、B、C、D、E、F、G 类，如表 6.3 所示。

表 6.3　ICAO 的空域分类

类型	运行规则	服务类型
A	IFR	所有飞行均受空中交通管制服务的约束，并在其相互之间配备间隔
B	IFR 和 VFR	所有飞行均受空中交通管制服务的约束，并在其相互之间配备间隔
C	IFR 和 VFR	所有飞行均受空中交通管制服务的约束，在 IFR 飞行与其他 IFR 以及 VFR 飞行之间配备间隔。在 VFR 飞行与 IFR 飞行之间配备间隔，并接收关于其他 VFR 飞行的交通情报
D	IFR 和 VFR	所有飞行均受空中交通管制的约束。IFR 飞行与其他 IFR 飞行之间配备间隔，并接收关于 VFR 飞行的交通情报。VFR 飞行接收关于所有其他飞行的交通情报
E	IFR 和 VFR	IFR 飞行受空中交通管制服务的约束，与其他 IFR 飞行之间配备飞行间隔。所有飞行均尽可能接收交通情报
F	IFR 和 VFR	IFR 飞行均接受空中交通咨询服务，如经要求，所有飞行接受飞行情报服务
G	IFR 和 VFR	经要求，接受飞行情报服务

IFR：instrument flight rules，仪表飞行规则；
VFR：visual flight rules，目视飞行规则。

（二）中国的管制空域类型

我国的管制空域类型及运行规则如表 6.4 所示。

表 6.4　中国的管制空域类型

空域名称	类型	运行规则	间隔配备情况	界限
高空管制区	A	IFR	配备间隔	下限通常高于标准大气压高度 6 000 米（不含），或者根据空中交通管制服务情况确定，并取某个飞行高度层为其值。高空管制区的上限应当根据空中交通管制服务情况确定，并取某个飞行高度层为其值
中低空管制区	B	IFR VFR	配备间隔	在中国境内标准大气压高度 6 000 米（含）至其下某指定高度的空间，下限通常在距离地面或者水面 200 米以上，或者为终端（进近）管制区或者机场塔台管制区的上限；中低空管制区的下限确定在平均平面高度 900 米以上的，则应当取某个飞行高度层为其值
终端（进近）管制区	C	IFR VFR	IFR 之间、IFR 与 VFR 之间配备间隔，VFR 之间提供活动情报	通常是指在一个或者几个机场附近的航路、航线汇合处划设的、便于进场和离场航空器飞行的管制空域。它是高空管制空域或者中低空管制空域与机场管制地带之间的连接部分
机场管制地带	D	IFR VFR	IFR 之间配备间隔、IFR 接收 VFR 的活动情报，VFR 接收其他所有飞行的活动情报	机场管制地带通常包括起落航线和最后进近定位点之后的航段以及第一个等待高度层（含）以下至地球表面的空间和机场机动区

（三）机场区域

机场区域是指机场和为该机场划定的一定范围的设置各种飞行空域的空间。

机场区域应当根据机场周围的地形，使用该机场的航空器的型别和任务性质，邻近机场的位置和跑道方向，机场附近的国（边）境、空中禁区、对空射击场或者发射场、航路和空中走廊的位置，以及公众利益和安全保障等因素划定。相邻机场距离过近的，可以合划一个机场区域。

机场区域的界线通常与机场飞行（塔台）管制区的界线相同。

（四）机场区域内的净空保护

在机场区域内必须严格执行国家有关保护机场净空的规定，禁止在机场附近修建影响飞行安全的射击靶场、建筑物、构筑物、架空线路等障碍物体。

在机场及其按照国家规定划定的净空保护区域以外，对可能影响飞行安全的高大建筑物或者设施，应当按照国家有关规定设置飞行障碍灯和标志，并使其保持正常状态。

（五）机场飞行空域

机场飞行空域应当划设在航路和空中走廊以外。仪表（云中）飞行空域的边界距离航路、空中走廊以及其他空域的边界，均不得小于10千米。

机场飞行空域通常包括驾驶术（特技、编队、仪表）飞行空域、科研试飞飞行空域、射击飞行空域、低空飞行空域、超低空飞行空域、海上飞行空域、夜间飞行空域和等待空域等。

（六）等待空域

等待空域通常划设在导航台上空；飞行活动频繁的机场，可以在机场附近上空划设。等待空域的最低高度层，距离地面最高障碍物的真实高度不得小于600米。8 400米以下，每隔300米为一个等待高度层；8 400米至8 900米，每隔500米为一个等待高度层；8 900米至12 500米，每隔300米为一个等待高度层；12 500米以上，每隔600米为一个等待高度层。

机场飞行空域的划设，由驻机场航空单位提出方案，报所在地区的中国人民解放军军级航空单位或者军区空军批准。相邻机场之间飞行空域可以相互调整使用。

（七）航路

航路分为国际航路和国内航路。

航路的宽度为20千米，其中心线两侧各10千米；航路的某一段受到条件限制的，可以减少宽度，但不得小于8千米。航路还应当确定上限和下限。

在距离航路边界30千米以内的地带，禁止修建影响飞行安全的射击靶场和其他设施。在规定地带以外修建固定或者临时靶场，应当按照国家有关规定获得批准。靶场射击或者发射的方向、航空器进入目标的方向不得与航路交叉。

（八）空中走廊

空中走廊通常划设在机场密集的大、中城市附近地区上空。

空中走廊的划设应当明确走向、宽度和飞行高度，并兼顾航空器进离场的便利。

空中走廊的宽度通常为 10 千米，其中心线两侧各 5 千米。受条件限制的，其宽度不得小于 8 千米。

（九）航线

航线分为固定航线和临时航线。临时航线通常不得与航路、固定航线交叉或者通过飞行频繁的机场上空。

（十）特殊空域

（1）空中禁区：国家重要的政治、经济、军事目标上空，可以划设空中禁区、临时空中禁区。未按照国家有关规定经特别批准，任何航空器不得飞入空中禁区和临时空中禁区。

（2）空中限制区：位于航路、航线附近的军事要地、兵器试验场上空和航空兵部队、飞行院校等航空单位的机场飞行空域，可以划设空中限制区。根据需要还可以在其他地区上空划设临时空中限制区。在规定时限内，未经飞行管制部门许可的航空器，不得飞入空中限制区或者临时空中限制区。

（3）空中危险区：位于机场、航路、航线附近的对空射击场或者发射场等，根据其射向、射高、范围，可以在上空划设空中危险区或者临时空中危险区。在规定时限内，禁止无关航空器飞入空中危险区或者临时空中危险区。

三、机场区域内飞行

机场区域内飞行，应当遵守机场使用细则。

（一）飞行前准备

根据 CCAR-91-R4 部第 305 条，在开始飞行之前，机长应当熟悉本次飞行的所有有关资料。这些资料应当包括以下方面。

（1）对于仪表飞行规则飞行或者机场区域以外的飞行，起飞机场和目的地机场天气报告和预报，燃油要求，不能按预定计划完成飞行时的可用备降机场，以及可用的航行通告资料和空中交通管制部门的有关空中交通延误的通知。

（2）对于所有飞行，所用机场的跑道长度以及下列有关起飞与着陆距离的资料。

① 要求携带按照 CCAR-21 部批准或者认可的飞机或者直升机飞行手册的航空器，飞行手册中包括的起飞和着陆距离资料。

② 对于本条①项规定以外的民用航空器，其他适用于该航空器的根据所用机场的标高、跑道坡度、航空器全重、风和温度条件可得出有关航空器性能的可靠资料。

昼间飞行，在航空器起飞、降落前，水平能见度小于 2 千米的，应当打开机场全部障碍标志灯；水平能见度小于 1 千米的，起飞时还应当打开跑道灯，着陆时还应当打开航空器着陆方向（着陆的反航向）上保障飞行的全部灯光。

飞行人员自起飞前开车起到着陆后关车止，必须同空中交通管制员或者飞行指挥员保持无线电通信联络，并且严格遵守通信纪律。未配备无线电通信设备或者通信设备发生故障的航空器，按照目视信号进行联络。

（二）滑行的一般规定

根据 CCAR-91-R4 部第 307 条，航空器不得在机场的活动区滑行，除非操作人员。

（1）已由航空器所有人，或者如果航空器是租用的则由承租人或者指定机构正式授权。

（2）对滑行航空器完全胜任。

（3）如需要无线电通信时，有资格使用无线电通信设备。

（4）曾接受过合格人员关于机场布局以及根据适当情况，有关路线、符号、标志、灯光、空中交通管制信号与指令、术语及程序等情况的培训，并能够遵守机场航空器安全活动所需的运行标准。

飞行员开车滑行，必须经空中交通管制员或者飞行指挥员许可。滑行或者牵引时，应当遵守下列规定。

（1）按照规定的或者空中交通管制员、飞行指挥员指定的路线滑行或者牵引。

（2）滑行速度应当按照相应航空器的飞行手册或者飞行员驾驶守则执行；在障碍物附近滑行，速度不得超过每小时 15 千米。

（3）航空器对头相遇，应当各自靠右侧滑行，并且保持必要的安全间隔；航空器交叉相遇，飞行员从座舱左侧看到另一架航空器时应当停止滑行，主动避让。

（4）两架以上航空器跟进滑行，后航空器不得超越前航空器，后航空器与前航空器的距离不得小于 50 米。

（5）夜间滑行或者牵引，应当打开航空器上的航行灯。

（6）直升机可以用 1 米至 10 米高度的飞行代替滑行。

水上航空器在滑行或者牵引中，与船只对头或者交叉相遇，应当按照航空器滑行或者牵引时相遇的避让方法避让。

（三）机场起落航线飞行

机场的起落航线（如图 6.2 所示）通常为左航线；若因地形、城市等条件的限制，或者为避免与邻近机场的起落航线交叉，也可以为右航线；起落航线的飞行高度通常为 300 米至 500 米。

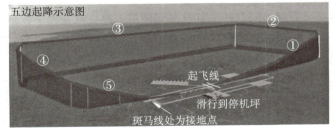
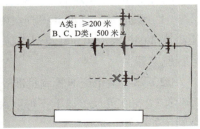

图 6.2　机场起落航线示意图

进行起落航线飞行时，禁止超越同型航空器；各航空器之间的距离一般应保持在 1 500 米以上；经空中交通管制员或者飞行指挥员许可，速度大的航空器可以在第三转弯前超越速度小的航空器，超越时应当从前航空器的外侧超越，其间隔不得小于 200 米。除必须立即降落的航空器外，任何航空器不得从内侧超越前航空器。

加入起落航线飞行必须经空中交通管制员或者飞行指挥员许可，并且应当顺沿航线加入，不得横向截入。

（四）上升和下降

航空器起飞后在机场区域内上升或者降落前在机场区域内下降，必须按照空中交通管制员或者飞行指挥员的指示进行。

航空器飞离机场加入航路、航线和脱离航路、航线飞向机场，应当按照该机场使用细则或者进离场程序规定的航线和高度上升或者下降。

相邻机场的穿云上升航线、穿云下降航线互有交叉，飞行发生矛盾时，由负责该地区飞行管制的部门调整。

航空器进入着陆，应当经空中交通管制员或者飞行指挥员许可；不具备着陆条件的，不得勉强着陆。航空器着陆后，应当迅速脱离跑道。

航空器穿云下降必须按照该机场的仪表进近图或者穿云图进行。当下降到规定的最低高度或者决断高度仍不能以目视进行着陆时，应当立即停止下降，并且按照规定的航向上升至安全高度。

航空器因故不能在该机场降落的，空中交通管制员、飞行指挥员或者航空公司签派员及其代理人，应当立即通知备降机场准备接受航空器降落，同时指示航空器飞往备降机场的航向、飞行高度和通知备降机场的天气情况。在飞行人员同备降机场沟通无线电联络并且报告在备降机场着陆已有保障以前，空中交通管制员、飞行指挥员或者航空公司签派员及其代理人应当继续与该航空器保持联络。

航空器飞临降落机场时，机场的天气情况低于机长飞行的最低气象条件，且航空器无法飞往备降机场的，空中交通管制员或者飞行指挥员应当采取一切措施，指挥航空器安全降落。

通常情况下，准备起飞的航空器，在起落航线第四转弯后无其他航空器进入着陆时，经空中交通管制员或者飞行指挥员许可，方可滑进跑道；跑道上无障碍物，方准起飞。

航空器起飞、着陆时，后航空器应当与前航空器保持规定的安全间隔。

（五）航空器速度（根据 CCAR-91-R4 部第 323 条）

（1）除经局方批准并得到空中交通管制的同意外，航空器驾驶员不得在修正海平面气压高度 3 000 米（10 000 英尺）以下以大于 470 千米/小时（250 海里/小时）的指示空速运行航空器。

（2）除经空中交通管制批准外，在距机场基准点 7 500 米（4 海里）范围内，离地高度 750 米（2 500 英尺）以下不得大于 370 千米/小时（200 海里/小时）的指示空速运行航空器（如图 6.3 所示）。

（3）如果航空器的最小安全空速大于本条规定的最大速度，该航空器可以按最小安全空速运行。

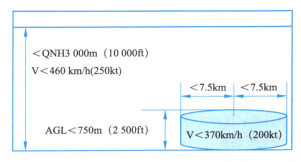

图 6.3　机场区域飞行速度示意图

四、各类机场的运行要求

（一）通用航空机场空域内的运行（CCAR-91-R4 部第 127 条）

（1）除局方要求或者经局方批准外，航空器在通用机场空域内运行必须遵守本条规定。

（2）除非机场另有规定或者指令，航空器驾驶员应当采取左转弯加入机场起落航线，并避开前方航空器的尾流。

（3）除经空中交通管制同意外，航空器在设有管制塔台的机场起飞、着陆或者飞越时，应当与机场管制塔台建立双向无线电通信联系。在通信失效的情况下，只要气象条件符合基本目视飞行规则的最低天气标准，机长应当驾驶航空器尽快着陆。在仪表飞行规则条件下运行时，航空器必须遵守本规则第 91.377 条的规定。

（二）在一般国内运输机场空域内的运行（CCAR-91-R4 部第 335 条）

（1）除经空中交通管制同意外，在一般国内运输机场空域内运行的航空器驾驶员必须遵守本条及本规则第 91.333 条的规定。

（2）运行人可以根据空中交通管制批准，在一次或者一组飞行中偏离本条规定。

（3）航空器必须满足下列双向无线电通信的要求。

① 航空器在进入该机场空域前，必须与提供空中交通服务的空中交通管制建立双向无线电通信，并在该机场空域飞行过程中一直保持通信联系。

② 航空器离场过程中，必须与管制塔台建立并保持双向无线电通信联系，并按照空中交通管制的指令在该机场空域内运行。

（4）在该空域内飞行，驾驶员必须与空中交通管制保持不间断的双向无线电通信联系。

① 在仪表飞行规则下，航空器的无线电失效，驾驶员必须遵守本规则第 91.377 条的规定。

② 在目视飞行规则下，航空器的无线电失效，如符合下列条件，驾驶员可以操纵航空器着陆。

（ⅰ）天气条件符合或者高于目视飞行规则的最低天气标准。

（ⅱ）能够保持目视塔台的标志指示。

（ⅲ）得到塔台的着陆许可。

（5）在一般国内运输机场空域内运行时应遵守以下规则。

① 除离云距离限制并经塔台同意外，运输类或者涡轮发动机的飞机在进入机场起落航线时，不得低于机场标高以上450米（1 500英尺），直至为安全着陆需要下降到更低高度。

② 使用仪表着陆系统进近着陆的运输类或者涡轮发动机飞机在外指点标（或者飞行程序中规定的下滑道截获点）和中指点标之间，不得低于下滑道飞行。

③ 使用目视进近坡度指示仪进近着陆的飞机，应当保持在下滑道或者以上的高度，直至为安全着陆需要下降到更低高度。

本条（5）款②项和③项不禁止为保持在下滑道上而进行的瞬时低于或者高于下滑道的正常修正飞行。

（6）离场航空器应当遵守局方批准的离场程序飞行。运输类或者涡轮发动机的飞机起飞后应当尽快爬升到离地450米（1 500英尺）高度以上。

（7）在一般国内运输机场空域中运行的航空器必须按本规则第91.207条规定，安装并正确使用空中交通管制应答机和高度报告设备，且工作正常。

（8）运输类或者涡轮发动机飞机驾驶员必须遵守局方批准的机场跑道噪声限制程序，使用空中交通管制指定噪声限制跑道。但是，根据本规则第91.103条中机长在安全运行上具有最终决定权的规定，为保证飞机安全运行，空中交通管制可以根据机长的申请同意其使用其他跑道。

（9）航空器驾驶员在开始滑行、进入滑行道和跑道、穿越滑行道和跑道以及起飞和着陆都必须得到空中交通管制相应的许可。

（三）在一般国际运输机场空域内的运行（CCAR-91-R4 部第 337 条）

（1）除经空中交通管制同意外，在一般国际运输机场空域内运行的航空器，必须遵守本条和本规则第91.335条的规定。

（2）航空器在一般国际运输机场空域内起飞后爬升或者着陆前下降时，必须按照空中交通管制的指令进行。航空器离场加入航路、航线和脱离航路、航线飞向机场，应当按照该机场使用细则或者进离场飞行程序规定的航线和高度上升或者下降。

（3）相邻机场的穿云上升航线或者下降航线互有交叉，飞行发生冲突时，航空器驾驶员应当按照空中交通管制指令飞行。

（4）航空器在此类机场空域飞行时，应当按照规定的航线（航向）、高度、次序进入或者脱离空域，并且保持在规定的空域和高度范围内飞行。

（四）在特别繁忙运输机场空域的运行（CCAR-91-R4 部第 339 条）

（1）除经空中交通管制同意外，在特殊繁忙运输机场空域内运行的航空器，应当遵守本规则第91.335条和本条规定。

（2）在特殊繁忙运输机场空域进行训练飞行的航空器，必须遵守空中交通管制规定的方法和程序。

（3）在特殊繁忙运输机场起飞、着陆和飞越的航空器的机长必须至少持有私用驾驶员执照。

（4）在特殊繁忙运输机场空域运行的航空器必须满足本规则第91.207条关于应答机和

自动高度报告设备的相关要求。

五、按仪表飞行规则的起飞和着陆（CCAR-91-R4 部第 365 条）

（1）除经局方批准外，在需要仪表进近着陆时，民用航空器驾驶员必须使用为该机场制定的标准仪表离场和进近程序。

（2）对于本条，在所用进近程序中规定了决断高度/高（DA/DH）或者最低下降高度/高（MDA/MDH）时，经批准的决断高度/高（DA/DH）或者最低下降高度/高（MDA/MDH）是指下列各项中的最高值。

① 进近程序中规定的决断高度/高（DA/DH）或者最低下降高度/高（MDA/MDH）。

② 为机长规定的决断高度/高（DA/DH）或者最低下降高度/高（MDA/MDH）。

③ 根据该航空器的设备，为其规定的决断高度/高（DA/DH）或者最低下降高度/高（MDA/MDH）。

（3）除经局方批准外，只有符合下列条件，航空器驾驶员方可驾驶航空器继续进近到低于决断高度/高（DA/DH）或者最低下降高度/高（MDA/MDH）。

① 该航空器持续处在正常位置，从该位置能使用正常机动动作以正常下降率下降到计划着陆的跑道上着陆，并且，对于按照 CCAR-121 部或者 CCAR-135 部规章的运行，该下降率能够使航空器在预定着陆的跑道接地区接地。

② 飞行能见度不低于所使用的标准仪表进近程序规定的能见度。

③ 除 II 类和 III 类进近（在这些进近中必需的目视参考由局方另行规定）外，航空器驾驶员至少能清楚地看到和辨认计划着陆的跑道的下列目视参考之一。

（i）进近灯光系统，但是如果驾驶员使用进近灯光作为参照，除非能同时清楚地看到红色终端横排灯或者红色侧排灯，否则不得下降到接地区标高之上 30 米（100 英尺）以下。

（ii）跑道入口。

（iii）跑道入口标志。

（iv）跑道入口灯。

（v）跑道端识别灯。

（vi）目视进近下滑坡度指示器。

（vii）接地区或者接地区标志。

（viii）接地区灯。

（ix）跑道或者跑道标志。

（x）跑道灯。

（4）当飞行能见度低于标准仪表进近程序中的规定时，航空器驾驶员不得驾驶航空器着陆。

（5）下列任一情况存在时，航空器驾驶员必须马上执行复飞程序。

① 在下列任一时刻，不能获得本条（3）款要求的目视参考。

（i）航空器到达决断高（DH）、最低下降高度（MDA）或者复飞点。

（ii）在决断高（DH）或者最低下降高度（MDA）以下失去目视参考。

② 航空器在最低下降高度（MDA）或者以上进行盘旋机动飞行时，不能清晰辨认该机场特征部分的参照物。

（6）航空器驾驶员在民用机场按仪表飞行规则起飞时，气象条件必须等于或者高于公布的该机场仪表飞行规则起飞最低天气标准。在未公布起飞最低天气标准的机场，应当使用下列最低天气标准。

① 对于单台或者两台发动机的航空器（直升机除外），机场跑道能见度至少 1 600 米。

② 对于两台以上发动机的航空器（直升机除外），机场跑道能见度至少 800 米。

③ 对于直升机，机场跑道能见度至少 800 米。

（7）除经局方批准外，航空器驾驶员在按仪表飞行规则驾驶航空器进入或者离开军用机场时，必须遵守该机场有管辖权的军事当局规定的仪表进行程序和起飞、着陆最低天气标准。

（8）跑道视程（runway visual range，RVR）和地面能见度的比较值有以下两个方面。

① 除Ⅱ类或者Ⅲ类运行外，如果在仪表起飞离场和进近程序中规定了起飞或者着陆的最低跑道视程，但在该跑道运行时没有跑道视程的报告，则需按本条规定将跑道视程转换成地面能见度，并使用最低能见度标准实施起飞或者着陆。

② 跑道视程（RVR）和地面能见度对照如表 6.5 所示。

表 6.5　跑道视程（RVR）和地面能见度对照表

跑道视程	能见度
500 米（1 600 英尺）	400 米（1/4 英里）
750 米（2 400 英尺）	800 米（1/2 英里）
1 000 米（3 200 英尺）	1 000 米（5/8 英里）
1 200 米（4 000 英尺）	1 200 米（3/4 英里）
1 400 米（4 500 英尺）	1 400 米（7/8 英里）
1 600 米（5 000 英尺）	1 600 米（1.0 英里）
2 000 米（6 000 英尺）	2 000 米（1 1/4 英里）

（9）当航空器在未公布的航路上飞行或者正在被雷达引导，接到空中交通管制进近许可的驾驶员除要遵守本规则第 91.367 条规定外，必须保持空中交通管制最后指定的高度，直至航空器到达公布的航路或者进入仪表进近程序。此后，除非空中交通管制另有通知，航空器驾驶员应当按照航路内或者程序中公布的高度下降。航空器一旦达到最后进近阶段或者定位点，驾驶员可以根据局方对该设施批准的程序完成其仪表进近，或者继续接受监视或者在精密进近雷达引导下进近直到着陆。

（10）当航空器被雷达引导到最后进近航道或者最后进近定位点，或者从等待点定时进近，或者程序规定"禁止程序转弯（no procedure turn required，NOPT）"时，驾驶员不得进行程序转弯。如果在这些情况下需要进行程序转弯，必须得到空中交通管制许可。

（11）仪表着陆系统的基本地面设施应当包括航向台、下滑台、外指点标、中指点标，对于Ⅱ类或者Ⅲ类仪表进近程序还应当安装内指点标。无方向性信标（non-directional beacon，NDB）或者精密进近雷达可以用来代替外指点标或者中指点标。标准仪表进近程序中批准使用的测距仪（distance measuring equipment，DME）、甚高频全向信标（VOR）、无方向性信标（NDB）定位点或者监视雷达可以用来代替外指点标。对于Ⅱ类或者Ⅲ类进近中内指点标的适用性和替代方法，由符合局方要求的进近程序、相应运行的运行规范或者符合局方要求的文件确定。

> 📖 **拓展知识**
>
> **CCAR-121-R7部第667条 仪表飞行规则的起飞和着陆最低标准**
>
> （1）不论空中交通管制是否许可，当由局方批准的气象系统报告的天气条件低于合格证持有人运行规范的规定时，飞机不得按照仪表飞行规则起飞。如果合格证持有人的运行规范没有规定该机场的起飞最低标准，则使用的起飞最低标准不得低于民航局为该机场制定的起飞最低标准。对于没有制定起飞最低标准的机场，可以使用下列基本起飞最低标准：
>
> ① 对于双发飞机，能见度1 600米；
>
> ② 对于三发或者三发以上飞机，能见度800米。
>
> （2）除本条（4）款规定外，飞机不得飞越最后进近定位点继续进近，或者在不使用最后进近定位点的机场，进入仪表进近程序的最后进近航段，除非由局方批准的系统为该机场发布了最新的天气报告，报告该机场的能见度等于或者高于仪表进近程序规定的能见度最低标准。
>
> （3）如果驾驶员根据本条（2）款已经开始实施仪表进近程序的最后进近，并在此后收到了较新的天气报告，报告的天气条件低于最低天气标准，该驾驶员仍可以继续进近至决断高或者最低下降高。当到达决断高或者最低下降高，在进近复飞点之前的任何时间内，除非符合下列条件或满足增强飞行视景系统（enhanced flight vision system，EFVS）的相关运行要求，不得继续进近到低于决断高或者最低下降高并着陆。
>
> ① 该飞机持续处在正常位置，从该位置能使用正常机动动作以正常下降率下降到计划着陆的跑道上着陆，并且以此下降率可以使飞机在计划着陆的跑道的接地区内接地。
>
> ② 飞行能见度不低于所用的标准仪表进近程序规定的能见度。
>
> ③ 除Ⅱ类和Ⅲ类进近（在这些进近中，必需的目视参考由局方在批准时具体规定）外，驾驶员至少能清楚地看到和辨认计划着陆跑道的下列目视参考之一：
>
> （ⅰ）进近灯光系统，如果驾驶员仅使用进近灯光作为参考，应当能同时清楚地看到和辨认红色终端横排灯或者红色侧排灯，否则不得下降到接地区标高之上30米（100英尺）以下；
>
> （ⅱ）跑道入口；
>
> （ⅲ）跑道入口标志；
>
> （ⅳ）跑道入口灯；
>
> （ⅴ）跑道端识别灯；
>
> （ⅵ）目视进近下滑道指示灯；

（vii）接地区或者接地区标志；
（viii）接地区灯；
（ix）跑道或者跑道标志；
（x）跑道灯。

④当使用具有目视下降点的非精密直接进近程序时，飞机已到达该目视下降点，且在该点使用正常程序或者下降率能降落到跑道上。

（4）当能见度低于所用仪表进近程序规定的最低能见度时，如果该机场同时开放了仪表着陆系统和精密进近雷达，且驾驶员同时使用了这两套设备，则可以在该机场开始实施该仪表进近程序（Ⅱ类和Ⅲ类程序除外）的最后进近。除非符合下列条件或满足增强飞行视景系统（EFVS）的相关运行要求，不得操作飞机进近到低于经批准的最低下降高，或者继续进近到低于决断高。

①该飞机持续处在正常位置，从该位置能使用正常机动动作以正常下降率下降到计划着陆跑道上着陆，并且以此下降率可以使飞机在计划着陆跑道的接地区内接地。

②飞行能见度不低于所用的标准仪表进近程序规定的能见度。

③除Ⅱ类和Ⅲ类进近（在这些进近中，必需的目视参考由局方在批准时具体规定）外，驾驶员至少能清楚地看到和辨认计划着陆跑道的下列目视参考之一：

（i）进近灯光系统，但是如果驾驶员仅使用进近灯光作为参考，除非能同时看到和辨认红色跑道端横排灯或者红色侧排灯，否则不得下降到接地区标高之上30米（100英尺）以下；
（ii）跑道入口；
（iii）跑道入口标志；
（iv）跑道入口灯；
（v）跑道端识别灯；
（vi）目视进近下滑道指示器；
（vii）接地区或者接地区标志；
（viii）接地区灯；
（ix）跑道或者跑道标志；
（x）跑道灯。

（5）就本条而言，最后进近航段从仪表进近程序规定的最后进近定位点或者设施处开始。当一个包含程序转弯的程序没有规定最后进近定位点时，最后进近航段在完成程序转弯的那一点开始，并且在该点上，飞机在该程序规定距离之内在最后进近航迹上向机场飞行。

（6）除了在合格证持有人的运行规范中另有批准外，在国外机场按照仪表飞行规则起飞、进近或者着陆的驾驶员，应当遵守管辖该机场的当局所规定的仪表进近程序和最低天气标准。

> **小贴士**
>
> **CCAR-121-R7部第669条 新机长的仪表飞行规则着陆最低天气标准**
>
> （1）如果机长在其驾驶的某型别飞机上作为机长按照本规则运行未满100小时，则合格证持有人运行规范中对于正常使用机场、临时使用机场或者加油机场规定的最低下降高（MDH）或者决断高（DH）和着陆能见度最低标准，分别增加30米（100英尺）和800米（1/2英里）或者等效的跑道视程（RVR）。对于用作备降机场的机场，最低下降高（MDH）或者决断高（DH）和能见度最低标准无须在适用于这些机场的数值上增加，但是任何时候，着陆最低天气标准不得小于90米（300英尺）和1 600米（1英里）。
>
> （2）如果该驾驶员在另一型别飞机上作为机长在按照本规则实施的运行中至少已飞行100小时，该机长可以用在本型飞机上按照本规则实施运行中的一次着陆，去取代必需的机长经历1小时，减少本条（1）款所要求的100小时的机长经历，但取代的部分不得超过50小时。

六、空中交通管制灯光信号

根据 CCAR-91-R4 部第 331 条，机场管制塔台发给航空器的灯光或信号弹信号如表 6.6 所示。

表 6.6　空中交通管制灯光信号

指向航空器的灯光信号的颜色和形式	对于地面上航空器的含义	对于飞行中航空器的含义
绿色定光	可以起飞	允许着陆
一连串绿色闪光	可以滑行	返航着陆
红色定光	停止	给其他航空器让出航路并继续盘旋飞行
一连串红色闪光	滑离所用着陆区	机场不安全，不要着陆
一连串白色闪光	滑回机场的起始点	在此机场着陆并滑到停机坪
红色信号弹		不管以前有无指示都暂时不要着陆

注：着陆和滑行许可信号，在适当时发出。

七、航路和航线飞行

航空器使用航路和航线，应当经负责该航路和航线的飞行管制部门同意。

穿越航路和航线的飞行，应当明确穿越的地段、高度和时间，穿越时还应当保证与航路和航线飞行的航空器有规定的飞行间隔。

飞行人员在飞行中必须遵守有关的飞行规则和飞行任务书中的各项规定，服从飞行指挥，准确实施领航，保持规定的航行诸元，注意观察空中情况，按照规定及时报告航空器位置、飞行情况和天气情况，特别是危险天气现象及其发展情况。

航空器进行空域飞行时,应当按照规定的航线(航向)、高度、次序进入空域或者脱离空域,并且保持在规定的空域和高度范围内飞行。

CCAR-91-R4 和 CCAR-121 部中对航线飞行的规定如表 6.7 所示。

表 6.7 CCAR-91-R4 部和 CCAR-121 部中对航线飞行的规定

第91.373条 飞行航道	第121.553条 国内、国际定期载客运行对批准航路和限制的遵守
按仪表飞行规则飞行的航空器,应当遵守下列规定: (1)在公布的航路上,沿该航路的中心线飞行; (2)在任何其他航线上,沿确定该航线的导航设施或定位点之间的连线飞行。但是,本条并不禁止为避开其他航空器或为改变飞行高度需要偏离航线的机动飞行	驾驶员在国内、国际定期载客运行中操作飞机时应当遵守下列规定: (1)不得在其运行规范规定以外的航路或者航段上飞行; (2)应当遵守其运行规范规定的限制

在与航路、固定航线交叉或者靠近的临时航线飞行时,飞行人员应当加强对空中的观察,防止与航路飞行的航空器相撞。当临时航线与航路、固定航线交叉时,水平能见度大于 8 千米的,应当按照规定的飞行高度通过;在云中飞行或者水平能见度小于 8 千米的,应当按照空中交通管制员或者飞行指挥员的指示通过。在靠近航路的航线上飞行时,应当与航路的边界保持规定的安全间隔。

飞机在空中拖曳滑翔机时,拖曳飞机同滑翔机应当视为一个航空器。滑翔机飞行员应当服从拖曳飞机飞行员的指挥。滑翔机在空中脱离拖曳,必须在规定的高度上进行,并且经拖曳飞机飞行员同意,但紧急情况除外。

 小贴士

CCAR-91-R4部第317条 在其他航空器附近的运行

(1)任何人不得驾驶航空器靠近另一架航空器达到产生碰撞危险的程度。
(2)未经批准,任何人不得驾驶航空器进行编队飞行。
(3)任何人不得驾驶载客的航空器进行编队飞行。

未配备复杂气象飞行设备的航空器,机长应当按照规定的飞行最低气象条件,在安全高度以上进行目视飞行,防止飞入云中。

当天气情况不低于机长飞行的最低气象条件时,机长方可在 300 米以下进行目视飞行,飞行时航空器距离云层底部不得小于 50 米。

航空器沿航路和固定航线飞行通过中途机场 50 千米~100 千米前,除有协议的外,飞行人员应当向该机场的空中交通管制员或者飞行指挥员报告预计通过的时间和高度。中途机场的空中交通管制员或者飞行指挥员必须指挥在本机场区域内飞行的航空器避让过往航空器,保证其安全通过;无特殊原因,不得改变过往航空器的航线和高度。

航空器在临时航线飞行通过中途机场时,应当按照规定的航线和高度通过,或者按照该机场空中交通管制员或者飞行指挥员的指示通过。

航路、航线飞行或者转场飞行的航空器,在起飞前或者在中途机场降落后需要继续飞行的,机长或者其代理人必须到机场飞行管制部门办理飞行手续,校对有关资料,经批准后方可起飞；航空器降落后需要连续起飞的，必须事先经过中途机场飞行管制部门的许可。

航路、航线飞行或者转场飞行的航空器降落后，机长或者其代理人必须到机场飞行管制部门或者航空公司报告飞行情况和航路、航线天气情况，送交飞行任务书和飞行天气报告表。

未经批准而降落在非预定机场的航空器，必须由驻该机场航空单位的负责人向上级报告，经批准后方可起飞。

航路、航线飞行或者转场飞行的航空器到达预定机场后，其各项保障工作由驻该机场的有关部门按照规定或者协议负责。

（一）在高空空域内的运行

高空空域是指标准海平面气压 6 000 米（不含）以上的空域。根据 CCAR-91-R4 部第 343 条，除经空中交通管制批准偏离外，驾驶员在该空域内按仪表飞行规则运行航空器时，应当遵守下列规定。

（1）只有预先得到空中交通管制的许可，方可进入该空域。

（2）除经空中交通管制同意外，进入高空空域内运行的航空器必须安装必要的通信设备，该设备能在空中交通管制指定的频率上与空中交通管制建立双向无线电通信联系。航空器驾驶员在该空域中必须与空中交通管制保持双向无线电通信联系。

（3）除经空中交通管制同意外，进入高空空域运行的航空器必须按照第 91.207 条的规定安装应答机。

（4）经空中交通管制批准，运营人可以在一次或一组飞行中偏离本条款。航空器在飞行中如果应答机不工作，经空中交通管制同意，可以在高空空域内继续飞行至目的地的机场或可以进行维修的机场。

（二）等待空域内的飞行

航空器在等待空域内，必须保持在规定的等待高度层并且按照空中交通管制员或者飞行指挥员指示的方法飞行，未经许可，不得自行改变。

在等待空域内等待降落的航空器，应当按照规定的顺序降落。特殊情况下，经空中交通管制员或者飞行指挥员许可，方可优先降落。

八、目视飞行规则

（一）基本目视飞行规则的最低天气标准（CCAR-91-R4 部第 351 条）

（1）除经空中交通管制按本规则第 91.353 条特殊批准的目视飞行规则最低标准外，只允许在中低空空域内实施。

（2）除本规则第 91.353 条规定外，只有气象条件不低于下列标准时，航空器驾驶员方可按目视飞行规则飞行。

① 除本条（2）款②项、③项规定外，在修正海平面气压高度 3 000 米（含）以上，能见度不小于 8 000 米；修正海平面气压高度 3 000 米以下，能见度不小于 5 000 米；离云的水平距离不小于 1 500 米，垂直距离不小于 300 米。

② 除运输机场空域外，在修正海平面气压高度 900 米（含）以下或者离地高度 300 米（含）以下（以高者为准），如果在云体之外，能目视地面，允许航空器驾驶员在飞行能见

度不小于 1 600 米的条件下按目视飞行规则飞行。但是必须符合下列条件之一：
（ⅰ）航空器速度较小，在该能见度条件下，有足够的时间观察和避开其他航空器和障碍物，以避免相撞；
（ⅱ）在空中活动稀少，发生相撞可能性很小的区域。
③ 在符合本条（2）款②项的条件下，允许直升机在飞行能见度小于 1 600 米的条件下按目视飞行规则飞行。

（二）特殊目视飞行规则的最低天气标准（CCAR-91-R4 部第 353 条）

（1）在运输机场空域修正海平面气压高度 3 000 米以下，允许按本条天气最低标准和条件实施特殊目视飞行规则飞行，无须满足本规则第 91.351 条的规定。
（2）特殊目视飞行规则天气标准和条件如下：
① 得到空中交通管制的许可；
② 云下能见；
③ 能见度至少 1 600 米（直升机可以用更低标准）；
④ 除直升机外，驾驶员满足 CCAR-61 部仪表飞行资格要求，航空器安装了本规则第 91.203 条要求的设备，否则只能昼间飞行。
（3）除直升机外，只有地面能见度（如无地面能见度报告，可以使用飞行能见度）至少为 1 600 米，航空器方可按特殊目视飞行规则起飞或者着陆。

（三）目视飞行规则的巡航高度和飞行高度层

除经空中交通管制批准外，驾驶航空器按目视飞行规则在离地 900 米以上做水平巡航飞行时，应当按照第 91.369 条规定的仪表飞行规则的巡航高度和飞行高度层飞行。

（四）目视飞行的避让规则

目视飞行时，飞行人员必须加强空中观察。航空器应当与云保持一定的水平距离和垂直距离。机长对目视飞行的安全负直接责任。
目视飞行时，航空器应当按照下列规定避让。
（1）在同一高度上对头相遇，应当各自向右避让，并保持 500 米以上的间隔。
（2）在同一高度上交叉相遇，飞行员从座舱左侧看到另一架航空器时应当下降高度，从座舱右侧看到另一架航空器时应当上升高度。
（3）在同一高度上超越前航空器，应当从前航空器右侧超越，并保持 500 米以上的间隔。
（4）单机应当主动避让编队或者拖曳飞机，有动力装置的航空器应当主动避让无动力装置的航空器，战斗机应当主动避让运输机。

（五）除水面运行外的航行优先权规则（CCAR-91-R4 部第 319 条）

当气象条件许可时，无论是按仪表飞行规则还是按目视飞行规则飞行，航空器驾驶员必须注意观察，以便发现并避开其他航空器。在本条的规则赋予另一架航空器航行优先权时，驾驶员必须为该航空器让出航路，并不得以危及安全的间隔在其上方、下方或前方通过。
遇险的航空器享有优先于所有其他航空器的航行优先权。

在同一高度上对头相遇，应当各自向右避让，并保持 500 米以上的间隔。

在同一高度上交叉相遇，驾驶员从座舱左侧看到另一架航空器时，应当下降高度；从座舱右侧看到另一架航空器时，应当上升高度；但下列情况除外。

（1）有动力装置重于空气的航空器必须给飞艇、滑翔机和气球让出航路。

（2）飞艇应当给滑翔机及气球让出航路。

（3）滑翔机应当给气球让出航路。

（4）有动力装置的航空器应当给拖曳其他航空器或物件的航空器让出航路。

从一架航空器的后方，在与该航空器对称面小于 70°夹角的航线上向其接近或超越该航空器时（如图 6.4 所示），被超越的航空器具有航行优先权。而超越航空器不论是在上升、下降或平飞均应当向右改变航向给对方让出航路。此后二者相对位置的改变并不解除超越航空器的责任，直至完全飞越对方并有足够间隔时为止。

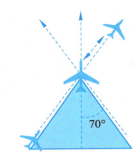

图 6.4　后机与前机相对位置示意图

当两架或两架以上航空器为着陆向同一机场进近，高度较高的航空器应当给高度较低的航空器让路，但后者不能利用本规则切入另一正在进入着陆最后阶段的航空器的前方或超越该航空器。已经进入最后进近或正在着陆的航空器优先于飞行中或在地面运行的其他航空器，但是，不得利用本规定强制另一架已经着陆并将脱离跑道的航空器为其让路。

一架航空器得知另一架航空器紧急着陆时，应当为其让出航路。

在机场机动区滑行的航空器应当给正在起飞或即将起飞的航空器让路。

九、飞行间隔

飞行间隔是为了防止飞行冲突，保证飞行安全，提高飞行空间和时间利用率所规定的航空器之间应当保持的最小安全距离。飞行间隔包括垂直间隔和水平间隔。水平间隔分为纵向间隔和横向间隔。

机长必须按照规定的飞行间隔飞行，需要改变时，应当经飞行管制部门许可。

（一）飞行高度层

航路、航线飞行或者转场飞行的垂直间隔，按照飞行高度层配备。飞行高度层按照以下标准划分（如图 6.5 所示）。

（1）真航线角在 0～170°范围内，高度由 900 米至 8 100 米，每隔 600 米为一个高度层；高度由 8 900 米至 12 500 米，每隔 600 米为一个高度层；高度在 12 500 米以上，每隔 1 200 米为一个高度层。

（2）真航线角在 180°～359°范围内，高度由 600 米至 8 400 米，每隔 600 米为一个高度层；高度由 9 200 米至 12 200 米，每隔 600 米为一个高度层；高度在 13 100 米以上，每隔 1 200 米为一个高度层。

（3）飞行高度层应当根据标准大气压条件下假定海平面计算。真航线角应当从航线起点和转弯点量取。

飞行人员民用航空法规基础

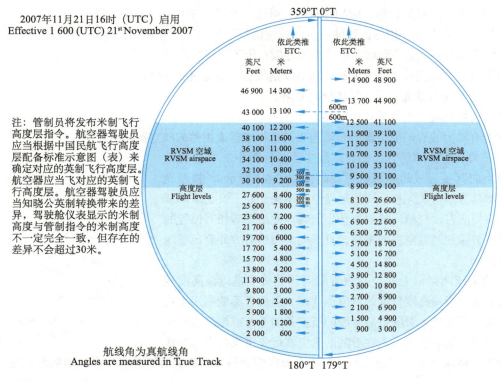

2007年11月21日16时（UTC）启用
Effective 1 600 (UTC) 21st November 2007

注：管制员将发布米制飞行高度层指令。航空器驾驶员应当根据中国民航飞行高度层配备标准示意图（表）来确定对应的英制飞行高度层。航空器应当飞对应的英制飞行高度层。航空器驾驶员应当知晓公英制转换带来的差异，驾驶舱仪表显示的米制高度与管制指令的米制高度不一定完全一致，但存在的差异不会超过30米。

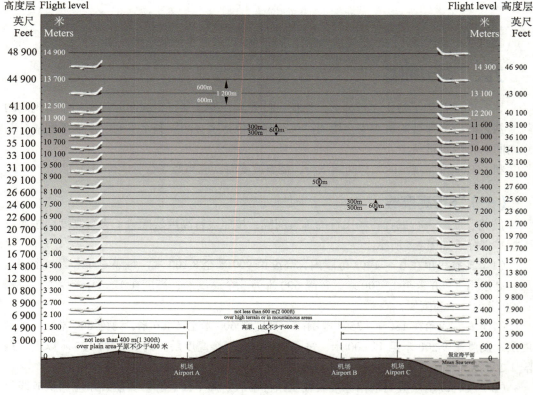

图 6.5 飞行高度层配备标准示意图

（二）飞行安全高度

飞行的安全高度是避免航空器与地面障碍物相撞的最低飞行高度。

在进入机场区域内飞行时，不得低于仪表进近图中规定的最低扇区高度，在按照进离场程序飞行时，不得低于仪表进离场程序中规定的高度。在没有公布仪表进近程序或最低扇区高度的机场，在机场区域范围内，航空器距离障碍物的最高点的高度，平原地区不得小于 300 米，高原、山区不得小于 600 米。

航路、航线飞行或者转场飞行的安全高度，在高原和山区应当高出航路中心线、航线两侧各 25 千米以内最高标高 600 米；在其他地区应当高出航路中心线、航线两侧各 25 千米以内最高标高 400 米。

受性能限制的航空器，其航路、航线飞行或者转场飞行的安全高度，由有关航空管理部门另行规定。

航路、航线飞行或者转场飞行的航空器，在航路中心线、航线两侧各 25 千米以内的最高标高不超过 100 米，大气压力不低于 1 000 百帕（750 毫米水银柱）的，允许在 600 米的高度层内飞行；当最高标高超过 100 米，大气压力低于 1 000 百帕（750 毫米水银柱）的，飞行最低的高度层必须相应提高，保证飞行的真实高度不低于安全高度。

（三）最低安全高度

根据 CCAR-91-R4 部第 325 条，除航空器起飞或着陆需要外（农林喷洒作业按照本规则 M 章的要求），任何人不得在低于以下高度上运行航空器。

（1）在任何地方都应当保持一个合适的高度，在这个高度上，当航空器动力装置失效应急着陆时，不会对地面人员或财产造成危害。

（2）在人口稠密区、集镇或居住区的上空或者任何露天公众集会上空，航空器的高度不得低于在其 600 米（2 000 英尺）水平半径范围内的最高障碍物以上 300 米（1 000 英尺）。

（3）在人口稠密区以外地区的上空，航空器不得低于离地高度 150 米（500 英尺）。但是，在开阔水面或人口稀少区的上空不受上述限制，在这些情况下，航空器不得接近任何人员、船舶、车辆或建筑物至 150 米（500 英尺）以内，如图 6.6 所示。

（4）在对地面人员或财产不造成危险的情况下，旋翼机可在低于本条规定的高度上运行。此外，旋翼机还应当遵守局方为旋翼机专门规定的航线或高度。

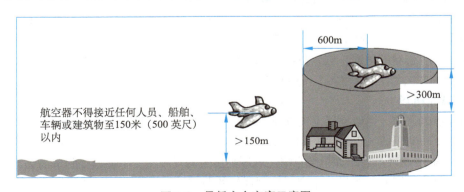

图 6.6　最低安全高度示意图

（四）高度表拨正程序（根据 CCAR-91-R4 部第 327 条）

1. 规定过渡高度和过渡高度层的机场

航空器起飞前，应当将机场修正海平面气压（QNH）的数值对正航空器上气压高度表的固定指标；航空器起飞后，上升到过渡高度时，应当将航空器上气压高度表的气压刻度 1 013.2 百帕对正固定指标。航空器着陆前，下降到过渡高度层时，应当将机场修正海平面气压（QNH）的数值对正航空器上气压高度表的固定指标，如图 6.7 所示。

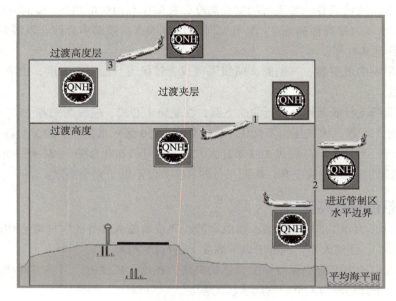

图 6.7　高度表拨正示意图

2. 规定过渡高和过渡高度层的机场

航空器起飞前，应当将机场场面气压的数值对正航空器上气压高度表的固定指标；航空器起飞后，上升到过渡高时，应当将航空器上气压高度表的气压刻度 1 013.2 百帕对正固定指标。航空器降落前，下降到过渡高度层时，应当将机场场面气压的数值对正航空器上气压高度表的固定指标。

3. 在没有规定过渡高度或过渡高和过渡高度层的机场

航空器起飞前，应当将机场场面气压的数值对正航空器上气压高度表的固定指标；航空器起飞后，上升到 600 米高时，应当将航空器上气压高度表的气压刻度 1 013.2 百帕对正固定指标。航空器降落前，进入机场区域边界或者根据机场空中交通管制员的指示，将机场场面气压的数值对正航空器上气压高度表的固定指标。

4. 高原机场

航空器起飞前，当航空器上气压高度表的气压刻度不能调整到机场场面气压的数值时，应当将气压高度表的气压刻度 1 013.2 百帕对正固定指标（此时高度表所指的高度为假定零点高度）。航空器降落前，如果航空器上气压高度表的气压刻度不能调整到机场场面气压的数值时，应当按照着陆机场空中交通管制通知的假定零点高度（航空器接地时高度表所指示的高度）进行着陆。

军用、民用航空器在同一机场同时飞行的，必须统一航空器上气压高度表拨正时机。

在高原、山区飞行，必须注意航空器上气压高度表与无线电高度表配合使用。

十、仪表飞行规则的无线电通信

根据 CCAR-91-R4 部第 375 条，按仪表飞行规则飞行的航空器驾驶员必须在指定的频率上保持守听，并且及时向空中交通管制部门报告以下事项。

（1）通过指定报告点或空中交通管制规定的报告点的时间和高度，但是，航空器处于雷达管制下时，仅需在通过空中交通管制部门特别要求的那些报告点时报告。

（2）遇到没有得到预报的气象条件。

（3）与飞行安全有关的任何其他信息。

（一）空中交通管制许可和指令的遵守（根据 CCAR-91-R4 部第 329 条）

（1）当航空器驾驶员已得到空中交通管制许可时，除在紧急情况下或为了对机载防撞系统的警告作出反应外，不得偏离该许可。如果驾驶员没有听清空中交通管制许可，应当立即要求空中交通管制员予以澄清。

（2）除紧急情况外，任何人不得在实施空中交通管制的区域内违反空中交通管制的指令驾驶航空器。

（3）每个机长在紧急情况下或为了对机载防撞系统的警告作出反应而偏离空中管制许可或指令时，必须尽快将偏离情况和采取的行动通知空中交通管制部门。

（4）被空中交通管制部门给予紧急情况优先权的机长，在局方要求时，必须在 48 小时内提交一份该次紧急情况运行的详细报告。

（5）除空中交通管制另有许可外，航空器驾驶员不得按照管制员向另一架航空器驾驶员发出的许可和指令驾驶航空器。

航路、航线飞行或者转场飞行时，因航空器故障、积冰、绕飞雷雨区等原因需要改变飞行高度层的，机长应当向飞行管制部门报告原因和当时航空器的准确位置，请求另行配备飞行高度层。飞行管制部门允许航空器改变飞行高度层时，必须明确改变的高度层以及改变高度层的地段和时间。

遇有紧急情况，飞行安全受到威胁时，机长可以决定改变原配备的飞行高度层，但必须立即报告飞行管制部门，并对该决定负责。改变高度层的方法是：从航空器飞行的方向向右转 30°，并以此航向飞行 20 千米，再左转平行原航线上升或者下降到新的高度层，然后转回原航线。

飞行中发生特殊情况，机长必须在保证航空器上人员生命安全的前提下，积极采取措施保全航空器。时间允许的，机长应当及时向空中交通管制员或者飞行指挥员报告所发生的情况和准备采取的措施，并且按照其指示行动。

在飞行中遇到严重危及航空器和人员安全的情况时，飞行人员应当利用一切手段，重复发出规定的遇险信号。其他航空器飞行人员在飞行中收到遇险信号，应当暂时停止使用无线电发信，必要时协助遇险航空器重复发出遇险信号。

（二）双向无线电通信失效（CCAR-91-R4 部第 377 条）

（1）除空中交通管制批准外，在飞行过程中，当双向无线电通信失效时航空器驾驶员必须遵守本条的规则。

（2）如果无线电通信失效发生在目视飞行规则条件下，或者在失效后遇到目视飞行条件，航空器驾驶员应当按目视飞行规则继续飞行，并尽快着陆。

（3）如果无线电失效发生在仪表飞行规则条件下，并且不能按照本条（2）款实施目视飞行规则飞行，航空器驾驶员应当根据以下规定继续飞行。

① 按照下列规定确定飞行航线：

（ⅰ）按照最后接到的空中交通管制许可所指定的航线继续飞行；

（ⅱ）如果航空器正在被雷达引导，从无线电失效点直接飞向雷达引导指令所指定的定位点、航线或者航路；

（ⅲ）在没有指定航线时，按照空中交通管制曾告知在后续指令中可能同意的航线飞行；

（ⅳ）如果不能按照本条款（ⅲ）项所述航线飞行时，则按照飞行计划所申请的航线飞行。

② 按照下列高度或者高度层中最高者飞行：

（ⅰ）无线电失效前最后一次空中交通管制许可中所指定的高度或者飞行高度层；

（ⅱ）仪表飞行规则运行的最低高度或者高度层；

（ⅲ）空中交通管制曾告知在后续指令中可能同意的高度或者高度层。

③ 离开空中交通管制许可界限。

（ⅰ）当空中交通管制许可界限是起始进近定位点的情况下，航空器驾驶员如果已收到空中交通管制给出的发布下一许可的时刻，应当在接近此时刻时开始下降或者下降和进近；如果未曾收到发布下一许可的时刻，则尽可能按照提交的飞行计划所计算出的预计到达时刻或者（与空中交通管制一起）修正的航路预计到达时刻下降或者下降和进近。

（ⅱ）在许可界限不是起始进近定位点的情况下，航空器驾驶员如果已收到过空中交通管制给出的预计发布下一许可的时刻，应当在此时刻离开许可界限；如果未曾收到预计发布下一许可的时刻，应当在到达该许可界限上空时继续飞向起始进近定位点，并尽可能按照提交的飞行计划所计算出的预计到达时刻或者（与空中交通管制一起）修正的航路预计到达时刻开始下降或者下降和进近。

飞行中，飞行人员与地面联络中断，可以停止执行飞行任务，返回原机场或者飞往就近的备降机场降落。当保持原高度飞向备降机场符合飞行高度层配备规定时，仍保持原高度飞行；当保持原高度飞向备降机场不符合飞行高度层配备规定时，应当下降到下一层高度飞向备降机场；因飞行安全高度所限不能下降到下一层高度的，应当上升至上一层高度飞向备降机场。

第三节 运 行 规 定

一、《中华人民共和国飞行基本规则》、CCAR-91 部、CCAR-121 部中与运行有关的规定

（一）禁止的行为

根据 CCAR-91-R4 部第 7、107、109、9 条，航空器上禁止的行为如下。

（1）在航空器运行期间，任何人不得殴打、威胁、恐吓或妨碍在航空器上执行任务的

机组成员。

（2）任何人员在操作航空器时不得粗心大意和盲目蛮干，以免危及他人的生命或财产安全。

（3）民用航空器的机长不得允许从飞行中的航空器上投放任何可能对人员或财产造成危害的物体。但是如果已经采取了合理的预防措施，能够避免对人员或财产造成危害，本条不禁止此种投放。

（4）除法律许可或经政府机构批准的情况外，任何人不得在已知航空器上载有有关法规中规定的麻醉药品、大麻、抑制或兴奋药剂或物质的情况下，在中华人民共和国境内运行该民用航空器。

（二）目视飞行规则飞行计划

根据 CCAR-91-R4 部第 349 条，航空器驾驶员提交的按目视飞行规则飞行计划必须包括以下内容：

（1）该航空器国籍登记号和无线电呼号（如需要）；
（2）该航空器的型号，或者如编队飞行，每架航空器的型号及编队的航空器数量；
（3）机长的姓名和地址，或者如编队飞行，编队指挥员的姓名和地址；
（4）起飞地点和预计起飞时间；
（5）计划的航线、巡航高度（或飞行高度层）以及在该高度的航空器真空速；
（6）第一个预定着陆地点和预计飞抵该点上空的时间；
（7）装载的燃油量（以时间计）；
（8）机组和搭载航空器的人数；
（9）局方和空中交通管制要求的其他任何资料。

（三）仪表飞行规则飞行计划

根据 CCAR-91-R4 部第 359 条，除经空中交通管制同意外，仪表飞行规则飞行计划应当包括下列内容。

（1）目视飞行规则飞行计划的内容。
（2）备降机场，如果符合第 91.357 条可以不选用备降机场的条件，可以不选用备降机场。

除经局方批准外，对于列入仪表飞行规则飞行计划中的备降机场，应当有相应的天气实况报告、预报或两者组合表明，当航空器到达该机场时，该机场的天气条件等于或高于下列最低天气标准。

① 对于具有局方公布的仪表进近程序的机场，使用下列标准。
（ⅰ）对于旋翼机以外的航空器，在有一套进近设施与程序的机场，云高在最低下降高/高度（MDH/MDA）或决断高/高度（DH/DA）上增加 120 米，能见度增加 1 600 米；在有两套（含）以上精密或非精密进近设施与程序并且能提供不同跑道进近的机场，云高在最低下降高或决断高上增加 60 米，能见度增加 800 米，在两条较低标准的跑道中取较高值。
（ⅱ）对于旋翼机，云高在所用机场进近程序最低下降高或决断高上增加 60 米，能见度至少 1 600 米，但不小于所用进近程序最低能见度标准。

② 对于没有公布仪表进近程序的机场，云高和能见度应当保证航空器可按照基本目视

飞行规则完成从最低航路高度（minimum enroute altitude，简称 MEA）开始下降、进近和着陆。

（3）当航空器机长决定取消或完成该已生效的飞行计划时，必须通知空中交通管制机构。

（四）CCAR-91-R4 部的燃油要求

根据 CCAR-91-R4 部第 347、357 条，航空器的燃油要求和仪表飞行规则条件下不选用备降机场的情况如表 6.8 所示。

表 6.8　CCAR-91-R4 部的燃油要求

航空器	目视飞行规则条件下飞行的燃油要求	仪表飞行规则条件下飞行的燃油要求	仪表飞行规则条件下不选用备降机场的情况
飞机	飞到第一个预定着陆点着陆；按正常的巡航速度还能至少飞行 30 分钟（昼间）或 45 分钟（夜间）	飞到目的地机场着陆；从目的地机场飞到备降机场着陆，以正常巡航速度飞行 45 分钟；加上附加燃油量，以便在发生意外情况时足以应对油耗的增加	（1）预计着陆的目的地机场具有局方公布的标准仪表进近程序； （2）天气实况报告、预报或两者组合表明，在飞机预计到达目的地机场时刻前后至少 1 小时的时间段内，云高高于机场标高 600 米，能见度至少 5 千米
旋翼机	飞到第一个预定着陆点着陆；正常巡航速度至少还能飞行 20 分钟	飞到目的地机场着陆；从目的地机场飞到备降机场着陆；备降起降点上空 450 米（1 500 英尺）高度以等待速度飞行 30 分钟；加上附加燃油量，以便在发生意外情况时足以应对油耗的增加	（1）云高高于机场标高 300 米或高于适用的进近最低标准之上 120 米（以高者为准），能见度 3 千米或高于程序规定的最低标准 1 500 米（以高者为准）； （2）(i) 预定着陆起降点地处孤立，无适当的目的地备降机场； (ii) 该孤立的预定着陆起降点规定有仪表进近程序； (iii) 当目的地为近海起降点时，确定了一个不能返航点
旋翼机必须考虑的因素	（1）预报的气象条件； （2）预期的空中交通管制航路和交通延误； （3）仪表飞行时，在目的地起降点进行一次仪表进近，包括一次复飞； （4）释压程序（如适用），或在航路上一台动力装置失效时的程序； （5）可能延误直升机着陆或增加燃油和/或滑油消耗的任何其他情况		

（五）国内定期载客运行的燃油量要求

根据 CCAR-121 部第 657 条，签派飞机或者使飞机起飞时，该飞机应当装有能够完成下列飞行的足够燃油。

（1）飞往被签派的目的地机场。

（2）此后，按照规定需要备降机场的，飞往目的地机场的最远的备降机场并着陆。

（3）完成上述飞行后，还能以正常巡航消耗率飞行 45 分钟。

经局方批准，合格证持有人可以采用由预定点飞至备降机场的方法确定燃油：签派飞机起飞前，该飞机应当装有足够的油量，经预定点飞至备降机场，此后以正常巡航消耗率飞行 45 分钟，但所载油量不得少于飞至所签派的目的地机场，此后以正常巡航消耗率飞行 2 小时所需要的油量。

（六）航空器燃油加注的一般规定（CCAR-91-R4 部第 391 条）

（1）飞机不应在乘客登机、离机或者在机上时加油，除非机长或者具备相关能力的人员在场，并随时能以可行的最实用和快捷的方法引导乘客撤离飞机。

（2）不得在乘客登机、离机和在机上时或者旋翼正在旋转时为直升机加油，除非机长或者具备相关能力的人员在场，随时可以启动和组织人员以最实用和快捷的方法撤离直升机。

（3）如果在乘客登机、离机或者在机上时加油，则应当使用飞机（直升机）的内话系统或者其他适当的方法，保持监督加油的地面机组人员与机长或者本条所要求的其他合格人员之间的双向通信。

二、航空器的放行

飞行任务书是许可飞行人员进行转场飞行和民用航空飞行的基本文件。飞行任务书由驻机场航空单位或者航空公司的负责人签发。在飞行任务书中，应当明确飞行任务、起飞时间、航线、高度、允许机长飞行的最低气象条件以及其他有关事项。

航路、航线飞行或者转场飞行前，驻机场航空单位或者航空公司的负责人应当亲自或者指定专人对飞行人员的飞行准备情况进行检查。飞行准备质量符合要求时，方可执行飞行任务。

航路、航线飞行或者转场飞行的航空器的起飞，应当根据飞行人员和航空器的准备情况、起飞机场、降落机场和备降机场的准备情况以及天气情况等确定；有下列情况之一的，不得起飞。

（1）空勤组成员不齐，或者由于技术、健康等原因不适于飞行的。

（2）飞行人员尚未完成飞行准备、飞行准备质量不符合要求、驻机场航空单位或者航空公司的负责人未批准飞行的。

（3）飞行人员未携带飞行任务书、飞行气象文件及其他必备飞行文件的。

（4）飞行人员未校对本次飞行所需的航行、通信、导航资料和仪表进近图或者穿云图的。

（5）航空器或者航空器上的设备有故障可能影响飞行安全，或者民用航空器设备低于最低设备清单规定，或者军用航空器经机长确认可能影响本次飞行安全的。

（6）航空器表面的冰、霜、雪未除净的。

（7）航空器上的装载和乘载不符合规定的。

（8）航空器未按规定携带备用燃料的。

（9）天气情况低于机长飞行的最低气象条件，以及天气情况危及本次飞行安全的。

（一）定期载客运行的运行控制责任

表 6.9 概括了 CCAR-121 部中国内、国际定期载客运行的运行控制责任和补充运行的运行控制责任的具体要求。

表6.9　定期载客运行的运行控制责任

第121.531条　国内、国际定期载客运行的运行控制责任	第121.532条　补充运行的运行控制责任
合格证持有人应当对运行控制负责	合格证持有人应当对运行控制负责，并在手册中列出授权实施运行控制的人员
机长和飞行签派员应当对飞行的计划、延迟和签派或者放行是否遵守中国民用航空规章和合格证持有人的运行规范共同负责	机长和运行副总经理应当对飞行的放行、延续、改航和终止是否遵守中国民用航空规章和合格证持有人的运行规范共同负责。运行副总经理可以委托他人行使飞行放行、延续、改航和终止的职能，但不能委托运行控制的责任
飞行签派员应当对下列工作负责： （1）监控每次飞行的进展情况； （2）分析与发布该次飞行安全所需的信息； （3）如果根据其本人或者机长的判断，认为该次飞行不能按照计划或者放行的情况安全地运行或者继续运行时，取消或者重新签派该次飞行	当运行副总经理或者机长认为该次飞行不能按照计划安全地运行时，运行副总经理对取消、改航或者延迟飞行负责。运行副总经理应当负责至少在下列方面对飞行运行进行监控： （1）始发地机场的离开和目的地机场的到达，包括中途停留机场及备降机场； （2）发生在起始、目的地和中途停留机场的维修及机械延误； （3）已知的严重影响飞行安全的情况
在飞行期间，机长负责控制飞机和指挥机组，并负责旅客、机组成员、货物和飞机的安全。在飞行期间，对于飞机的运行拥有完全的控制权和管理权。这种权力没有限制，可以超越机组其他成员及他们的职责，无论机长是否持有执行其他机组成员职责的有效证件	
	机长对飞行前的计划和飞行中的运行是否遵守中国民航规章和合格证持有人的运行规范负责
任何驾驶员在驾驶飞机时不得粗心大意和盲目蛮干，以免危及生命或者财产的安全	

（二）国内、国际定期载客运行的签派权

根据CCAR-121部第621条，除下述两种情况外，每次飞行应当在起飞前得到飞行签派员的明确批准，方可以实施。

（1）对于国内定期载客运行的飞机，在原签派放行单列出的中途机场地面停留不超过1小时。

（2）对于国际定期载客运行的飞机，在原签派放行单列出的中途机场地面停留不超过6小时。

（三）第121.622条补充运行的飞行放行权（根据CCAR-121部第621条）

（1）实施补充运行应当使用飞行跟踪系统，每次飞行应当得到合格证持有人授权实施运行控制人员的批准，方可实施。

（2）在开始飞行前，机长或者由合格证持有人授权实施运行控制的人员应当按照该次飞行所遵守的条件制定一个满足飞行的放行单。只有当由机长和授权实施运行控制人员均认为可以安全飞行时，机长方可签署飞行放行单。

（3）当实施补充运行的飞机在地面停留超过6小时时，应当重新签署新的飞行放行单，否则不得继续飞行。

(四) 第 121.631 条目视飞行规则的签派或者放行

根据 CCAR-121 部第 631 条，按照目视飞行规则签派或者放行飞机前，应当确认可获得的天气实况报告、预报或者两者的组合，表明从签派或者放行飞机飞行时刻起至飞机抵达签派单中所列各机场的时间内，整个航路的云底高度和能见度处于或者高于适用的目视飞行规则最低标准，否则，不得签派或者放行飞机按照目视飞行规则飞行。

(五) 仪表飞行规则的签派或者放行

根据 CCAR-121 部第 633 条，除本规则第 635 条规定外，按照仪表飞行规则签派或者放行飞机起飞前，应当确认相应的天气实况报告、预报或者两者的组合，表明在签派或者放行单中所列的每个机场的天气条件，在飞机预计到达时处于或者高于经批准的最低标准，否则，不得签派或者放行飞机按照仪表飞行规则飞行。

(六) 跨水运行的签派或者放行（根据 CCAR-121 部第 635 条）

（1）签派或者放行飞机进行含有延伸跨水运行的飞行前，应当确认相应的天气实况报告、预报或者两者的组合，表明飞机预计到达所签派或者放行的目的地机场和必需的备降机场时，这些机场的天气条件等于或者高于经批准的最低标准，否则，不得签派或者放行飞机进行含有延伸跨水运行的飞行。

（2）合格证持有人应当按照仪表飞行规则实施含有延伸跨水运行，但该合格证持有人证明按照仪表飞行规则飞行对于安全是不必要时除外。

（3）对于其他跨水运行，如果局方认为按照仪表飞行规则运行对安全是必要的，合格证持有人应当按照仪表飞行规则实施这些跨水运行。

（4）每个按照目视飞行规则实施延伸跨水运行的批准和每个按照仪表飞行规则实施其他跨水运行的要求，均应当在该合格证持有人的运行规范中明确规定。

(七) 第 121.556 条国内、国际定期载客运行的紧急情况

（1）在需要立即决断和处置的紧急情况下，机长可以采取他认为在此种情况下为保证飞行安全应当采取的任何行动。在此种情况下，机长可以在保证安全所需要的范围内偏离规定的运行程序与方法、天气最低标准和其他规定。

（2）飞行签派员在飞行期间发现需要其立即决断和处置的紧急情况时，应当将紧急情况通知机长，了解机长的决策，并且将该决策清楚地记录下来。如果在上述情况下，该飞行签派员不能与飞行人员取得联系，则应当宣布进入应急状态，并采取他认为在此种情况下为保证飞行安全应当采取的任何行动。

（3）当机长或者飞行签派员行使应急权力时，应当将飞行的进展情况及时准确地报告给相应的空中交通管制部门和签派中心。宣布应急状态的人员应当通过该合格证持有人的运行副总经理，向局方书面报告任何偏离。飞行签派员应当在应急状态发生后 10 天内提交书面报告，机长应当在返回驻地后 10 天内提交书面报告。

(八) 初始签派或者放行、重新或者更改签派或者放行（根据 CCAR-121 部第 651 条）

（1）合格证持有人可以指定任一经批准用于该型飞机的正常使用机场、临时使用机场

或者加油机场，作为初始签派或者放行的目的地机场。

（2）在签派或者放行单中指定的备降机场的天气预报，应当表明在飞机预计到达该备降机场时，备降机场的天气条件将等于或者高于运行规范中对该机场规定的备降最低天气标准，否则，飞行签派员和机长不得允许该次飞行继续向所签派或者放行的机场飞行。但是，签派或者放行单可以在航路上予以更改，增加任何处在本规则第 121.657 条至第 121.663 条规定的飞机燃油范围内的备降机场。

（3）飞机在航路上飞行时，任何人不得擅自更改初始签派或者放行单上指定的初始目的地机场或者备降机场。如果确有必要改变为另外的机场时，则该机场应当是经批准用于该型飞机的，并且在重新签派或者更改签派或者放行单时，应当符合本规则第 121.173 条和第 121.621 条至第 121.675 条的相应要求。

（4）在航路上更改签派或者放行单时，通常需由飞行签派员和机长共同决定，并且应当记录更改的内容。当涉及更改空中交通管制飞行计划时，应当预先和有关的空中交通管制部门取得协调。

（九）国内、国际定期载客运行从备降机场和未列入运行规范的机场起飞（根据 CCAR-121 部第 655 条）

（1）从备降机场起飞时，该机场的天气条件应当至少等于合格证持有人运行规范中对于备降机场规定的最低天气标准。

（2）在未列入运行规范的机场起飞时，应当符合下列条件。

① 该机场和有关设施适合于该飞机运行。

② 驾驶员能遵守飞机运行适用的限制。

③ 飞机已根据适用于从经批准的机场实施运行的签派规则予以签派。

④ 该机场的天气条件等于或者高于该机场所在国政府批准的或者规定的起飞最低天气标准，或者如该机场没有批准的或者规定的标准时，云高/能见度等于或者高于 240 米/3 200 米（800 英尺/2 英里），或者 270 米/2 400 米（900 英尺/1.5 英里），或者 300 米/1 600 米（1 000 英尺/1 英里）。

三、运行要求

（一）飞行设备和运行资料

1. 飞行设备和航行资料图表

根据 CCAR-91-R4 部第 503 条，飞机的机长应当确保下列设备和航行图表及资料放置在飞行机组成员在其值勤位置上易于取用的位置上。

（1）工作良好的手电筒或等效的照明设备。

（2）包含本条要求程序的驾驶舱检查单。

（3）相关的航行图表。

（4）对于仪表飞行规则、云上目视飞行规则或夜间的运行，有关航路、终端区和进近的图表。

（5）多发动机飞机一发停车时的爬升性能数据。

2. 驾驶舱检查单程序

飞行机组成员在操作飞机时应当使用驾驶舱检查单，该检查单应当包括下列程序：

（1）发动机起动前；

（2）起飞前；

（3）巡航；

（4）着陆前；

（5）着陆后；

（6）发动机关车；

（7）各种紧急情况。

3. 驾驶舱应急检查单根据适用情况包括下列程序

（1）燃油、液压、电气和机械系统的应急操作。

（2）仪表和操纵装置的应急操作。

（3）发动机失效后的程序。

（4）安全所需的任何其他程序。

机长和飞行机组其他成员应当正确使用本条规定的设备、图表和资料。

（二）仪表或者设备失效

1. 仪表或设备失效时的起飞条件

根据 CCAR-121 部第 647 条，在飞机所装的仪表或者设备失效时，只有符合下列条件，方可起飞。

（1）该飞机具有经批准的最低设备清单。

（2）局方颁发给该合格证持有人的运行规范批准其按照最低设备清单运行，飞行机组应当能在飞行之前直接查阅经批准的最低设备清单上的所有信息。查阅方法可以是阅读印刷资料或者其他方式，但这些方式应当经局方批准并规定在合格证持有人的运行规范中。经批准的最低设备清单，在运行规范中得到局方授权的，构成经批准的对型号设计的修改，而不需要重新进行型号合格审定。

2. 不得包含在最低设备清单中的仪表和设备

（1）该飞机型号合格审定所依据的适航规章中明确规定或者要求的，并且在所有运行条件下对安全运行都是必需的仪表和设备。

（2）适航指令要求应当处于工作状态的那些仪表和设备，但适航指令提供了其他方法的除外。

（3）本规则要求该种运行应当具有的仪表和设备。

 小贴士

尽管有本条的规定，飞机上某些仪表或者设备不工作时，仍可以依据局方颁发的特殊飞行许可运行。

（三）使用自动驾驶仪的最低高度

根据 CCAR-121 部第 587 条，不得使用自动驾驶仪的情况如表 6.10 所示。

表 6.10　不得使用自动驾驶仪的情况

	基本要求	补充说明
航路	在离地高度低于飞机飞行手册中注明的巡航状态下自动驾驶仪故障时最大高度损失的 2 倍，或者低于 150 米（500 英尺）（取两者之中较高者）时	
进近	当使用仪表进近设施时，在离地高度低于飞机飞行手册中注明的进近状态自动驾驶仪故障时最大高度损失的 2 倍，或者低于批准的该进近设施最低下降高或者决断高之下 15 米（50 英尺）（取上述两者之中较高者）时	（1）当低于基本目视飞行规则气象条件时，在离地高度低于飞机飞行手册中注明的进近状态带进近耦合器的自动驾驶仪故障时最大高度损失之上 15 米（50 英尺）时，任何人不得使用带进近耦合器的自动驾驶仪作仪表着陆系统（ILS）进近； （2）当等于或者高于基本目视飞行规则最低条件时，在离地高度低于飞机飞行手册中注明的进近状态时带进近耦合器的自动驾驶仪故障时最大高度损失，或者低于 15 米（50 英尺）（取两者中较高者）时
局方可以颁发运行规范，允许使用经批准的带自动驾驶能力的飞行操纵引导系统，直至接地		
局方可以颁发运行规范，允许合格证持有人在起飞和初始爬升阶段低于本条规定的高度使用经批准的带自动驾驶能力的自动驾驶仪系统		

（四）在经停站旅客不下飞机时对机组成员的要求

根据 CCAR-121 部第 393 条，在中途过站停留时，如果乘坐该机的旅客仍停留在飞机上，合格证持有人应当遵守下列规定。

（1）如果保留在飞机上的客舱乘务员数量少于本规则第 121.391 条要求的数量，则合格证持有人应当采取下列措施。

① 保证飞机发动机关车并且至少保持打开一个地板高度出口，供旅客下飞机。

② 保留在飞机上的客舱乘务员数量应当至少是本规则第 121.391 条款要求数量的一半，有小数时，舍去小数，但至少为 1 人。

③ 可以用其他人员代替要求的客舱乘务员，代替客舱乘务员的人员应当是符合第 121.419 条应急撤离训练要求的合格人员且应当能够为旅客所识别。

（2）如果在过站时该飞机上只保留 1 名客舱乘务员或者其他合格人员，则该客舱乘务员或者其他合格人员所在的位置应当符合经局方批准的该合格证持有人运行程序的规定。如果在飞机上保留 1 名以上客舱乘务员或者其他合格人员，这些客舱乘务员或者其他合格人员应当均匀分布在飞机客舱内，以便在紧急情况下最有效地帮助旅客撤离。

（五）在机上饮用含酒精饮料的限制（根据 CCAR-121 部第 575 条）

（1）除运行该飞机的合格证持有人供应的含酒精饮料外，任何人不得在飞机上饮用其他含酒精饮料。

（2）合格证持有人不得允许任何处于醉酒状态的人进入其飞机。

（3）合格证持有人不得向乘坐其飞机的下列人员供应任何含酒精饮料：

① 表现为醉酒状态的人；

② 按照适用的飞机保安要求，正在护送别人的人或者被护送的人；

③ 按照适用的飞机保安要求，在飞机上持有致命性或者危险性武器的人。

（4）当发现有人拒绝遵守本条的规定，或者发生由于处于醉酒状态的人进入飞机引起的骚扰事件时，机长和机长授权人员应当场制止，合格证持有人应当在事发后5天内向局方报告。

（六）便携式电子设备的使用限制

表6.11概括了CCAR-91部和CCAR-121部中关于便携式电子设备的使用限制的差异。

表6.11　便携式电子设备的使用限制

第91.11条　便携式电子设备	第121.573条　便携式电子设备的禁用和限制
（1）在中华人民共和国国籍登记的下列民用航空器上，所有乘员不得开启和使用，该航空器的运营人或机长也不得允许其开启和使用便携式电子设备： ① 正在实施公共航空运输运行的航空器； ② 正在按照仪表飞行规则运行的航空器	（1）除本条（2）款规定外，任何人不可以使用，合格证持有人或机长也不得允许在按照本规则运行的飞机上使用任何便携式电子设备
（2）在民用航空器上可以使用下列便携式电子设备： ① 便携式录音机； ② 助听器； ③ 心脏起搏器； ④ 电动剃须刀； ⑤ 由该航空器的运营人确定，认为不会干扰航空器的航行或通信系统的其他便携式电子设备	（2）本条（1）款不包括： ① 便携式录音机； ② 助听器； ③ 心脏起搏器； ④ 电动剃须刀； ⑤ 合格证持有人认为使用时不会影响飞机导航和通信系统的便携式电子设备
（3）按照公共航空运输运行规章实施运行的航空器应当满足相应的规定，本条（2）款⑤项所要求的决定必须由航空器的运营人作出；对于其他航空器，该决定也可以由航空器的机长作出	（3）本条（2）款第⑤项由合格证持有人对特定便携式电子设备使用情况验证后决定。 （4）在飞行期间，当机长发现存在电子干扰并怀疑该干扰来自机上乘员使用的便携式电子设备时，机长和机长授权人员应当要求其关闭这些便携式电子设备；情节严重的应当在飞机降落后移交地面公安机关依法处置，并在事后向局方报告

四、特殊条件下的运行

（一）在缩小垂直间隔标准空域内的运行

缩小垂直间隔标准（reduced vertical separation minimum，RVSM）空域：一般是指在飞行高度8 900米（29 000英尺）（含）和飞行高度12 500米（41 000英尺）（含）之间使用300米（1 000英尺）最小垂直间隔的任何空域。我国国内实施RVSM运行的空域是飞行高度 8 900 米（29 000 英尺）（含）至 12 500 米（41 000 英尺）（含）。

RVSM 空域是特殊资格空域，运营人及其运营的航空器应当得到局方的批准方可进入。空中交通管制机构通过提供航线计划信息告知 RVSM 的运营人。

1. RVSM 运行对设备的要求

（1）两个独立的高度测量系统。

（2）一部具有高度报告能力的二次监视雷达应答机（secondary surveillance radar，SSR），如果只安装一部，它必须具有转换到任意一个高度测量系统的能力。

（3）高度告警系统。

（4）自动高度控制系统。

2. RVSM 空域的运行要求

（1）飞行机组应当遵守与 RVSM 适航批准相关的航空器的运行限制。

（2）当飞机通过转换高度时，按规定准确设置高度表并适时交叉检查。除非在紧急情况下，不得在没有航空交通管制系统（air traffic control，ATC）许可的情况下擅自离开初始许可飞行高度。

（3）在高度层转换时，航空器偏离指定的飞行高度层的最大误差不得超过 45 米（150 英尺）。

（4）机组应当每小时做一次主高度表的交叉检查，二者之间的差值最大不得超过 200 英尺（60 米）或航空器使用手册规定的一个更小的值。

（5）除非空中交通管制员另有要求，航空器驾驶员可以采取下列措施，减少机载防撞系统产生虚警。

① 在改变高度爬升或者下降时，尤其是至管制许可高度前的最后 300 米垂直范围内，爬升或下降率保持在 500 至 1 000 英尺 / 每分钟，且不得大于 1 500 英尺 / 每分钟。

② 当航空器爬升或下降率小于 500 英尺 / 每分钟时，航空器驾驶员应当报告管制员，以便管制员合理推测航空器抵达管制许可高度的时间。

3. RVSM 运行不正常情况处置

当航空器处于以下情况之一时，驾驶员应当及时通知管制员，并根据管制员指令脱离 RVSM 空域。

（1）由于设备失效，不再符合 RVSM 运行要求。

（2）失去高度测量系统的冗余。

（3）航空器驾驶员按照仪表飞行规则在 RVSM 空域飞行过程中，遇有影响保持高度能力的颠簸发生偏离 ATC 指定的高度层 90 米（300 英尺）或以上情况时，必须通知管制员。

（4）当航空器遇有紧急情况，飞行安全受到威胁时，机长可以决定改变原配备的飞行高度层，但必须立即报告管制员，并对该决定负责。

（二）结冰条件下的运行

1. 根据 CCAR-91-R4 部第 517 条，结冰条件下的运行

（1）在下列情况下，驾驶员不得驾驶飞机起飞。

① 霜、雪或者冰黏附在螺旋桨、风挡或者动力装置上，或者黏附在空速、高度、升降率或者飞行姿态仪表系统的机外部件上。

② 霜、雪或者冰黏附在机翼、安定面或者操纵面上。

（2）除了具有符合运输类飞机型号合格审定要求或者其他有关规定的防冰装置的飞机外，任何驾驶员不得进行以下操作。

① 按照仪表飞行规则飞入已知或者预报的中度结冰区域。

② 按照目视飞行规则飞入已知的轻度或者中度结冰区域，除非该飞机具有工作良好的除冰或者防冰设备，能够保护螺旋桨、风挡、机翼、安定面或者操纵面以及空速、高度、升降率或者飞行姿态仪表系统的机外部件。

（3）除了具有符合运输类飞机型号合格审定要求或者其他有关规定的防冰装置的飞机外，任何驾驶员不得驾驶飞机进入已知或者预报的严重结冰区域。

（4）如果机长所依靠的现行天气报告和简介资料表明，预报禁止飞行的结冰条件因天气条件的变化在飞行期间将不存在，则本条（2）款和（3）款基于预报条件的限制不再适用。

2. 根据CCAR-121部第649条，结冰条件下的运行

（1）当机长或者飞行签派员（仅在国内定期和国际定期运行时）认为，在航路或者机场上，预料到的或者已遇到的结冰状况会严重影响飞行安全时，任何人不得签派或者放行飞机继续在这些航路上飞行或者在这些机场着陆。

（2）当有霜、雪或者冰附着在飞机机翼、操纵面、螺旋桨、发动机进气口或者其他重要表面上，或者不能符合本条（3）款时，任何人不得使飞机起飞。

（3）除了本条（2）款规定外，在某种条件之下，当有理由认为，霜、冰、雪会附着在飞机上时，任何人不得签派或者放行飞机或者使其起飞，但该合格证持有人在其运行规范中具有经批准的地面除冰防冰大纲并且其签派或者放行、起飞都符合该大纲要求的除外。经批准的地面除冰防冰大纲应当至少包括下列项目。

① 地面除冰防冰大纲应详细规定如下内容。

（ⅰ）合格证持有人确定结冰条件的方法，在这种条件下，有理由认为霜、冰、雪会附着在飞机上，并且应当使用地面除冰防冰操作规程。

（ⅱ）决定实施地面除冰防冰操作规程的负责人。

（ⅲ）实施地面除冰防冰操作规程的程序，如图6.8所示。

图6.8　地面除冰防冰

（ⅳ）在地面除冰防冰操作规程实施时，负责使飞机安全离地的每一运行职位或者小组的具体工作和职责。

② 飞行机组必需成员的初始、年度定期地面训练和检查，飞行签派员、地勤组、代理单位人员等其他有关人员的资格审定。训练和检查的内容为包括下列方面的经批准大纲中的具体要求和人员职责。

（ⅰ）保持时间表的使用。

（ⅱ）飞机除冰防冰程序，包括检验、检查程序和职责。

（ⅲ）通信程序。

（ⅳ）飞机表面附着的霜、冰或者雪等污染物和关键区的识别，以及污染物严重影响飞机性能和飞行特性的说明。

（ⅴ）除冰防冰液的型号与特性。

（ⅵ）寒冷天气飞行前的飞机检查程序。

（ⅶ）在飞机上识别污染物的技术。

③ 合格证持有人的保持时间表和合格证持有人工作人员使用这些时间表的程序。保持时间是指除冰防冰液防止在飞机受保护表面结冰或者结霜和积雪的预计时间。保持时间开始于最后一次应用除冰防冰液的开始时刻，结束于应用在飞机上的除冰防冰液失效的时刻。保持时间应当由局方认可的数据所证明。

④ 合格证持有人的大纲应当包括，在条件改变时飞行机组成员增加或者减少所定保持时间的程序。大纲中应当规定在超过合格证持有人保持时间表上最大保持时间后，只有在至少符合下列条件之一时才能允许起飞。

（ⅰ）进行本条定义的起飞前污染物检查，查明机翼、操纵面和合格证持有人大纲中定义的其他关键表面没有霜、冰或者雪。

（ⅱ）根据合格证持有人经批准的大纲，使用经局方认可的备用程序，以与上述不同的方法查明机翼、操纵面和合格证持有人大纲中定义的其他关键表面没有霜、冰或者雪。

（ⅲ）机翼、操纵面和其他关键表面已重新除冰并确定了新的保持时间。

⑤ 飞机除冰防冰程序和职责、起飞前检查程序和职责以及起飞前污染物检查程序和职责。起飞前检查是指在保持时间之内，检查飞机的机翼或者有代表性的表面有无霜、冰或者雪的情况。起飞前污染物检查是通过检查，确认机翼、操纵面和合格证持有人大纲中定义的其他关键表面没有霜、冰或者雪。这种检查应当在开始起飞之前5分钟之内进行。该检查应当在飞机外部完成，但大纲中另有规定的除外。

如果没有本条要求的大纲，合格证持有人也可以按照本条继续运行，但是，在其运行规范中应当规定任何时候只要有理由认为霜、冰和雪可能会附着在飞机上，飞机就不得起飞。但经过检查确认没有霜、冰和雪附着在机翼、操纵面和其他关键表面上时除外。该检查应当在开始起飞之前5分钟之内进行，并且应当在飞机外部完成。

思考与练习题

（1）CCAR-91部、CCAR-121部、CCAR-135部、CCAR-136部的适用范围有何区别？

（2）为什么说《中华人民共和国飞行基本规则》是"国家空中航行法"？

（3）飞行管制的目的是什么？

（4）在我国运输机场运行航空器有哪些共同的注意事项？

（5）哪些情况下不得放行航空器？

第七章 搜寻援救与事故调查

第一节 搜寻援救的法规体系与基本要求

作为航空法规的一项重要组成部分,航空器搜寻援救和事故调查类法规是开展事故调查及事后援助工作的重要依据,是总结经验教训,提高安全水平的强制性规定。作为飞行人员,对搜寻援救的基本内容与处置原则应有足够的了解。

一、相关法规

航空器的搜寻援救和事故调查是一个涉及国际、国内事务的敏感问题,需要从政治、经济、技术和文化等方面进行综合考虑,因此在各个层面上都有相关的法律规定。下面仅列出了直接相关的部分法规:《国际民用航空公约(附件12 搜寻与援救)》《国际民用航空公约(附件13 航空器失事调查)》《中华人民共和国安全生产法》《中华人民共和国民用航空法》《中华人民共和国突发事件应对法》《国家突发公共事件总体应急预案》《国家处置民用航空器飞行事故应急预案》《中华人民共和国搜寻援救民用航空器的规定》《中国民用航空空中交通管理规则》(CCAR-93部)、《搜寻援救民用航空器工作手册》(WM-TM-2012-001)、《民用运输机场突发事件应急救援管理规则》(CCAR-139-Ⅱ部)、《民用航空器事件调查规定》(CCAR-395部)、《民用航空安全信息管理规定》(CCAR-396部)、《中国民用航空应急管理规定》(CCAR-397部)、《民用航空安全管理规定》(CCAR-398部)、《民用航空器飞行事应急反应和家属援助规定》(CCAR-399 部)。

二、搜寻援救的组织与实施

(一)分工负责

根据《中华人民共和国搜寻援救民用航空器规定》第 4～8 条。

(1)中国民用航空局(以下简称"民航局")负责统一指导全国范围的搜寻援救民用航空器的工作。

(2)省、自治区、直辖市人民政府负责本行政区域内陆地搜寻援救民用航空器的工作,民用航空地区管理局(以下简称"地区管理局")予以协助。

(3)国家海上搜寻援救组织负责海上搜寻援救民用航空器工作,有关部门予以配合。

民航局搜寻援救协调中心和地区管理局搜寻援救协调中心承担陆上搜寻援救民用航空器的协调工作。

中华人民共和国领域内以及中华人民共和国缔结或者参加的国际条约规定由中国承担搜寻援救工作的公海区域内为中华人民共和国民用航空搜寻援救区,该区域内划分若干地区民用航空搜寻援救区,具体地区划分范围由民航局公布。

使用航空器执行搜寻援救任务,以民用航空力量为主,民用航空搜寻援救力量不足的,由军队派出航空器给予支援。

为执行搜寻援救民用航空器的紧急任务,有关地方、部门、单位和人员必须积极行动,互相配合,努力完成任务;对执行搜寻援救任务成绩突出的单位和个人,由其上级机关给予奖励。各机构间的关系如图 7.1 所示。

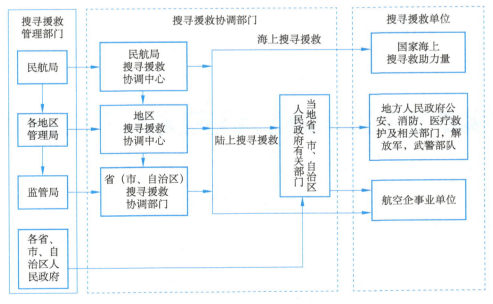

图 7.1　搜寻救援机构组织协调流程图

(二)搜寻援救的准备

根据《中华人民共和国搜寻援救民用航空器规定》第 9～15 条,搜寻援救民用航空器的通信联络，应当符合下列规定。

（1）民用航空空中交通管制单位和担任搜寻援救任务的航空器，应当配备121.5兆赫航空紧急频率的通信设备，并逐步配备243兆赫航空紧急频率的通信设备。

（2）担任海上搜寻援救任务的航空器，应当配备2 182千赫海上遇险频率的通信设备。

（3）担任搜寻援救任务的部分航空器，应当配备能够向遇险民用航空器所发出的航空器紧急示位信标归航设备，以及在156.8兆赫（调频）频率上同搜寻援救船舶联络的通信设备。

向遇险待救人员空投救生物品，由执行搜寻援救任务的单位按照下列规定负责准备。

（1）药物和急救物品为红色。

（2）食品和水为蓝色。

（3）防护服装和毯子为黄色。

（4）其他物品为黑色。

（5）一个容器或者包装内，装有上述多种物品时为混合色。

每一容器或者包装内，应当装有用汉语、英语和另选一种语言的救生物品使用说明。

我国按空域划分为7个搜救区，分别对应相应的民航飞行情报区，包括华北搜救区（北京飞行情报区）、东北搜救区（沈阳飞行情报区）、华东搜救区（上海飞行情报区）、中南搜救区（武汉飞行情报区、广州飞行情报区、三亚飞行情报区）、西南搜救区（昆明飞行情报区）、西北搜救区（兰州飞行情报区）、新疆搜救区（乌鲁木齐飞行情报区）。

航空器在中华人民共和国境外遇险时，应当使用国际通用的遇险信号和频率。在海上飞行遇险时，设备允许的，还应当使用500千赫频率发出遇险信号。（《中华人民共和国飞行基本规则》第103条）

（三）搜寻援救的实施

根据《中华人民共和国搜寻援救民用航空器规定》第16～27条，民用航空器的紧急情况分为以下三个阶段，每个阶段的特征与处置措施如表7.1所示。

表7.1 紧急情况的阶段划分标准

阶段及特征		处 置 措 施
情况不明阶段：指民用航空器的安全出现下列令人疑虑的情况	（1）空中交通管制部门在规定的时间内同民用航空器没有取得联络；（2）民用航空器在规定的时间内没有降落，并且没有其他信息	地区管理局搜寻援救协调中心应当：（1）根据具体情况，确定搜寻的区域；（2）通知开放有关的航空电台、导航台、定向台和雷达等设施，搜寻掌握该民用航空器的空中位置；（3）尽速同该民用航空器沟通联络，进行有针对性的处置
告警阶段：指民用航空器的安全出现下列令人担忧的情况	（1）对情况不明阶段的民用航空器，仍然不能同其沟通联络；	地区管理局搜寻援救协调中心应当：（1）立即向有关单位发出告警通知；（2）要求担任搜寻援救任务的航空器、船舶立即进入待命执行任务状态；

续表

阶段及特征		处置措施
告警阶段：指民用航空器的安全出现下列令人担忧的情况	（2）民用航空器的飞行能力受到损害，但是尚未达到迫降的程度； （3）与已经允许降落的民用航空器失去通信联络，并且该民用航空器在预计降落时间后五分钟内没有降落	（3）督促检查各种电子设施，对情况不明的民用航空器继续进行联络和搜寻； （4）根据该民用航空器飞行能力受损情况和机长的意见，组织引导其在就近机场降落； （5）会同接受降落的机场，迅速查明预计降落时间后五分钟内还没有降落的民用航空器的情况并进行处理
遇险阶段：指确信民用航空器遇到下列紧急和严重危险，需要立即进行援救的情况	（1）根据油量计算，告警阶段的民用航空器难以继续飞行； （2）民用航空器的飞行能力受到严重损害，达到迫降程度； （3）民用航空器已经迫降或者坠毁	地区管理局搜寻援救协调中心应当： （1）立即向有关单位发出民用航空器遇险的通知； （2）对燃油已尽，位置仍然不明的民用航空器，分析其可能遇险的区域，并通知搜寻援救单位派人或者派航空器、船舶，立即进行搜寻援救； （3）对飞行能力受到严重损害、达到迫降程度的民用航空器，通知搜寻援救单位派航空器进行护航，或者根据预定迫降地点，派人或者派航空器、船舶前往援救； （4）对已经迫降或者失事的民用航空器，其位置在陆地的，立即报告省、自治区、直辖市人民政府；其位置在海上的，立即通报沿海有关省、自治区、直辖市的海上搜寻援救组织

（四）对地面第三人损害的赔偿责任

根据《中华人民共和国民用航空法》第157、159条：因飞行中的民用航空器或者从飞行中的民用航空器上落下的人或者物，造成地面（包括水面，下同）上的人身伤亡或者财产损害的，受害人有权获得赔偿；但是，所受损害并非造成损害的事故的直接后果，或者所受损害仅是民用航空器依照国家有关的空中交通规则在空中通过造成的，受害人无权要求赔偿。

未经对民用航空器有航行控制权的人同意而使用民用航空器，对地面第三人造成损害的，有航行控制权的人除证明本人已经适当注意防止此种使用外，应当与该非法使用人承担连带责任。

民用航空器的经营人应当投保地面第三人责任险或者取得相应的责任担保。地面第三人损害赔偿的诉讼时效期间为二年，自损害发生之日起计算；但是，在任何情况下，时效期间不得超过自损害发生之日起三年。

第二节　事件调查一般原则与程序

一、民用航空器事件调查规定

2000年，民航局发布了《民用航空器飞行事故调查规定》（CCAR-395部），并于2007年修订为《民用航空器事故和飞行事故征候调查规定》（CCAR-395-R1部），自发布实施以来，对规范民用航空器事故和飞行事故征候调查，查明原因、提出建议，防止类似事件再发生发挥了重要作用。

近年来，我国民航事业持续快速发展，对民用航空器事件调查的范围、人员、程序等提出了新需求。同时《中华人民共和国安全生产法》和《中华人民共和国民用航空法》先后于2014年和2017年修订发布，《国际民用航空公约》（我国为缔约国）附件13《航空器事故和事故征候调查》也进行了持续更新。原《民用航空器事故和飞行事故征候调查规定》的部分条款已不能适应和更好地支持民用航空器事件调查工作。因此，依据《中华人民共和国安全生产法》《中华人民共和国民用航空法》《生产安全事故报告和调查处理条例》（国务院493号令），参考国际标准，对原《民用航空器事故和飞行事故征候调查规定》进行修订。

《民用航空器事件调查规定》（CCAR-395-R2部）于2019年12月30日经第31次部务会议通过，自2020年4月1日起施行。

（一）定义

根据《民用航空器事件调查规定》第三条：民用航空器事件（以下简称"事件"），包括民用航空器事故、民用航空器征候以及民用航空器一般事件。

民用航空器事故是指在民用航空器运行阶段或者在机场活动区内发生的与航空器有关的下列事件：①人员死亡或者重伤；②航空器严重损坏；③航空器失踪或者处于无法接近的地方。

民用航空器征候是指在民用航空器运行阶段或者在机场活动区内发生的与航空器有关的，未构成事故但影响或者可能影响安全的事件。

民用航空器一般事件是指在民用航空器运行阶段或者在机场活动区内发生的与航空器有关的航空器损伤、人员受伤或者其他影响安全的情况，但其严重程度未构成征候的事件。

事故等级分为特别重大事故、重大事故、较大事故和一般事故。

征候分类及等级的具体划分按照民航局有关规定执行。

（二）事件调查的目的和原则

根据《民用航空器事件调查规定》第五、六条：事件调查的目的是查明原因，提出安全建议，防止类似事件再次发生。

事件调查应当遵循下列基本原则。

（1）独立原则。调查应当由组织事件调查的部门独立进行，不受任何其他单位和个人的干涉。

（2）客观原则。调查应当坚持实事求是、客观公正、科学严谨，不得带有主观倾向性。

（3）深入原则。调查应当查明事件发生的各种原因，并深入分析产生这些原因的因素，包括航空器设计、制造、运行、维修、保障、人员培训，以及行业规章、企业管理制度和实施方面的缺陷等。

（4）全面原则。调查不仅应当查明和研究与本次事件发生有关的各种原因和产生因素，还应当查明和研究与本次事件发生无关，但在事件中暴露出来的或者在调查中发现可能影响安全的问题。

(三) 调查的组织

根据我国批准的国际公约有关规定，组织、参与事件调查时，按照下列规定执行。

（1）在我国境内发生的事件由我国负责组织调查。在我国境内发生事故、严重征候时，组织事件调查的部门应当允许航空器登记国、运营人所在国、设计国、制造国各派出一名授权代表和若干名顾问参加调查。事故中有外国公民死亡或者重伤的，组织事件调查的部门应当允许死亡或者重伤公民所在国指派一名专家参加调查。有关国家无意派遣授权代表的，组织事件调查的部门可以允许航空器运营人、设计、制造单位的专家或者其推荐的专家参与调查。

（2）我国为航空器登记国、运营人所在国或者由我国设计、制造的民用航空器，在境外某一国家或者地区发生事故、严重征候时，民航局或者地区管理局可以委派一名授权代表和若干名顾问参加由他国或者地区组织的调查工作。

（3）我国为航空器登记国的民用航空器，在境外发生事故、严重征候时，但事发地点不在某一国家或者地区境内的，由我国负责组织调查。

（4）我国为运营人所在国或者由我国设计、制造的民用航空器，在境外发生事故、严重征候时，但事发地点不在某一国家或者地区境内，且航空器登记国无意组织调查的，可以由我国负责组织调查。

（5）由民航局或者地区管理局组织的事故、严重征候调查，可以部分或者全部委托其他国家或者地区进行调查。

（6）根据我国要求，除航空器登记国、运营人所在国、设计国和制造国外，为调查提供资料、设备或者专家的其他国家，有权任命一名授权代表和若干名顾问参加调查。

(四) 调查组

组织事件调查的部门应当任命一名调查组组长，调查组组长负责管理调查工作，并有权对调查组组成和调查工作作出决定。

调查组组长根据调查工作需要，可以成立若干专业小组，分别负责飞行运行、航空器适航和维修、空中交通管理、航空气象、航空安保、机场保障、飞行记录器分析、失效分析、航空器配载、航空医学、生存因素、人为因素、安全管理等方面的调查工作。调查组组长指定专业小组组长，负责管理本小组的调查工作。

调查组由调查员和临时聘请的专家组成，参加调查的人员在调查工作期间应当服从调查组组长的管理，其调查工作只对调查组组长负责。调查组成员在调查期间，应当脱离其日常工作，将全部精力投入调查工作，并不得带有本部门利益。与事件有直接利害关系的人员不得参加调查工作。

1. 调查组的职责

（1）查明事实情况。

（2）分析事件原因。

（3）作出事件结论。

（4）提出安全建议。

（5）完成调查报告。

2. 调查组的职权

（1）决定封存、启封和使用与发生事件的航空器运行和保障有关的文件、资料、记录、物品、设备和设施。

（2）要求发生事件的航空器运行、保障、设计、制造、维修等单位提供情况和资料。

（3）决定实施和解除事发现场的保护措施。

（4）决定移动、保存、检查、拆卸、组装、取样、验证发生事件的航空器及其残骸。

（5）对事件有关单位和人员、目击者和其他知情者进行询问并录音或者录像，要求其提供相关文件、资料。

（6）提出开展尸检、病理及毒理检验等工作要求。

（7）确定可公开的信息及资料。

（8）调查组认为有必要开展的其他行动。

（五）事件的报告

事件发生后，事发相关单位应当按照《民用航空安全信息管理规定》的要求报告。事故、严重征候报告应当包括以下内容。

（1）事发时间、地点和民用航空器运营人。

（2）民用航空器类别、型别、国籍和登记标志。

（3）机长姓名，机组、旅客和机上其他人员人数及国籍。

（4）任务性质，最后一个起飞点和预计着陆点。

（5）简要经过。

（6）机上和地面伤亡人数，航空器损伤情况。

（7）事发时的地形、地貌、天气、环境等物理特征。

（8）事发时采取的应急处置措施。

（9）危险品的载运情况及对危险品的说明。

（10）报告单位的联系人及联系方式。

（11）与事故、严重征候有关的其他情况。

报告内容暂不齐全的，事发相关单位应当继续收集和补充，不得因此延误初步报告时间。一旦获得新的信息，应当随时补充报告。

当事发地所在国或者地区不了解航空器登记国或者运营人所在国为我国的民用航空器在该国或者地区发生严重征候时，民航局应当将该情况通知有关设计国、制造国和事发地所在国。

（六）事件调查程序

事发相关单位应当根据调查工作需要，立即封存并妥善保管与此次事件相关的下列资料。

（1）飞行日志、飞行计划、通信、导航、监视、气象、空中交通服务、雷达等有关资料。

（2）飞行人员的技术、训练、检查记录，飞行经历时间。

（3）航空卫生工作记录，飞行人员体检记录和登记表、门诊记录、飞行前体检记录和出勤健康证明书。

（4）航空器国籍登记证书、适航证书、无线电台执照、履历、有关维护工具和维护记录。

（5）为航空器加注各种油料、气体等的车辆、设备以及有关化验记录和样品。

（6）航空器使用的地面电源和气源设备。

（7）旅客货物舱单、载重平衡表、货物监装记录、货物收运存放记录、危险品运输相关文件、旅客名单和舱位图。

（8）旅客、行李安全检查记录，货物邮件安全检查记录，监控记录，航空器监护和交接记录。

（9）有关影像资料。

（10）其他需要封存的文件、工具和设备。

应当封存但不能停用的工具和设备，应当通过拍照、记录等方法详细记录其工作状态。

封存资料的单位应当指定封存负责人，封存负责人应当记录封存时间并签名。

所有封存的文件、样品、工具、设备、影像和技术资料等未经调查组批准，不得启封。

（七）调查报告

专业小组应当向调查组组长提交专业小组调查报告，调查组组长应当组织审议专业小组调查报告。调查组组长负责组织编写调查报告草案。草案完成后，由调查组组长提交给组织事件调查的部门审议。

调查报告应当包括下列内容：

（1）调查中查明的事实；

（2）原因分析及主要依据；

（3）结论；

（4）安全建议；

（5）必要的附件；

（6）调查中尚未解决的问题。

组织事件调查的部门可以就调查报告草案向参加调查的有关单位、事发相关单位、其他必要的单位征询意见。

调查报告应当在规定期限内尽快完成。不能在规定期限内提交调查报告的，组织事件调查的部门应当在期限到达日之前向接受报告的部门提交调查进展报告。

民航局对地区管理局提交的最终调查报告应当在10个工作日内完成审议。审议发现问题的，民航局可以要求组织调查的地区管理局进行补充调查或者重新调查，也可以组织重新调查。民航局未在10个工作日内对地区管理局提交的最终调查报告提出意见的，视为批准调查报告。事件调查报告经国务院或者民航局批准后，调查工作即告结束。

对于事故，民航局应当在事故发生后30日内向国际民航组织送交初步调查报告。对于事故和严重征候，调查结束后，民航局应当向国际民航组织和有关国家送交调查报告。

调查工作结束后，发现新的重要证据，可能推翻原结论或者需要对原结论进行重大修改的，组织事件调查的部门应当重新进行调查。

组织事件调查的部门应当在调查结束后对调查工作进行总结，并对调查的文件、资料、证据等清理归档，档案保存时限按照民航局档案保存有关规定执行。

事故调查报告应当依法及时向社会公布，依法应当保密的除外。

杜绝重、特大运输航空责任事故

二、民用航空安全信息管理规定

信息管理是安全管理的重要工作。安全信息，特别是与不安全事件相关的信息，是研究事故原因、发现安全隐患和制定安全措施的依据。因此，航空安全信息是民航开展事故预防工作的重要资源。民航局一直重视航空安全信息的收集报告工作，1995年制定了《航空安全信息通报制度暂行规定》（民航安发〔1995〕110号）。但是，《航空安全信息通报制度暂行规定》不是规范的行政管理规章，不适应我国依法行政的要求。为了加强和规范民航安全管理工作，及时收集和掌握航空安全信息，有效利用安全信息进行管理决策，提高民航安全水平，有必要制定本规定。

《民用航空安全信息管理规定》从2002年开始起草，旨在规范航空安全信息的管理，及时掌握航空安全信息，有效利用安全信息预防各类民用航空事故，控制和消除安全隐患，促进航空安全水平的提高。2005年4月7日《民用航空安全信息管理规定》（CCAR-396部）生效，2007年4月15日CCAR-396-R1部生效，2010年1月1日CCAR-396-R2部生效，2016年4月4日CCAR-396-R3部生效，2022年10月1日CCAR-396-R4部生效。

（一）定义

民用航空安全信息是指事件信息、安全监察信息和综合安全信息。

事件信息是指在民用航空器运行阶段或者机场活动区内发生航空器损伤、人员伤亡或者其他影响飞行安全的情况。主要包括民用航空器事故（以下简称"事故"）、民用航空器事故征候（以下简称"事故征候"）以及民用航空器一般事件（以下简称"一般事件"）信息。

安全监察信息是指地区管理局和监管局各职能部门组织实施的监督检查和其他行政执法工作信息。

综合安全信息是指企事业单位安全管理和运行信息，包括企事业单位安全管理机构及其人员信息、飞行品质监控信息、安全隐患信息和飞行记录器信息等。

（二）航空安全信息工作的责任分工

民用航空安全信息工作实行统一管理、分级负责的原则。

民航局民用航空安全信息主管部门负责统一监督管理全国民用航空安全信息工作，负责组织建立用于民用航空安全信息收集、分析和发布的中国民用航空安全信息系统。地区管理局、监管局的民用航空安全信息主管部门负责监督管理本辖区民用航空安全信息工作。

企事业单位负责管理本单位民用航空安全信息工作，制定包括自愿报告在内的民用航空安全信息管理程序，建立具备收集、分析和发布功能的民用航空安全信息机制。企事业单位的民用航空安全信息管理程序应当报所属地监管局备案。

民航局支持中国民用航空安全自愿报告系统建设，鼓励个人积极报告航空系统的安全缺陷和隐患。

（三）民用航空安全信息收集

事件信息收集分为紧急事件报告和非紧急事件报告，实行分类管理。紧急事件报告样例和非紧急事件报告样例包含在事件样例中，事件样例由民航局另行制定。

1. 紧急事件报告

（1）紧急事件发生后，事发相关单位应当立即通过电话向事发地监管局报告事件信息；监管局在收到报告事件信息后，应当立即报告所属地区管理局；地区管理局在收到事件信息后，应当立即报告民航局民用航空安全信息主管部门。

（2）紧急事件发生后，事发相关单位应当在事件发生后 12 小时内（事件发生在我国境内）或者 24 小时内（事件发生在我国境外），按规范如实填报民用航空安全信息报告表，主报事发地监管局，抄报事发地地区管理局、所属地监管局及地区管理局。

（3）当空管单位为事发相关单位时，事发地/所属地监管局和地区管理局为空管单位所在地的监管局和地区管理局。

2. 非紧急事件报告

（1）非紧急事件发生后，事发相关单位应当在事发后 48 小时内，按规范如实填报民用航空安全信息报告表，主报事发地监管局，抄报事发地地区管理局、所属地监管局及地区管理局。

（2）本条规定不适用于外国航空公司。

3. 报告的事件信息处理程序

（1）对已上报的事件，事发相关单位获得新的信息时，应当及时补充填报民用航空安全信息报告表，并配合局方对事件信息的调查核实。如事实简单，责任清楚，事发相关单位可直接申请结束此次事件报告。

（2）负责组织调查的地区管理局和监管局应当及时对事件信息进行审核，完成事件初步定性工作。

（3）对初步定性为事故的事件，负责组织调查的单位应当提交阶段性调查信息，说明事件调查进展情况，并应当在事件发生后 12 个月内上报事件的最终调查信息，申请结束此次事件报告。

（4）对初步定性为严重事故征候的事件，负责组织调查的地区管理局应当在事件发生后 30 日内上报事件的最终调查信息，申请结束此次事件报告。

（5）对初步定性为一般事故征候的事件，负责组织调查的地区管理局应当在事件发生后 15 日内上报事件的最终调查信息，申请结束此次事件报告。

（6）当事件初步定性为一般事件，事发相关单位应当在事件发生后 10 日内上报事件的最终调查信息，负责组织调查的地区管理局应当在事件发生后 15 日内完成最终调查信息的审核，并申请结束此次事件报告。

（7）在规定期限内不能完成初步定性或不能按规定时限提交最终调查信息，负责调查的单位应当向民航局民用航空安全信息主管部门申请延期报告，并按要求尽快上报事件的最终调查信息，申请结束此次事件报告。

民用航空安全信息报告应当使用中国民用航空安全信息系统上报。当该系统不可用时，可以使用传真等方式上报；当系统恢复后 3 日内，应当使用该系统补报。向国务院应急管理部门报告事件信息，按照国务院的有关规定执行。

中华人民共和国保守国家秘密法

三、中国民用航空应急管理规定

2003 年过后，党中央、国务院高度重视突发事件应急工作，于 2005 年发布了《国家突发公共事件总体应急预案》与一批专项预案，于 2007 年颁布实施了《中华人民共和国突发事件应对法》。民航局积极贯彻落实党中央、国务院有关工作要求，先后牵头制定了《国家处置民用航空器飞行事故应急预案》《国家处置劫机事件应急预案》等两件国家专项应急预案，初步建立了应急工作管理体制，组织民航各单位共同应对或参与应对了多起突发事件。2006 年，民航局成立了《中国民用航空突发事件总体应急预案》编写小组，并于 2007 年确定同步起草《中国民用航空突发事件总体应急预案》和《中国民用航空应急管理规定》，并于 2008 年 6 月参照《中华人民共和国突发事件应对法》《中华人民共和国民用航空法》及其他相关法律法规，结合民航加强应急工作的实践经验，完成了《中国民用航空应急管理规定（征求意见稿）》（以下简称《规定》）的编写工作，并下发全民航征求意见。2009 年 12 月，民航局法规部门在北京召开了法规审查会，并在会后由法规部门与编写组依据评审意见对《规定》再次进行了修改和完善。2010 年 1 月 25 日报请中国民用航空局局务会议审查通过。《中国民用航空应急管理规定》（CCAR-397 部）自 2010 年 5 月 1 日起正式施行。

《规定》由八个部分组成，分别为总则、管理体制与组织机构、预防与准备、预测与预警、应急处置、善后处理、法律责任和附则。《规定》对民航应急工作的职责、内容进行了定义；提出了实行分级响应的原则；借鉴网络型组织结构的原理，规划了以民航局突发事件应急工作领导小组为领导机构，以领导小组办事机构为核心机构，以民航局各职能部门为工作机构的应急管理体制；对突发事件与民用航空的复杂关系进行了力求准确的解释；对民航应急工作各个环节的基本内容与要求作出了相应的规定。

（一）应急管理的任务

突发事件是指突然发生造成或者可能造成严重社会危害，需要采取应急处置措施予以应对的自然灾害、事故灾难、公共卫生事件和社会安全事件。

民航应急工作包括以下内容。

（1）防范突发事件对民用航空活动的威胁与危害，控制、减轻和消除其对民用航空活动的危害。

（2）防止民用航空活动发生、引发突发事件，控制、减轻和消除其危害。

（3）协助和配合国家、地方人民政府及相关部门的应急处置工作。

民航建立应对突发事件分级响应制度。根据突发事件对民用航空活动的威胁与危害，民用航空活动发生、引发的突发事件性质、严重程度、可控性和影响范围，以及协助和配合国家、地方人民政府及相关部门应急处置工作的需要等因素，实行分级响应，在相应的范围内组织、指挥或协调民航相关单位采取相应的应急处置措施。

民航应对突发事件分级响应等级划分标准由民航局制定。

民航管理部门组织采取的应急处置措施，应当与突发事件危害的性质、程度和范围相适应。有多种措施可以选择时，应当选择有利于最大程度保护公民、法人和其他组织权益的措施。

（二）管理体制与组织机构

民航应急工作建立统一领导、综合协调、分类管理、分级负责的管理体制。

民航管理部门成立应急工作领导机构，统一领导全国或所辖地区的民航应急工作，监督、检查和指导下级民航管理部门、企事业单位的民航应急工作。民航管理部门设立应急工作办事机构，协助应急工作领导机构组织开展民航应急工作，与国家、地方人民政府及相关部门的应急工作办事机构建立必要的工作联系，履行信息汇总与综合协调职责。民航管理部门设立或者指定应急值守机构，负责接报、报告和通报突发事件的预警与发生信息，协助组织、指挥和协调应急处置。

企事业单位的民航应急工作应当接受民航管理部门的监督、检查和指导。企事业单位应当设立或者指定应急工作机构，负责联系民航管理部门应急工作办事机构，向民航管理部门应急值守机构报送突发事件信息。

突发事件对民用航空活动造成严重威胁、危害，民用航空活动发生、引发突发事件，或者国家、地方人民政府及相关部门要求民航协助和配合应急处置工作时，民航管理部门可以视情成立现场应急指挥机构，组织、指挥或协调应急处置。

民航管理部门不能有效控制、减轻或消除突发事件的危害，需要上级行政主管部门采取措施时，应当及时向上级行政主管部门报告。

民航管理部门可以聘请有关专家组成专家组，为民航应急工作提供决策建议，参与应急处置指挥。

 思考与练习题

（1）我国境内的搜寻救援是如何组织实施的？
（2）事故调查的目的和原则是什么？
（3）发生不安全事件后该如何上报？
（4）事故调查结果是如何发布的？
（5）航空公司应该就哪些情况制定应急预案？

附 录
违规行为处罚

根据本书第一章对国内航空法体系的介绍，法律是由全国人大及其常委会制定的规范性文件，附有罚则。《中华人民共和国民用航空法》作为中国民航的母法，它规定了我国民用航空的基本法律制度，是制定其他民航法规规章的基本依据，虽然行政法规和行业规章没有直接带有罚则，但都可以引用《中华人民共和国民用航空法》的罚则，同时在各自领域制定比较有针对性的处理办法。

《中华人民共和国民用航空法》的罚则又是参考了《中华人民共和国刑法》《中华人民共和国行政处罚法》《中华人民共和国治安管理处罚条例》等法规制定的。在此仅列举《中华人民共和国刑法》中的相关条款。

《全国人民代表大会常务委员会关于惩治劫持航空器犯罪分子的决定》于1992年12月28日颁发，曾作为民航的另一部法律，但由于其内容随后被写入了《中华人民共和国刑法》，该规定于1997年10月1日作废。

一、《中华人民共和国刑法》中与民航相关的条款

根据《中华人民共和国刑法修正案（九）》（发布日期：2015年8月29日，实施日期：2015年11月1日修正或修改），与民航相关的刑法条例总结如下。

第二章　危害公共安全罪

第一百一十六条　【破坏交通工具罪】破坏火车、汽车、电车、船只、航空器，足以使火车、汽车、电车、船只、航空器发生倾覆、毁坏危险，尚未造成严重后果的，处三年以上十年以下有期徒刑。

第一百一十七条　【破坏交通设施罪】破坏轨道、桥梁、隧道、公路、机场、航道、灯塔、标志或者进行其他破坏活动，足以使火车、汽车、电车、船只、航空器发生倾覆、毁

坏危险，尚未造成严重后果的，处三年以上十年以下有期徒刑。

第一百一十九条 【破坏交通工具罪、破坏交通设施罪、破坏电力设备罪、破坏易燃易爆设备罪】破坏交通工具、交通设施、电力设备、燃气设备、易燃易爆设备，造成严重后果的，处十年以上有期徒刑、无期徒刑或者死刑。

过失犯前款罪的，处三年以上七年以下有期徒刑；情节较轻的，处三年以下有期徒刑或者拘役。

第一百二十一条 【劫持航空器罪】以暴力、胁迫或者其他方法劫持航空器的，处十年以上有期徒刑或者无期徒刑；致人重伤、死亡或者使航空器遭受严重破坏的，处死刑。

第一百二十三条 【暴力危及飞行安全罪】对飞行中的航空器上的人员使用暴力，危及飞行安全，尚未造成严重后果的，处五年以下有期徒刑或者拘役；造成严重后果的，处五年以上有期徒刑。

第一百二十四条 【破坏广播电视设施、公用电信设施罪】破坏广播电视设施、公用电信设施，危害公共安全的，处三年以上七年以下有期徒刑；造成严重后果的，处七年以上有期徒刑。

过失犯前款罪的，处三年以上七年以下有期徒刑；情节较轻的，处三年以下有期徒刑或者拘役。

第一百二十五条 【非法制造、买卖、运输、邮寄、储存枪支、弹药、爆炸物罪，非法制造、买卖、运输、储存危险物质罪】非法制造、买卖、运输、邮寄、储存枪支、弹药、爆炸物的，处三年以上十年以下有期徒刑；情节严重的，处十年以上有期徒刑、无期徒刑或者死刑。

非法制造、买卖、运输、储存毒害性、放射性、传染病病原体等物质，危害公共安全的，依照前款的规定处罚。

单位犯前两款罪的，对单位判处罚金，并对其直接负责的主管人员和其他直接责任人员，依照第一款的规定处罚。

第一百三十条 【非法携带枪支、弹药、管制刀具、危险物品危及公共安全罪】非法携带枪支、弹药、管制刀具或者爆炸性、易燃性、放射性、毒害性、腐蚀性物品，进入公共场所或者公共交通工具，危及公共安全，情节严重的，处三年以下有期徒刑、拘役或者管制。

第一百三十一条 【重大飞行事故罪】航空人员违反规章制度，致使发生重大飞行事故，造成严重后果的，处三年以下有期徒刑或者拘役；造成飞机坠毁或者人员死亡的，处三年以上七年以下有期徒刑。

第一百三十五条 【重大劳动安全事故罪；大型群众性活动重大安全事故罪】安全生产设施或者安全生产条件不符合国家规定，因而发生重大伤亡事故或者造成其他严重后果的，对直接负责的主管人员和其他直接责任人员，处三年以下有期徒刑或者拘役；情节特别恶劣的，处三年以上七年以下有期徒刑。

第一百三十六条 【危险物品肇事罪】违反爆炸性、易燃性、放射性、毒害性、腐蚀性物品的管理规定，在生产、储存、运输、使用中发生重大事故，造成严重后果的，处三年以下有期徒刑或者拘役；后果特别严重的，处三年以上七年以下有期徒刑。

第六章　妨害社会管理秩序罪
第一节　扰乱公共秩序罪

第二百八十八条　【扰乱无线电管理秩序罪】违反国家规定，擅自设置、使用无线电台（站），或者擅自使用无线电频率，干扰无线电通讯秩序，情节严重的，处三年以下有期徒刑、拘役或者管制，并处或者单处罚金；情节特别严重的，处三年以上七年以下有期徒刑，并处罚金。

单位犯前款罪的，对单位判处罚金，并对其直接负责的主管人员和其他直接责任人员，依照前款的规定处罚。

第二百八十九条　【对聚众"打砸抢"行为的处理规定】聚众"打砸抢"，致人伤残、死亡的，依照本法第二百三十四条、第二百三十二条的规定定罪处罚。毁坏或者抢走公私财物的，除判令退赔外，对首要分子，依照本法第二百六十三条的规定定罪处罚。

第二百九十一条　【聚众扰乱公共场所秩序、交通秩序罪；投放虚假危险物质罪；编造、故意传播虚假恐怖信息罪】聚众扰乱车站、码头、民用航空站、商场、公园、影剧院、展览会、运动场或者其他公共场所秩序，聚众堵塞交通或者破坏交通秩序，抗拒、阻碍国家治安管理工作人员依法执行职务，情节严重的，对首要分子，处五年以下有期徒刑、拘役或者管制。

第九章　渎职罪

第三百九十七条　【滥用职权罪；玩忽职守罪】国家机关工作人员滥用职权或者玩忽职守，致使公共财产、国家和人民利益遭受重大损失的，处三年以下有期徒刑或者拘役；情节特别严重的，处三年以上七年以下有期徒刑。本法另有规定的，依照规定。

国家机关工作人员徇私舞弊，犯前款罪的，处五年以下有期徒刑或者拘役；情节特别严重的，处五年以上十年以下有期徒刑。本法另有规定的，依照规定。

二、与飞行人员相关法规中的违规处理办法

附表1　违反《中华人民共和国民用航空法》的处理

违 规 行 为	处 理 方 式
民用航空器无适航证书而飞行； 租用的外国民用航空器未对其原国籍登记国发给的适航证书审查认可或者另发适航证书而飞行； 适航证书失效或者超过适航证书规定范围飞行	责令停止飞行，没收违法所得，可以并处违法所得一倍以上五倍以下的罚款； 没有违法所得的，处以10万元以上100万元以下的罚款
未取得航空人员执照、体格检查合格证书而从事相应的民用航空活动的	责令停止民用航空活动，在规定的限期内不得申领有关执照和证书； 对其所在单位处以20万元以下的罚款
机长未对民用航空器实施检查而起飞的； 民用航空器未按照空中交通管制单位指定的航路和飞行高度飞行； 或者违反规定飞越城市上空的	警告； 吊扣执照1个月至6个月； 情节较重的，吊销执照

续表

违 规 行 为	处 理 方 式
民用航空器未经空中交通管制单位许可进行飞行活动	责令停止飞行，对该航空器所有人或者承租人处以1万元以上10万元以下的罚款； 对该航空器的机长给予警告或者吊扣执照1个月至6个月的处罚，或吊销执照
机长或者机组其他人员： （1）在执行飞行任务时，不携带执照和体格检查合格证书； （2）民用航空器遇险时，违反规定离开民用航空器； （3）飞行时间、执勤时间超出规定的时限；在酒类饮料、麻醉剂或者其他药物的影响下执行飞行任务	警告； 吊扣执照1个月至6个月； 有第（2）项或者第（3）项所列行为的，可以给予吊销执照
民用航空器在飞行中投掷物品	警告； 对直接责任人员处以2000元以上2万元以下的罚款
以暴力、胁迫或者其他方法劫持航空器	依照关于惩治劫持航空器犯罪分子的决定追究刑事责任
对飞行中的民用航空器上的人员使用暴力，危及飞行安全	尚未造成严重后果的，依照刑法第一百〇五条的规定追究刑事责任； 造成严重后果的，依照刑法第一百〇六条的规定追究刑事责任
隐匿携带炸药、雷管或者其他危险品乘坐民用航空器，或者以非危险品品名托运危险品	尚未造成严重后果的，比照刑法第一百六十三条的规定追究刑事责任； 造成严重后果的，依照刑法第一百一十条的规定追究刑事责任
航空人员玩忽职守，或者违反规章制度，导致发生重大飞行事故，造成严重后果的	分别依照、比照刑法第一百八十七条或者第一百一十四条的规定追究刑事责任

附表2　违反《中华人民共和国飞行基本规则》规章的处理

违反《中华人民共和国飞行基本规则》规定，《中华人民共和国民用航空法》及有关法规对其处罚有明确规定的，从其规定；无明确规定的，适用《中华人民共和国飞行基本规则》第11章的规定。

违 规 行 为	处 理 方 式
未按本规则规定履行审批、备案或者其他手续	由有关部门按照职责分工责令改正； 情节严重的，对直接负责的主管人员和其他直接责任人员依法给予行政处分或者纪律处分； 构成犯罪的，依法追究刑事责任
飞行人员未按本规则规定履行职责	有关部门依法给予行政处分或者纪律处分； 情节严重的，依法给予吊扣执照1个月至6个月的处罚，或者责令停飞1个月至3个月； 构成犯罪的，依法追究刑事责任

附表 3　违反 CCAR-61 部规章的罚则

违 规 行 为	处 理 方 式	
驾驶员执照持有人在饮用任何含酒精饮料之后的 8 小时之内或处在酒精作用之下，血液中酒精含量等于或者大于 0.04%，或受到任何药物影响损及工作能力时，担任民用航空器的机组成员	警告； 暂扣执照 1 至 6 个月； 情节严重者，吊销执照。 自其违禁行为发生之日起 1 年内，局方将不接受该人员提出的任何按 CCAR-61 部颁发执照或等级的申请	
驾驶员执照持有人不按照局方的要求接受酒精或者药物检验或提供检验结果	责令该员立即停止当日飞行运行活动，并移送公安机关进行处理	
在理论考试和语言能力考试过程中： （1）以任何形式复制或保存考试试题； （2）交给其他申请人或从其他申请人那里得到考试试题的任一部分或其复印件或扫描件； （3）帮助他人或者接受他人的帮助； （4）代替他人或由他人代替参加部分或者全部考试； （5）使用未经局方批准的材料或者其他辅助物品； （6）破坏考场设施； （7）故意引起、助长或者参与本条禁止的行为	对于执照或等级申请人，局方对申请人予以警告，申请人自该行为被发现之日起 1 年内不得申请按照本规则颁发的执照或等级以及考试。 对于执照或等级持有人，局方对当事人予以警告，同时撤销相应的执照等级，责令当事人立即停止飞行运行并交回其已取得的相应执照。驾驶员执照等级被撤销之日起 3 年内，当事人不得申请按照本规则颁发的执照或等级以及考试	
在申请按本规则颁发或补发执照、等级或者此类其他证件的申请书上作出任何欺骗性或虚假的陈述；在要求保存、填写或使用的任何飞行经历记录本、记录或成绩单中填入任何欺骗性的或者虚假的内容	由民航地区管理局给予警告的处罚，申请人 1 年内不得再次申请该执照或等级；对于执照或等级持有人，由民航地区管理局给予警告的处罚，撤销其相应执照或等级，当事人 3 年内不得再次申请执照或等级	
以任何形式伪造按本规则颁发的执照或者等级证件；以任何形式篡改按本规则颁发的执照或者等级证件	由民航地区管理局处以警告或者 500 元以上 1 000 元以下罚款	
行使相应权利时未随身携带执照的	局方给予警告	
无必需的执照或等级进行飞行，或从事所持执照或等级权限以外的飞行，或在身体缺陷不符合体检要求而进行飞行，或所需的定期、熟练检查超过有效期进行飞行	局方责令其立即停止民用航空活动，处以 500 元以下罚款，对其单位处以 10 万元以下罚款，情节严重的，处以 1 000 元以下罚款，对其单位处以 20 万元以下罚款；构成犯罪的，依法追究刑事责任	
违规从事私用飞行活动	局方责令其立即停止民用航空活动，处以警告或 1 000 元以下罚款，对其单位处以 10 万元以下罚款	情节严重的，对其单位处以 20 万元以下罚款
违规从事私用载人飞行	局方责令其立即停止民用航空活动，处以 1 000 元以下罚款，对其单位处以 10 万元以下罚款	
违规从事商业飞行活动	局方责令其立即停止民用航空活动，处以 1 000 元罚款，对其单位处以 10 万元以下罚款	
CCAR-61 部执照持有人受到刑事处罚期间，不得行使所持执照赋予的权利		

附表4　违反 CCAR-67 部规章的罚则

违 规 行 为	处 理 方 式
体检合格证申请人： （1）隐瞒或者伪造病史、病情，或者冒名顶替，或者提供虚假申请材料的； （2）涂改或者伪造、变造、倒卖、出售体检文书及医学资料的	对当事人处以警告或者500元以上1000元以下罚款。涉嫌构成犯罪的，依法移送司法机关处理
（1）从事相应民用航空活动时未携带体检合格证，或者使用的体检合格证等级与所履行职责不相符的； （2）发现身体状况发生变化，可能不符合所持体检合格证的相应医学标准时，不按照程序报告的； （3）履行职责时未遵守体检合格证上载明的限制条件的	责令当事人停止履行职责，并对其处以警告或者500元以上1000元以下罚款
任何机构使用未取得或者未持有有效体检合格证人员从事相应民用航空活动	责令其立即停止活动，并对其处以20万元以下的罚款；对直接责任人处以500元以上1000元以下的罚款；涉嫌构成犯罪的，依法移送司法机关处理
（1）协助申请人隐瞒或者伪造病史、病情，或者提供虚假申请材料，或者提供非申请人本人生物标本，或者在体检鉴定时冒名顶替的； （2）涂改、伪造、变造或者倒卖、出售涂改、伪造、变造的体检合格证的； （3）未取得体检合格证从事民用航空活动的	警告或者500元以上1000元以下罚款；涉嫌构成犯罪的，依法移送司法机关处理
颁证机关工作人员在办理体检合格证时违反法律、行政法规或本规则规定，或者不依法履行本规则67.47条规定的监督检查职责的	由其上级行政机关或者监察机关责令改正；情节严重的，由其上级行政机关或者监察机关依法给予行政处分；构成犯罪的，依法追究刑事责任

附表5　违反 CCAR-91 部规章的罚则

违反本规则规定，《中华人民共和国民用航空法》《中华人民共和国安全生产法》《中华人民共和国飞行基本规则》等有关法律、行政法规对其处罚有明确规定的，从其规定。

违 规 行 为	处 理 方 式
机组成员在已知航空器上载有有关法规中规定的麻醉药品、大麻、抑制或者兴奋药剂或者物质的情况下，在中华人民共和国境内运行该民用航空器	警告或者1 000元以下的罚款
处于下列身体状况的人员担任或者试图担任民用航空器的机组成员的： （1）饮用含酒精饮料之后8小时以内； （2）处于酒精作用之下； （3）使用了影响人体官能的药物，可能对安全产生危害； （4）其呼出气体或者血液中酒精含量等于或者大于0.04。拒绝接受酒精测试或者拒绝将测试结果提供给局方的	警告或者1 000元以下的罚款

违 规 行 为	处 理 方 式
违反本规则C章（航空器及仪表和设备要求）、D章（飞行规则）、E章（特殊的飞行运行）、F章（运输类飞机和涡轮动力多发飞机运行附加要求）、G章（航空器维修）、I章（超轻型飞行器）或者J章（跳伞）中有关规定的	局方应责令立即停止违规活动； （a）对航空人员执照持有人，给予其警告或者1000元以下的罚款。 （b）对运行人，给予其警告或者3万元以下的罚款

附表6　违反《通用航空飞行管制条例》的罚则

违反《通用航空飞行管制条例》规定，《中华人民共和国民用航空法》《中华人民共和国飞行基本规则》及有关行政法规对其处罚有规定的，从其规定；没有规定的，适用本章规定。

违 规 行 为	处 理 方 式
从事通用航空飞行活动的单位、个人： （1）未经批准擅自飞行的； （2）未按批准的飞行计划飞行的； （3）不及时报告或者漏报飞行动态的； （4）未经批准飞入空中限制区、空中危险区的	有关部门按照职责分工责令改正，给予警告； 情节严重的，处2万元以上10万元以下罚款，并可给予责令停飞1个月至3个月、暂扣直至吊销经营许可证、飞行执照的处罚； 造成重大事故或者严重后果的，依照刑法关于重大飞行事故罪或者其他罪的规定，依法追究刑事责任
未经批准飞入空中禁区	由有关部门按照国家有关规定处置
升放无人驾驶自由气球或者系留气球： （1）未经批准擅自升放的； （2）未按照批准的申请升放的； （3）未按照规定设置识别标志的； （4）未及时报告升放动态或者系留气球意外脱离时未按照规定及时报告的； （5）在规定的禁止区域内升放的	由气象主管机构或者有关部门按照职责分工责令改正，给予警告； 情节严重的，处1万元以上5万元以下罚款； 造成重大事故或者严重后果的，依照刑法关于重大责任事故罪或者其他罪的规定，依法追究刑事责任

附表7　违反《中华人民共和国民用航空安全保卫条例》的罚则

（1996年7月6日中华人民共和国国务院令第201号发布）

违 规 行 为	处 理 方 式
（1）攀（钻）越、损毁机场防护围栏及其他安全防护设施； （2）在机场控制区内狩猎、放牧、晾晒谷物、教练驾驶车辆； （3）无机场控制区通行证进入机场控制区； （4）随意穿越航空器跑道、滑行道； （5）强行登、占航空器； （6）谎报险情，制造混乱； （7）扰乱机场秩序的其他行为； （8）倒卖购票证件、客票和航空运输企业的有效订座凭证； （9）航空器内在禁烟区吸烟；	由民航公安机关依照《中华人民共和国治安管理处罚条例》有关规定予以处罚

续表

违 规 行 为	处 理 方 式
（10）航空器内抢占座位、行李舱（架）； （11）航空器内打架、酗酒、寻衅滋事； （12）盗窃、故意损坏或者擅自移动救生物品和设备； （13）危及飞行安全和扰乱航空器内秩序的其他行为	由民航公安机关依照《中华人民共和国治安管理处罚条例》有关规定予以处罚
冒用他人身份证件购票、登机	由民航公安机关依照《中华人民共和国居民身份证法》有关规定予以处罚
将未经安全检查或者采取其他安全措施的物品装入航空器	警告或者3 000元以下的罚款
利用客票交运或者捎带非旅客本人的行李物品	警告、没收非法所得或者5 000元以下罚款
伪报品名托运或者在货物中夹带危险物品。 乘坐民用航空器，随身携带或者交运下列物品： （1）枪支、弹药、军械、警械； （2）管制刀具； （3）易燃、易爆、有毒、腐蚀性、放射性物品； （4）国家规定的其他禁运物品	尚未构成犯罪的，可以处以5 000元以下罚款、没收或者扣留非法携带的物品
（1）停放在机场的民用航空器无专人警卫；各有关部门及其工作人员未严格执行航空器警卫交接制度，造成航空器失控的； （2）承运人及其代理人出售客票，不符合国务院民用航空主管部门的有关规定；对不符合规定的人，仍售予客票； （3）承运人办理承运手续时，不核对乘机人和行李的； （4）旅客登机时，承运人未核对旅客人数； （5）对已经办理登机手续而未登机的旅客的行李，仍装入或者留在航空器内； （6）旅客在航空器飞行中止旅行时，未将其行李卸下； （7）承运人对承运的行李、货物，在地面存储和运输期间，无专人监管； （8）配制、装载供应品的单位对装入航空器的供应品，未保证其安全性； （9）空运的货物未经过安全检查或者未对其采取其他的安全措施； （10）航空邮件未经过安全检查，发现可疑邮件时，安全检查部门未会同邮政部门开包查验处理	民用航空主管部门可以对有关单位处以警告、停业整顿或者5万元以下的罚款； 民航公安机关可以对直接责任人员处以警告或者500元以下的罚款

违反本条例的有关规定，构成犯罪的，依法追究刑事责任。违反本条例规定的，除依照本章的规定予以处罚外，给单位或者个人造成财产损失的，应当依法承担赔偿责任。

参 考 文 献

[1] 赵维田. 国际航空法 [M]. 北京：社会科学文献出版社，2000.
[2] 郑斌. 国际航空运输法 [M]. 北京：中国民航出版社，1996.
[3] 邵津. 国际法 [M]. 北京：北京大学出版社，2005.
[4] 王铁崖. 国际法 [M]. 北京：法律出版社，1995.
[5] 贺富永. 航空法学 [M]. 北京：国防工业出版社，2008.
[6] 凌岩. 国际空间法问题新论 [M]. 北京：人民法院出版社，2006.